Elly Beinhorn

Premieren am Himmel

Elly Beinhorn

Premieren am Himmel
Meine berühmten Fliegerkameraden

Mit 71 Fotos

Langen Müller

Überarbeitete und wesentlich erweiterte Fassung des 1966 bei Koehlers Verlagsgesellschaft erschienenen Titels ». . . so waren diese Flieger«.

Bildnachweis

Alle Abbildungen aus dem Archiv der Autorin, außer:
Bilderdienst Südd. Verlag (37, 38, 39, 40, 41)
Keystone (23, 36)
Ullstein (26, 27, 28)

© 1991 by Langen Müller
in der F. A. Herbig Verlagsbuchhandlung GmbH, München
Alle Rechte vorbehalten
Schutzumschlaggestaltung: Christel Aumann, München,
unter Verwendung eines Fotos
von T. Jacobi – G. + J. Fotoservice
Satz: Filmsatz Schröter GmbH, München
Gesetzt aus: 10/13 Century expanded auf Linotronic 300
Reproduktion des Bildteils: Graph. Atelier Krah, München
Druck Jos. C. Huber KG, Dießen
Binden: R. Oldenbourg, München
Printed in Germany 1991
ISBN 3-7844-2377-9

Inhalt

Vorwort 7
von Adolf Galland

Zu diesem Buch 9

Hermann Köhl 13

Karl Jatho 35

Ernst Udet 43

Marga von Etzdorf 69

Henri Lhote 99

Richard Halliburton 117

Sir Charles Kingsford-Smith 139

Henri Guillaumet 155

Hermann Göring 169

Amelia Earhart 177

Antoine de Saint-Exupéry 201

Jaqueline Auriol 223

Charles A. Lindbergh 237

Melitta Schiller - Gräfin Stauffenberg   249

Willy Messerschmitt   259

Hanna Reitsch   271

Nachwort   287

Personenregister   289

Vorwort

Deutschland hat schon relativ früh trotz hemmender politischer und wirtschaftlicher Verhältnisse eine imponierende Anzahl hervorragender Fliegerinnen hervorgebracht. Zu ihnen zählt in vorderster Reihe Elly Beinhorn. Sie hat dieses Buch, neben anderen namhaften und erfolgreichen Publikationen, bereits im Jahre 1966 verfaßt und legt es heute in überarbeiteter und wesentlich erweiterter Fassung neu vor. »Premieren am Himmel« mit den Augen einer äußerst erfolgreichen Pilotin, einer sehr charmanten Frau, einer mit Recht stolzen Mutter und eines liebenswerten Menschen gesehen. – Es lohnt sich, dies Buch kennenzulernen.
Wir kommen ganz sicher aus zwei verschiedenen Welten, aber wir sind beide Flieger aus Passion. Das kann auch ein ehemaliger Jagdflieger sein. Getroffen haben wir uns erst 10 Jahre nach dem Zweiten Weltkrieg – beide immer noch beseelt von der leidenschaftlichen Passion des Fliegens. Häufig nahmen wir an den sportlichen internationalen Flugwettbewerben teil. Meine alte Begeisterung für Elly Beinhorn erfuhr eine neue Belebung, die nur noch von der für eine ganz junge Pilotin namens Heidi übertroffen wurde, die ich bei einem Pilotinnen-Treff kennenlernte – und die heute meine Frau ist.
Mit großem Interesse habe ich das vorliegende spannende Buch über unsere weltberühmten Fliegerkameraden gelesen, die fast alle leider nicht mehr unter uns sind und die Elly in allen Erdteilen kennengelernt hat. Man kann diese sehr persönlichen Berichte als eine zuverlässige Dokumentation bewerten und darüber hinaus manch intime Einblicke in das Wesen dieser Großen gewinnen.
Vielleicht eröffnet dieses Buch auch manch jungem Menschen

mit Wander- und Abenteuer-Sehnsucht den Weg an den Himmel. Abgesehen von einem beachtlichen Stück fliegerischer Geschichte hat es mich fasziniert, so viele persönliche Fakten aus dem Privatleben meiner Flieger-Vorbilder zu erfahren.
Elly Beinhorn, Hals und Beinbruch!

Dein Adolf Galland
Generalleutnant a. D.

Im April 1991

Zu diesem Buch

Lächelnd und ohne jedes Bedenken fliegen heutzutage unsere Achtzigjährigen über den Ozean oder über den afrikanischen Urwald zu ihren Kindern irgendwo in der Welt – wenn es ihr Geldbeutel erlaubt.
Sie haben gar keine Beziehung zu dem Wasser, den Bäumen oder zu der Wüste, die unter den Flächen ihres Riesenvogels vorüberzieht – so lange der Flug planmäßig verläuft. Und das tut in der Regel jede Luftreise heutzutage.
Das war einmal ganz anders.
Und das ist gar nicht so sehr lange her.
Können wir uns denn noch vorstellen, daß die Menschen eigentlich erst seit wenig mehr als neunzig Jahren gesteuert fliegen können?
Damals begann das größte Abenteuer in der Geschichte der Menschheit. Bald wird es in vielen seiner Einzelheiten vergessen sein.
Während der letzten Jahre erschien eine Fülle von Fliegerbüchern in allen Ländern der Welt. In ihnen wird versucht, die Geschichte der Fliegerei präzise zusammenzustellen und festzuhalten. Doch schon heute, wenn man die Daten und Zahlen in den verschiedenen Werken vergleicht, findet man häufig nicht übereinstimmende Aufzeichnungen. Dabei liegen diese Ereignisse doch nicht einmal neunzig Jahre zurück!
Was man aber in diesen Büchern am meisten vermißt, ist das nähere Eingehen auf die *Menschen*, welche diese Flugzeuge zum Leben erweckten, die sie hinaufführten an den Himmel! Die ersten dieser Flieger erreichten nur ein paar Meter Höhe über der Startbahn ihres heimatlichen Flugplatzes, die nächsten überflogen den Kanal, und die nach ihnen schließlich donnerten

über die Ozeane und die Pole – um die ganze Erde und bis in den Weltraum hinauf.

Zuerst waren Konstrukteur und Pilot jeweils die gleiche Person. Aber bald kam die Zeit, in der reiner Pioniergeist und etwas technische Begabung nicht mehr ausreichten, um die Flugzeuge zu schaffen, die den immer größer werdenden Aufgaben gewachsen waren. Nun übernahm der Ingenieur in der Mehrzahl der Fälle die Aufgabe, zuerst auf dem Reißbrett ein für einen jeweils bestimmten Zweck, wie Reise-, Kunst- oder Passagierflug vorgesehenes Flugzeug zu entwerfen. Alles war viel komplizierter geworden.

Nach einem langen, oft dornenvollen Weg über die Finanzierung bis zum Bau, über Erprobung im Windkanal und die Behördenzulassung gelangte es dann endlich in die Hand des Einfliegers.

Und dann kamen die Menschen, die sich – erfüllt von Idealismus und Patriotismus, manchmal allerdings auch von Geltungsbedürfnis – mit diesen mehr oder weniger unzulänglichen Flugzeugen in das große Abenteuer stürzten.

Damals gab es keine geschlossenen Kabinen. Kälte, tropische Sonnenglut, die in größeren Höhen nicht ausreichende Atmungsdichte der Luft, Gewitter, Taifune, Hagel und Monsun waren ständige Begleiter dieser ersten Piloten. Es gab noch keine Instrumente, mit denen man sich über riesige Entfernungen um Hilfe an eine Funkstation wenden konnte.

Wie viele von diesen Pionieren der Luft haben das gewaltige Abenteuer mit ihrem Leben bezahlt!

Doch bis zu diesem Augenblick waren sie glücklich, waren sie Könige über ein Reich, das vor ihnen niemand betreten hatte. Ihnen wurde eine Grenzenlosigkeit und das Spiel mit den Wolken geschenkt, wie es die heutigen fliegenden Menschen nur noch in ganz seltenen Stunden erleben dürfen.

Ich hatte das Glück, vielen dieser Flieger, die sich für alle Zukunft in das Geschichtsbuch der Anfänge des Menschenfluges

eingetragen haben, irgendwo in und über den fünf Erdteilen zu begegnen.
Von diesen Piloten, Männern und Frauen, soll dieses Buch erzählen, von ihren Taten, aber auch von persönlichen Erlebnissen, wie sie sich bei unserem Treffen am Himmel oder auf einem Flugplatz oder sonst irgendwo ergaben, die in keinem der Fliegerbücher zu finden sind.
Die meisten meiner Helden, die sich selbst wohl niemals als solche empfanden, sind nicht mehr unter uns. Vor sechzig und siebzig Jahren war es nichts Besonderes, wenn wieder einmal ein weltberühmter Flieger Opfer seiner großen Passion geworden war. Aber viele von ihnen sind heute noch Vorbilder für die jungen Menschen, die sich an das Steuer ihres Sportflugzeuges setzen. Allerdings ist das ein etwas anderes Fliegen. Der Pilot von heute hat einen zuverlässigen Motor, einen Flugplan, ein Funksprechgerät, ein festes Ziel und ein Cockpit voller Instrumente.
Wir flogen um des Fliegens willen.

Die Unzulänglichkeiten der Flugzeuge und die Gefahr großer Flüge wurden freudig in Kauf genommen als der selbstverständliche Preis für die Erfüllung unserer Sehnsucht nach der Weite, die uns der Himmel dafür schenkte. Die Nutzungsmöglichkeiten dieses neuesten Beförderungsmittels wurden meistens erst in zweiter oder dritter Linie überlegt.
Das ist inzwischen grundlegend anders geworden.
Doch die Romantiker des Fliegens sind trotz Kontrollzonen und Luftüberwachung nicht ausgestorben. Und sie werden nie aussterben. Einigen von ihnen kann man in diesem Buch begegnen.

München, im März 1991   Elly Beinhorn

Hermann Köhl
*15. April 1888
† 7. Oktober 1938

1 Köhls erste Atlantiküberquerung von Ost nach West war ein Meilenstein in der Entwicklung der Luftfahrt

„Wir haben für dich eine Karte mitbestellt. Heute abend spricht Köhl über seinen Ozeanflug. Es wird sehr voll werden – also bitte sei rechtzeitig fertig, wenn wir dich abholen«, sagte einer unserer Bekannten an einem Herbsttag 1928, als er bei uns zu Hause anrief.

Ob ich überhaupt Lust hatte mitzukommen, wurde ich gar nicht gefragt. Hätte man mich vor die Wahl gestellt, so wäre meine ehrliche Antwort wohl gewesen, daß mich dieser Vortrag nicht sonderlich interessierte.

In den Zeitungen hatte ich einiges über den Ozeanflug der »Bremen« gelesen. Aber die Einzelheiten waren meinem Gedächtnis wieder entglitten. Flieger waren Angehörige einer so ganz anderen Welt als jener, in der ich damals in Hannover lebte. Allein der Gedanke einer engeren Verbindung zu solchen Menschen wäre mir verstiegen und seltsam erschienen.

So ging ich an diesem Abend mit in den angekündigten Vortrag – ohne die leiseste Vorahnung dessen, was sich das Schicksal durch diese erste Begegnung mit einem Flieger für mich ausgedacht hatte. Als ich nach einigen Stunden den überfüllten Kuppelsaal der Stadthalle verließ, hatte ich ein Ziel für die Zukunft. Natürlich waren die Einzelheiten des Weges bis dahin noch nicht fest umrissen. Doch ich wußte: ich wollte versuchen, ebenfalls fliegen zu lernen. Falls mir das gelingen würde, wollte ich auf die »lange Strecke« gehen.

Einer meiner Bekannten hatte Beziehungen zum Veranstalter dieses Vortragsabends. So vermittelte er, daß ich dem Ozeanflie-

ger inmitten einer langen Reihe von Wartenden vorgestellt wurde. Köhl erinnerte sich später nicht daran.
Der Eindruck, den ich am Vortragspult von ihm bekommen hatte, vertiefte sich während der kurzen Unterhaltung. Der Flieger sprach bayerischen Dialekt, er war mittelgroß und etwas untersetzt, vierzig Jahre alt. Nichts, aber auch gar nichts an ihm wirkte heldisch; er war das Urbild des Normalmenschen. Vielleicht war es gerade das, was ihn den vielen Menschen im Saal so sympathisch gemacht hatte. Er sprach und sah aus, wie einer von uns.

So war er den Zuhörern ganz nahe gerückt, ehe er überhaupt seinen Bericht über diesen ersten Atlantikflug von Osten nach Westen begonnen hatte. Diese Unternehmung ist eine der ganz großen Taten in der Geschichte der Fliegerei. Lassen Sie mich deshalb etwas über diesen Vortrag berichten.

Der Freiherr Günther von Hünefeld und der irische Major James Fitzmaurice hatten den Hauptmann a. D. Hermann Köhl über den Ozean begleitet. Der Plan eines Ost-Westfluges über den Atlantik entstand keineswegs nur im Kopf von Hermann Köhl. Er lag damals sozusagen für die Flieger aller Nationen, die sich ernsthaft mit der Luftfahrt beschäftigten, in der Luft. Dem Flug von Alcock und Brown im Jahre 1919 folgte Lindberghs Nonstopflug New York – Paris. Später kamen Chamberlin und Levine. Ich führe hier nur die gelungenen Flüge an. Sie alle führten von Westen nach Osten.

Es war also naheliegend, daß viele Flieger nach der Palme der Erstüberquerung Ost-West greifen wollten. Doch bisher hatte niemand dieses Ziel erreicht. Einige mußten den Versuch mit ihrem Leben bezahlen, unter ihnen Nungesser und Coly. Auch in Deutschland beschäftigten sich viele Männer mit dem Ost-West-Projekt. Es war so viel schwerer durchzuführen als der Flug in entgegengesetzter Richtung.

Fast immer wehte der Wind über dem Ozean von Westen nach Osten. Also bedeutete das eine erheblich längere Flugdauer.

Die Kapazität der Tanks der Maschinen von damals war noch recht begrenzt. Dadurch vergrößerte sich bei der längeren Flugdauer die Gefahr erheblich. Durch die Richtung der Erdumdrehung wurde die Nacht beim Flug in der Ost-West-Richtung erheblich verlängert. Und gerade bei einer Ozeanüberquerung mit dem häufigen Wetterwechsel hat sich immer wieder erwiesen, daß die Nachtflugzeit die am schwierigsten zu lösende Aufgabe war.

Hinzu kamen – immer betrachtet unter den Voraussetzungen der zwanziger Jahre – besondere navigatorische Schwierigkeiten an der Küste von Neufundland. Es gab dort sehr wenig Stationen und Flugplätze. – So waren die Bedingungen für die Landung auf dem amerikanischen Kontinent wesentlich ungünstiger als bei der umgekehrten Flugrichtung. Hingegen auf dem Flug von Amerika nach Europa hätte man sich schon so stark »verfranzen« müssen, wie es bei einem Ozeanflieger jener Tage eigentlich kaum vorkommen konnte. Denn wenn dieser nicht im Norden bis ins Eismeer oder im Süden bis nach Afrika von seinem Kurs abkam, so mußte er zur gegebenen Zeit überall auf bewohntes Land treffen. Nur in Spanien würde es etwas länger dauern.

Ganz anders sah dies in der Gegenrichtung aus.

Schon das Verfehlen der Ostküste von Neufundland wäre bei der durch den Gegenwind verlängerten Flugzeit eine Katastrophe gewesen. Im ungünstigsten Falle konnte es eine Verlängerung der Wasserstrecke von 2000 Kilometern bis hinunter in den Golf von Mexiko bedeuten. Aber selbst bei tadellos gelungener Navigation gab es an der Küste von Kanada und Labrador Hunderte von Kilometern, die völlig unbewohnt waren. Dort hätte eine Landung auch nach einer geglückten Überquerung der Wasserstrecke unter Umständen eine große Gefahr bedeutet.

Diese sehr ungünstigen Voraussetzungen waren allen Fliegern, die sich mit dem Ost-West-Ozeanflugplan beschäftigten,

bekannt. Nur wenige von ihnen brachten die Voraussetzungen mit in das Rennen, sie erfolgreich zu bekämpfen.
Eine Maschine mit einem so großen Aktionsradius zu beschaffen, kostete sehr viel Geld. Die Industrie zeigte keine große Lust, ein Vermögen und ihren Ruf zu riskieren, nachdem der große und im Verhältnis viel billigere Ruhm der ersten West-Ost-Ozeanflüge schon vergeben war.
Die zweite Notwendigkeit war, daß der Pilot weit über den damaligen Durchschnitt im Nacht- und Nebelfliegen geschult sein mußte.

Zwei Deutsche waren es, die in jenen Tagen durch diesen Ozeanfluggedanken zusammengeführt wurden. Sie ergänzten sich gegenüber dieser Fälle von Schwierigkeiten nahezu ideal.
Es war Professor Junkers, der den Pour-le-mérite-Flieger des Ersten Weltkrieges, Hermann Köhl, mit dem Freiherrn Günther von Hünefeld bekannt machte. Köhl war als aktiver Offizier während des Ersten Weltkrieges Flieger und schließlich Kommandeur eines Bombengeschwaders geworden. Als solcher hatte er den Nachtflug als unbedingt nötig erkannt und entsprechend organisiert. Nach dem Krieg blieb er bis 1925 zuerst bei der Polizeistaffel, dann bei der Reichswehr. Nachdem er seinen Abschied genommen hatte, baute er bei der Junkers-Verkehrsgesellschaft, später bei der Lufthansa den Nachtflug auf.
Seit Jahren hingen alle seine Freizeitgedanken an dem Ost-Westflug. Er war überzeugt, daß zu dieser Zeit in Deutschland maschinen- und personalmäßig die besten Voraussetzungen gegeben waren, um dieses große Wagnis zu unternehmen. Und jeder neue gescheiterte Versuch ausländischer Piloten schien ihm recht zu geben.
Bei aller Tatkraft war Hermann Köhl ein Mensch voll Idealismus. Ebenso der Freiherr von Hünefeld. Vielleicht übertraf er ihn noch. Hünefelds Leben verlief in verschiedener Hinsicht etwas außerhalb des Alltags. Neben den Folgen einer Kriegsver-

wundung hatte er ein schweres Magenleiden und seine Augen waren sehr schlecht, daher konnte er keinen Flugzeugführerschein bekommen. Er war Junggeselle.

Nach einigen Jahren Tätigkeit als junger Diplomat hatte er mit dem Kronprinzen im Exil in Holland gelebt. Später wurde ihm der Posten des Propagandachefs beim Norddeutschen Lloyd angetragen. Diese Stellung brachte ihn häufig mit Angehörigen der Fliegerei zusammen, mit der er sich schon 1914 in Johannisthal als Beobachter ausgiebig beschäftigt hatte. Und so war auch bei ihm der Gedanke an den unbedingt fälligen Ost-Westflug aufgetaucht und hielt ihn fest.

Die beiden Männer waren ein sehr gegensätzliches Gespann: der naturnahe etwas derb wirkende bayerische Hauptmann und der feinsinnige dichtende Baron mit dem Monokel. Doch sie fanden sich bald in der Hingabe an das große Ziel zusammen, an dem schon eine Reihe von bedeutenden Fliegern vor ihnen gescheitert war.

Es ist überraschend, daß sich Köhl und v. Hünefeld für eine einmotorige Landmaschine zur Durchführung des geplanten Fluges entschlossen, und zwar für eine Junkers W 33. Das erscheint dem Laien widersinnig bei einer so großen Wasserstrecke. Beide Männer waren der Ansicht, daß bei dem damaligen Stand der Technik mehrere Motoren auch mehr Pannenmöglichkeiten bedeuteten. Außerdem war beim Ausfall eines Motors der schwer belasteten Maschine nicht damit zu rechnen, den Flug zu Ende führen zu können oder lange den Stürmen des Nordatlantiks aus der Gegenwindrichtung standzuhalten.

Mit einem so überladenen Seeflugzeug wäre der Start nahezu unmöglich gewesen und bei einer Notwasserung hätte die Gewalt der Wellen die Schwimmer in kürzester Zeit zusammengeschlagen.

Dem eigentlichen Flug ging eine nicht vorstellbare Fülle von

Schwierigkeiten und Mißerfolgen voraus, vor denen die meisten Menschen kapituliert hätten. Es ist bezeichnend für die damaligen Verhältnisse, daß nur die – neben ihren fliegerischen Qualitäten – *geistig* und *seelisch* stärksten Menschen überhaupt zu der Ausführung dieser ersten großen Pionierflüge gelangten.

Bei Junkers wurde eine Asphaltstartbahn für diesen Flug gebaut. Köhl errechnete die größtmögliche Benzinmenge, die günstigsten Startverhältnisse und die Kurse für jede Wetter- und Windmöglichkeit vor der Küste von Neufundland, deren Erreichen entscheidend für das Leben der Flieger war.

Dann begannen die Probeflüge.

Zuerst waren zwei Maschinen für den Ozeanflug vorgesehen. Sie sollten ihn gemeinsam versuchen.

Eins von diesen beiden Flugzeugen flog einen neuen Dauerweltrekord von 52 Stunden mit Conny Edzard am Steuer. Köhl mußte mit seiner W 33 wegen eines Defektes an der Benzinleitung bald wieder landen.

Durch sein riesiges Ausmaß gelangte der Plan schließlich an die Öffentlichkeit. Die Presse hatte wochenlang die Flieger mit Vorschußlorbeeren überhäuft und verlangte nun ungeduldig den Start.

Mit Rücksicht auf das Drängen der Zeitungen wurde der Abflug schließlich auf den 14. August 1927, einen Sonntagnachmittag, festgelegt. Das Wetter war in Deutschland schön, doch über dem Ozean ungünstig. Trotzdem wurde gestartet, mit beiden Maschinen. Am Steuer der »Bremen« Köhl, an dem der »Europa« Edzard.

Es wurde Abend, das Wetter verschlechterte sich. Nach einem stürmischen Tanz durch die Stunden der Nacht, gab in der Frühe Köhl einen Zettel an Hünefeld und seinen Begleiter Loose durch: »Wir kehren nach Dessau zurück. Bei dem Zeitverlust durch Gegenwind können wir Neufundland nie erreichen.«

Als die »Ozeanflieger« der »Bremen« wieder heil nach dreiundzwanzigstündigem Flug in Dessau gelandet waren, stellte sich

zur Erleichterung der Flieger heraus, daß auch die zweite Maschine, die »Europa« schon viele Stunden vorher freiwillig in Bremen gelandet war. Leider war sie dabei durch ihr riesiges Gewicht mit dem vielen Benzin zu Bruch gegangen und fiel damit für weitere Versuche aus. Die Besatzung war unverletzt.
Die Fachleute waren mit dem abgebrochenen Versuch absolut einverstanden und lobten die Vernunft dieser erfahrenen Männer. Anders reagierte die Öffentlichkeit.
Die früheren Geldgeber erklärten sich nicht mehr mit der Idee dieses Fluges einverstanden. Die Haftpflichtversicherung hielt nach der Landung in Dessau ihre Verpflichtungen für abgegolten – alle ließen die Flieger im Stich. In der Presse gab es böse Artikel, die den »Ozeanflugrummel« nun plötzlich auf das schärfste verurteilten. Ihre Lobeshymnen von einigen Wochen vorher waren vergessen. Selbst nahe Freunde ließen sich zum Abfall verleiten. Doch diese Männer konnte man mit solchen Schwierigkeiten nicht von ihrem Plan abbringen, obwohl ein Fehlschlag dem andern folgte.
Ihr Wille zur Durchführung des Fluges wurde nur stärker, nachdem sie auf dem Versuchsflug klar erkannt hatten, daß ihre technischen Voraussetzungen für seine erfolgreiche Durchführung ausreichend waren.
Hinzu kam, daß beide von glühendem Patriotismus und der Überzeugung beseelt waren, mit einem solchen Flug ihrem Vaterland auf dem Wege der Völkerverständigung einen großen Dienst erweisen zu dürfen.
Sie nahmen nun das ganze Unternehmen auf ihre eigene Kappe. Hünefeld lief wie ein Bettler überall umher. Der Erfolg gab ihm recht. Schließlich brachte er elf Geldgeber zusammen, die ihm aus privater Freundschaft ausreichende Mittel zur Verfügung stellten, daß die »Bremen« gekauft werden konnte. Keiner der Förderer rechnete ernsthaft damit, je sein Geld zurückzubekommen. Einige der Spender machten zur Bedingung, daß ihr Name nicht genannt werden durfte.

Sie fürchteten die öffentliche Meinung.

Der endgültige Start fand schließlich von Baldonnel an der Ostküste von Irland aus statt. Der erste Flug hatte gezeigt, daß die direkte Strecke über den Ozean, so sehr es möglich war, verkürzt werden mußte. Dazu erschien Irland als Startplatz am geeignetsten. Köhl und Hünefeld machten eine Reise auf die »grüne Insel« und erlebten dankbar die freundliche und hilfsbereite Haltung der englischen und irischen Behörden. Jede Unterstützung wurde ihnen zugesichert und über die britische Botschaft in Berlin die Starterlaubnis nach Amerika für die »Bremen« erwirkt.

Dieses freundliche Entgegenkommen hatte den Fliegern wieder neues Vertrauen zu ihren Mitmenschen gegeben – wenn diese auch bedauerlicherweise in der Mehrzahl einer anderen Nation angehörten.

Die deutsche Öffentlichkeit geiferte gegen die »Hasardeure der Luft« und verurteilte dieses »tolle Rennen in den sicheren Tod«. »Kein Herz würde in Deutschland für die Flieger schlagen und sie sollten es besser unterlassen, für die deutsche Ehre eine Lanze brechen zu wollen.«

Man ging sogar soweit, Günther von Hünefeld als einen dem Tode geweihten Selbstmordkandidaten hinzustellen, der mit der lodernden Fackel eines Ozeanfliegers aus dieser Welt abtreten wollte.

Unter solchen Voraussetzungen stiegen die Männer in die Kanzel der »Bremen«.

Am 26. März 1928 starteten sie von Tempelhof nach Irland, heimlich. Als die paar Freunde nachdenklich dem verschwindenden Flugzeug nachblickten, brach die Sonne durch die Wolken. In Baldonnel genossen sie die Freundlichkeit und die Gastfreundschaft wie ein warmes lang entbehrtes Bad. Als letzte Grüße aus der Heimat wurde den Fliegern mitgeteilt, daß der deutsche Seeflugdienst sich weigerte, ihnen die Wetterberichte

zu liefern und daß Köhl von seiner Firma gekündigt worden sei. Peterle, seine Frau, schickte ihm die Zeitung mit der Schlagzeile »fristlos entlassen« nach. –
Das war in großen Zügen die Vorgeschichte dieses ersten Fluges über den Ozean von Ost nach West.

Aber das alles erfuhr ich erst viel später, als ich selbst schon allein auf der »langen Strecke« flog.

Jetzt saß ich in der überfüllten Stadthalle meiner Heimatstadt Hannover und klatschte wie die andern über tausend Menschen in die Hände, als Hermann Köhl an das Rednerpult trat.

Nicht die leiseste Zukunftsahnung ließ mich spüren, daß ich durch die kommenden Jahrzehnte ein ähnliches Leben führen würde wie dieser Flieger – mit Flugzeugen, mit Wasser- und Wüstenetappen und mit vielen, vielen Vorträgen in allen Erdteilen.

Ohne sonderliche Begeisterung hörte ich über die ersten Sätze hinweg. Doch dann hatte es mich gepackt. War das nicht der Weg, nach dem ich lange gesucht hatte? Er mußte Wirklichkeit werden, dieser Kindheitstraum, durch fremde Erdteile zu wandern. So würde ich allein nach Afrika fliegen! Ich ahnte wohl, daß ich dafür würde bezahlen müssen. Alles auf der Welt kostet seinen Preis. Der Preis würde hoch sein – aber er war den Einsatz sicherlich wert.

Dieser rundliche Mann mit dem breiten Gesicht wuchs an seinem Vortragspult über sich selbst hinaus.

Er erzählte von seinen Kameraden. Von dem »Baron mit dem Monokel«, der vor unseren Ohren zu einem Märtyrer wurde, der alles, aber auch alles für das Zustandekommen dieses Fluges geopfert hatte. In Baldonnel schloß sich der irische Major Fitzmaurice der Besatzung der »Bremen« als 2. Führer an. Er hatte im Krieg gegen die Deutschen gekämpft. Nun war es dessen Heimat, die den Fliegern, in denen so vieles wund war von dem Unverständnis, mit dem Deutschland sie entlassen hatte, neuen

2 Die »WE 33« beim Start in Baldonnel

3 Nach der Landung in Greenly Island

Mut und Selbstvertrauen gab. Irische Minister erschienen – es war ein erstes Band echter Fliegerkameradschaft unter alten Kriegsgegnern.

So war es Köhls und v. Hünefelds Vorstellung gewesen, als sie ihre Pläne für den Ost-Westflug gemacht hatten.

Beschämend war, daß auch die Vereinigten Staaten den Fliegern alles Verständnis entgegenbrachten, was die Heimat ihnen verweigerte. Der amerikanische Frontkämpferbund wünschte gutes Gelingen. Amerikanische Zeitungen berichteten ihren Lesern, dieser geplante Flug habe nichts mit bloßer Abenteuerlust zu tun, sondern er sei ein bis ins Letzte wohlgeplantes, wissenschaftlich und technisch unterbautes Unternehmen, für dessen Zustandekommen die Flieger höchste persönliche Opfer gebracht hätten.

Köhl schilderte die Gewissenserforschung, die Hünefeld in der letzten Nacht vor dem Abflug an sich selbst vorgenommen hatte. Jener wußte: Noch hätte er den Start verhindern können. Er war ein schwerkranker Mann ohne eigene Familie. Im Geiste sah er die beiden Frauen vor sich, Peterle Köhl, Frau Fitzmaurice und deren kleine Tochter Patsy. Doch gegen Morgen hatte er sich zur Klarheit durchgerungen; es gab kein unlauteres Motiv. Die Stimme seines Gewissens hatte eindeutig und überzeugend *ja* zu dem geplanten Unternehmen gesagt.

Der Start.

Köhl erzählt, wie am Abend des 11. April die Wettermeldungen endlich so günstig waren, daß am nächsten Morgen um fünf abgeflogen werden sollte.

Meine Gleichgültigkeit war vergessen. Ich verschlang buchstäblich jedes weitere Wort, das aus dem Munde des bayerischen Ozeanfliegers klang. Die Schilderung wurde so dramatisch, daß man nicht einen Atemzug in dem riesigen Kuppelsaal hörte, wenn die Stimme des Redners für einen Augenblick schwieg. Köhl zog sein Taschentuch heraus. Ihm wurde wieder heiß und

der Kragen zu eng beim Zurückdenken an den Start mit der vollgetankten W 33 auf der nicht sehr langen Startbahn von Baldonnel.
Fitzmaurice ist eingestiegen. Der irische Staatspräsident und einige Minister haben die Flieger verabschiedet. Über das Gesicht von Frau Fitzmaurice rinnen die Tränen. Zwei Priester haben das Flugzeug und seine Besatzung gesegnet. Der Motor ist warmgelaufen. Bremsklötze weg!
Nun gibt es kein Zurück mehr.
Der Ost-West-Ozeanflug hat begonnen.
Die »Bremen« rollt mit ihrem Gewicht von vier Tonnen erst langsam, dann schneller, immer noch schwerfällig und erdgebunden mit der riesigen Benzinlast von zweitausend Litern.
Ein Hammel rennt dem Flugzeug in den Weg. Den drei Männern setzt der Herzschlag aus. Doch der Zusammenstoß wird vermieden.
Für die Zeugen des Starts folgen grauenvolle Sekundenbruchteile. Die »Bremen« ist hinter einer Bodenwelle verschwunden. Man hört den 350 PS-Motor auf vollen Touren weiterlaufen. Und nun endlich erscheint die Maschine wieder in ihrem Blickfeld. Sie fliegt sicher und frei in der Luft und legt sich in eine sanfte Kurve nach Westen – dem Ozean entgegen.
Es ist 5.35 Uhr am 12. April 1928.
Die Menschen auf dem Flugplatz von Baldonnel sind verstummt. Tief empfinden sie, daß sie Zeugen sind, wie drei Männer dem Tod – oder dem Gelingen einer Tat entgegenfliegen, die in der Geschichte der Fliegerei niemals vergessen sein wird.
Die Zuhörer starren auf den Mann am Rednerpult, der so gar nicht aussieht, wie man sich einen Helden vorgestellt hat. Dieser Mann ist für sie, für uns alle zum Repräsentanten einer großen Idee geworden und unsere Geister beugen sich vor ihm.
Mit 200 Stundenkilometern fliegt die »Bremen« bei strahlendem Wetter auf den Ozean hinaus, den sie bei Galway erreicht.
Diesmal heulen keine Stürme wie bei dem Probeflug im August

des Vorjahres. Selbst der Wind ist zum Teil günstig und die Flieger kommen in den ersten 15 Stunden ihres Fluges weiter, als sie nach ihren Berechnungen je erhofft hatten.
Der Kampf beginnt später.
Ein grausamer, fast zwanzig Stunden andauernder Kampf auf Tod und Leben.
Das Thermometer sinkt. Die Eiszone vor Neufundland ist erreicht. Gewaltige Nebel- und Wolkenschichten türmen sich vor dem plötzlich so winzig wirkenden Flugzeug auf.
Köhl zieht die Maschine hinauf bis über die Wolken. Dort jagt ihm eisiger Westwind entgegen.
Aber es muß weitergeflogen werden. Es gibt keinen Weg zurück. Köhl hatte gewußt, daß er mit Nacht und Sturm, mit Eis und Nebel zu rechnen hatte. Er war darauf vorbereitet.
Doch das ist es nicht allein.
Fitzmaurice reicht ihm einen Zettel, da in dem Toben kein Wort zu verstehen ist.»Können Sie an Land gehen? Öltank scheint leck zu sein.«
Ehe Köhl seinen Begleiter beruhigend anlächelt, hat er still einige Gebete gesprochen. Die drei Männer wissen: wenn der Öltank wirklich leck ist, so bedeutet das ihren Tod. Er ist nicht defekt.
Es wird Nacht.
Es ist ein Inferno. Manchmal scheint das Flugzeug auf der Stelle zu fliegen. Dann wieder wird es auf und nieder gerissen. Doch es hält den Schlägen der Gewitterfäuste stand.
Die Kabine der»Bremen« ist angefüllt mit Andenken, Heiligenbildern und Münzen. Mancher Talisman wurde für die Flieger geopfert. Vor dem Start hat Köhl sie sich alle nachdenklich angesehen. Ob sie ihnen Glück bringen werden?
Die Flughöhe wechselt zwischen fast 2000 und nur wenigen Metern über dem tobenden Meer. Von Zeit zu Zeit täuschen Irrlichter eine nahe Küste vor, die noch meilenweit entfernt ist.
Hier gibt es Nordlichter. Der Polarstern leuchtet manchmal auf

und wird zum Wegweiser, denn die Lichtleitung zum Instrumentenbrett ist defekt.
Die Mißweisung des Kompasses hat weit über jede Erwartung hinaus zugenommen. An exakte Navigation ist nicht mehr zu denken – und auf das damals noch unvollkommene Funkgerät wurde zugunsten von Benzin verzichtet. Doch einmal ist auch diese grausame Nacht zu Ende.
Geschlafen hatten die Männer so gut wie nicht. Nur immer minutenweise einer nach dem andern.
Blutrot schickt die Sonne ihre ersten Strahlen über den Horizont.
Land!
Eine Weile glauben die drei Männer im ersten Dämmerlicht einer Sinnestäuschung zu erliegen.
Doch als die Sonne höher steigt wissen sie mit Sicherheit: Sie haben den amerikanischen Kontinent erreicht. Der erste Ost-West-Ozeanflug ist gelungen!
Alle drei Männer sind tief religiös. Sie gehören verschiedenen Konfessionen an. So schickt jeder auf seine Weise einen stillen Dank hinauf zu seinem Schöpfer.
Doch dieses intensive Glücksgefühl hält nur für kurze Zeit an. Sie wissen nicht, wo sie sind. Die Mißweisung des Kompasses ist zu groß geworden.
Unter den Fliegern liegen endlose einsame Wälder. Es gibt keine Ansiedlung – das Land ist wie tot. Wahrscheinlich hat es hier auch noch nie menschliches Leben gegeben.
Der Sturm, der gegen Morgen nachgelassen hatte, setzt mit neuer noch erhöhter Stärke ein.
Hermann Köhl vermutet, daß sie über Labrador sind, nördlich von Neufundland.
Eine neue große Sorge: Der Betriebsstoff geht zu Ende.
Die drei Männer wissen, daß die kurz bevorstehende Landung in dieser Einöde ihr Ende bedeuten kann.

Steile, kahle Berge, dann wieder vereiste riesige Flußläufe ziehen unter den Flächen der »Bremen« hindurch.
Köhl reicht einen Zettel mit der Bitte: »Legen Sie sich zwischen die Tanks – um die Maschine vorn zu entlasten«, an Hünefeld. Der zieht seinen Pelz aus und kriecht zwischen die Behälter. Jede Minute, die sie die »Bremen« noch in der Luft halten können, ist kostbar.
Köhl beginnt zu kreisen und sich nach einem geeigneten Landeplatz umzusehen.
Es ist wie in einem Theaterstück, wie in einem Roman.
Als das unvermeidliche schlimme Ende unmittelbar vor den Fliegern steht, ruft Fitzmaurice: »Ein Boot!«
Als die Flieger sich dem vermeintlichen Boot nähern, erkennen sie ein Haus und einen Leuchtturm. Menschen und Hunde eilen heraus.
Das ist die Rettung. Sie werden nicht in der glitzernden Einsamkeit erfrieren oder verhungern.
Von seinen Begleitern bewundernd anerkannt, setzt Köhl die »Bremen« mit einer vorbildlichen Landung auf das Eis. Doch die Decke hält nicht, die Maschine bricht ein und stellt sich langsam auf den Kopf.
Ein Traum ist zu Ende – die Flieger können nicht am nächsten oder übernächsten Tag nach New York weiterfliegen. Doch sie sind noch so erfüllt von der Todesnähe, in der sie sich viele Stunden lang bewegt haben, daß ihnen die leichte Beschädigung des Propellers und des Fahrgestells nicht das dankbare Erleben der kommenden Stunden verdirbt.
Der Leuchtturmwärter Templier von Greenly Island auf Labrador nimmt die Besatzung der »Bremen« mit warmer Herzlichkeit auf.
Frau Templier bereitet ein kräftiges warmes Essen für die Flieger und richtet die Betten. Nachmittags um vier, nur zwei Stunden nach der Landung, sinken die Ozeanflieger in tiefen Schlaf. 36,5 lange Stunden hatte der Flug gedauert.

Nun sind ihnen noch einige Stunden, etwas mehr als ein halber Tag, der Stille vor dem Sturm vergönnt. Allerdings ist das ein anderer Sturm, als ihn die Männer zwischen Irland und Labrador erlebt hatten.

Am nächsten Morgen bemüht sich Hermann Köhl um seine Maschine. Er sieht, daß er ohne Hilfe und ohne Ersatzteile nicht wieder starten kann. Inzwischen sind v. Hünefeld und Fitzmaurice mit Hundeschlitten nach Long Point auf die nahe Telegraphenstation gefahren. Der dortige Postmeister, Mr. Cornier, ist am Ende seiner Weisheit. Hunderte von Telegrammen häufen sich auf seinem Tisch, nachdem am Vortag die Meldung über die Landung der »Bremen« in alle Welt hinausgegangen ist. Sonst waren neun oder zehn Depeschen im Monat sein Pensum.

Eines der ersten Telegramme kommt vom Präsidenten der Vereinigten Staaten, Coolidge. Es ist in warmen, herzlichen Worten gehalten.

Und nun erinnert sich auch Deutschland seiner Helden. Hindenburg, die deutsche Regierung und der Reichtagspräsident schicken ihre Glückwünsche.

Hünefeld liegt drei Tage lang mit hohem Fieber im Anschluß an eine Vergiftung auf Tod und Leben im Bett.

Inzwischen herrscht fröhlicher Betrieb auf der sonst so einsamen Insel. Berichterstatter sind in eigenen Flugzeugen angekommen und filmen die »Bremen«-Besatzung bei jedem Handgriff. Flugzeuggesellschaften haben Hilfspersonal zum Wiederinstandsetzen der Maschine geschickt.

Keine Schneekufen waren gebracht worden, ohne die der Start schwierig war.

Ein neuer Propeller und ein anderes Fahrgestell sind montiert worden. Doch nun macht der Motor nicht mehr mit.

Es war ein harter Entschluß für Köhl, seine »Bremen« zurückzulassen.

Am 26. April, dreizehn Tage nach der Landung auf Greenly

Island, bringt eine Fordmaschine die drei Flieger nach New York.

Alle wir Zuhörer waren mit über den Ozean geflogen. Später habe ich mich oft gefragt, ob die andern Menschen im Kuppelsaal der Stadthalle auch so tief von diesem Erlebnis ergriffen worden sind wie ich damals. Wahrscheinlich nicht. Oder sicherlich nicht in dem Maße. Denn sonst hätten am nächsten Tag über tausend Menschen vor dem Büro des Präsidenten vom Hannoverschen Aero-Club Schlange stehen müssen.

Major Homburg tat übrigens alles, um mir den Wunsch, selbst fliegen zu lernen, auszureden. Ohne Erfolg. Und drei Jahre später wurde mir dann die große Auszeichnung zuteil, Ehrenmitglied bei meinen fliegenden Landsleuten zu werden.

Zum Abschluß seines Vortrages sprach Hermann Köhl noch über die Auswirkung des Fluges in USA, in Deutschland und in der ganzen Welt.

Man hatte das Gefühl, er entledigte sich damit einer Ehrenpflicht. Sein Gefühl schwang nicht mehr so in jedem Wort mit wie vorher bei dem Flugbericht. Doch das gehörte nun einmal dazu und war eine Verpflichtung gegenüber all den Menschen, die ihnen unterwegs geholfen und welche die Botschaft der Flieger so verstanden hatten, wie sie gemeint war.

Nach einem Konfettiempfang in New York, der laut Bericht der Straßenreinigung der größte bisher überhaupt gewesen war, nach der Ovation durch tutende Dampfer, nach der Verleihung des »Distinguished Flying Cross« in Washington und einem Empfang des Deutsch-Amerikanertums in der Metropolitan-Oper und zahllosen anderen großen Ehrungen konnten die praktisch veranlagten Amerikaner nur eines nicht verstehen:

Es war ihnen vollkommen rätselhaft, daß die Flieger ihren Welterfolg überhaupt nicht finanziell auswerteten.

Mengen von Unternehmen aller Art boten ihnen Tausende von Dollars für eine kurze Begrüßung.

4 Triumphfahrt durch New York

Die »Bremen«-Besatzung lehnte alles ab.
Die Reinheit der Idee ihres Fluges sollte nicht getrübt werden. Obwohl Geld und alles, was damit zusammenhängt, in den USA besonders groß geschrieben wird, machte dieses Verhalten den Amerikanern tiefen Eindruck.
Man muß sich daran erinnern, daß Köhl vor seinem Start die Kündigung von seiner Firma bekommen hatte. Er wußte also in jedem Fall, was es heißt, ohne den sicheren Hintergrund eines Vermögens oder eines weiterlaufenden Gehaltes mit späterer Pension seine Familie zurückzulassen.
Nicht zuletzt darum hat dieser Flug viel dazu beigetragen, daß manche Spuren noch vorhandener Bitterkeit nach dem Ersten Weltkrieg ausgetilgt wurden.

Während der kommenden Jahre war ich oft zu gleicher Zeit mit Hermann Köhl am Himmel über Berlin und auch unterwegs.
Doch eine Gelegenheit zu einer längeren Unterhaltung ergab sich erst viel später – ausgerechnet im D-Zug zwischen Leipzig und Berlin. Ich hatte meine kleine Kunstflugmaschine für eine Winterüberholung zu Messerschmitt ins Werk gegeben und fuhr wieder heim.
In Dessau sah ich Hermann Köhl zusteigen.
Im allgemeinen entsprach es nicht meinen Angewohnheiten, im Zug oder sonstwo Männer anzusprechen. Doch hier *mußte* ich eine Ausnahme machen.
Ich ging zu seinem Abteil.
Er saß in einer Ecke und las ein Buch.
»Guten Tag, Herr Köhl«, sagte ich leise, um die anderen Mitreisenden nicht aufmerksam zu machen. »Ich heiße Elly Beinhorn. Nach Ihrem Vortrag in Hannover wurde ich Ihnen schon einmal vorgestellt – doch Sie erinnern sich wohl nicht?«
Hermann Köhl war aufgestanden und wies auf den Platz gegenüber. Wir setzten uns.
Der Flieger sah mich ernsthaft prüfend an.

5 Begeisterter Empfang der »Bremen«-Besatzung in Berlin mit anschließendem Empfang durch den Reichskanzler

6 Köhl im Kreis deutscher Fliegerinnen: v. Gronau, Schiller, Strassmann, ich, v. Etzdorf, Rasche und Heidrich (von links)

»Leider nicht, und... kann ich etwas für Sie tun?«
»Nein, danke. Das haben Sie schon damals mit Ihrem Vortrag getan. Ich habe inzwischen selbst fliegen gelernt und hoffe bald wenigstens einmal bis nach Afrika zu kommen.«
Köhl wollte nicht unhöflich sein. Doch man merkte ihm an, daß er nicht so sehr viel von meinen Plänen hielt.
Ich nahm ihm das nicht übel.
Inzwischen fühlte ich mich auf meinem Weg so sicher und gut aufgehoben, daß ich ihm eigentlich nur ein herzliches »Dankeschön« sagen wollte. Das tat ich dann auch und zog mich bald wieder in mein Abteil zurück.
Später haben wir noch oft über diese Begegnung gelacht. Als ich inzwischen allein über alle Erdteile geflogen war, hatte Köhl festgestellt, daß es mir mit dem Fliegen genau so ernst war wie ihm selbst.

Es war dem ersten Ozeanflieger in der Richtung nach Westen nicht vergönnt, ein hohes Alter zu erreichen.
Die Technische Hochschule in Braunschweig hatte ihm in Anerkennung seiner Leistungen den Dr. ing. ehrenhalber verliehen.
Im Jahr nach dem Flug der »Bremen« wurde Hermann Köhl Flugdirektor der katholischen Missionsgesellschaft »Miva« und trat später in ein Mitarbeiter-Verhältnis zu der Nordbayerischen Verkehrsflug-AG.
Er beteiligte sich an der Konstruktion eines Nur-Flügel-Flugzeugs durch Alexander Lippisch. Dieses wurde im Herbst 1931 in Berlin vorgeführt.
Ein schweres Nierenleiden war die Ursache seines frühen Todes mit erst fünfzig Jahren.
Hermann Köhl hat sich einen dauernden Platz in der Geschichte der Fliegerei erobert.
In meiner Erinnerung wird er immer bleiben als der Mensch, der mir damals in der Stadthalle von Hannover den Weg an den Himmel zeigte.

Karl Jatho

28. Februar 1873
† *18. Dezember 1933*

7 Am Stammtisch meines Vaters: »Das ist nichts für eine junge Dame«

Nun bitte ich dich, liebe Frieda, fange vor deinem Bruder nicht wieder davon an! Herr Jatho hat auch gesagt, das sei heutzutage alles gar nicht mehr so schlimm – und der muß es ja schließlich wissen!« Bei diesem Gespräch im Spätherbst 1929 zwischen meiner Mutter und Vaters ältester Schwester Litzius drehte es sich um meinen Besuch der Fliegerschule.

Meine Eltern mußten sich von früh bis abends die schärfste Mißbilligung all ihrer Bekannten und Verwandten anhören. Auf die Meinung meiner kinderlos verwitweten Tante wurde ein gewisser Wert gelegt. Immerhin – wahrscheinlich würde ich eines Tages Tante Frida beerben. (So kam es dann auch. Allerdings waren bis dahin die Beinhornschen Häuser längst verrentet und außerdem von Bomben zerstört worden.)

Doch in diesem Urwald der abfälligen Kritik gab es eine verständnisvolle Seele: den Flieger Karl Jatho. Er gehörte zum Stammtisch meines Vaters.

Tröstend hatte er in diesen schwarzen Tagen zu ihm gesagt: »Mach dir mal keine Sorgen, lieber Henri! Heute ist das Fliegenlernen am Doppelsteuer so einfach und ungefährlich, daß überhaupt nichts mehr dabei passieren kann. Außerdem ist das Wetter jetzt im November auf jedem Flugplatz schauderhaft. Es ist sogar wahrscheinlich, daß du deine Tochter vor Weihnachten gehorsam und windelweich wieder zu Hause haben wirst. Glaube mir, meistens sind die Flugzeuge in Reparatur und wenn das Mädchen in Sturm und Nässe ein paar Stunden auf den Start warten muß – na, ich bin ziemlich sicher – das ist nichts für eine junge Dame.«

Diese sachverständigen Worte trösteten meinen Vater ungemein. Doch es kam anders.

Zu Weihnachten war ich zwar wieder daheim. Aber ich hatte meinen ersten Alleinflug schon hinter mir und brannte nur darauf, so bald wie möglich auf die Fliegerschule zurückzukehren und meine Ausbildung zu beenden.

Ein paar Mal habe ich Karl Jatho auch gesehen und kurz gesprochen. Doch es war mir damals, genausowenig wie den meisten seiner Zeitgenossen, klar, daß dieser Mann mit seinem »Fliegerspleen«, wie es seine Stammtischkollegen nannten, eines Tages in allen Büchern über die Geschichte der Fliegerei zu finden sein würde. Und das mit Recht.

Er hat jede freie Minute, sein Erfindergenie und alle seine Mittel freudig in den Dienst seiner Idee gestellt. Als er dann sein hohes Ziel erreichte, war es ihm persönlich gar nicht so wichtig, was seine hannoverschen Landsleute, was die Welt dazu sagte, daß er *tatsächlich geflogen* war. Ihm genügte es, einen der tragenden Pfeiler geschaffen zu haben, auf denen die Fliegerei weiter aufbauen konnte – bis zum heutigen Tag.

Karl Jatho wurde am 28. Februar 1873 in Hannover geboren. Wie alle Pioniere im Flugzeugbau beschäftigte er sich vorher auch mit anderen Konstruktionen. Als Radsportler hatte er viele Preise errungen. So kam er auf den Gedanken, ein Hochleistungsfahrzeug zu bauen. Er konstruierte also ein Riesenhochrad, wie sie damals modern waren. Das Seinige hatte einen Raddurchmesser von zwei Meter und sechzig. Man stelle sich vor – die Lenkstange befand sich drei Meter und achtzig über dem Boden. Das allein beweist schon, wieviel Mut dieser Mann besaß. Schließlich hat er dieses Hochrad ja auch selbst ausprobiert. Jeder Sturz damit war ebenso gefährlich wie ein Sprung aus der ersten Etage eines Hauses mit einer beachtlichen Zimmerhöhe im Erdgeschoß.

1896, im gleichen Jahr, in dem Lilienthal tödlich abstürzte, bastelte Jatho gerade an seinem ersten Gleitflieger herum. Im Laufe der Zeit führte er Hunderte von Gleitflügen aus. Eine Reihe von Monaten später machte er sich an den Bau eines Motorflugzeuges. Er wollte richtig fliegen, nicht nur solche kleinen »Luftsprünge« machen, wie er selbst seine Gleitflugversuche bezeichnete. Dazu brauchte er einen Motor.
Sein Flugzeug wurde ein selbst für damalige Verhältnisse putziges Gebilde, ein schwanzloser Dreidecker. Allerdings war der oberste kleine Flügel keine echte Tragfläche, sondern er diente als Höhensteuer. Für die Seitensteuerung waren zwischen den unteren Tragflächen zwei senkrechte Steuerflächen angebracht. Dieses mit unzähligen Drähten und Streben verspannte Luftgestühl erwies sich schon beim Rollen als zu unstabil. Als nächstes konstruierte Karl Jatho sein Flugzeug in einen Anderthalbdecker um. Für diese Maschine wurde ein Einzylinder-Buchet-Motor von Sorge und Sabeck, der 9/12 PS leistete, geliefert, nachdem vorher eine Reihe von Motorproben auf einer alten Drehbank montiert stattgefunden hatten. Dann wurde der Motor in das Flugzeug eingebaut. Es folgten nun jeden Tag Motor- und Propellerversuche.

Karl Jatho spürte, daß er kurz vor seinem großen Ziel stand: Mit Hilfe eines Motorflugzeuges den Boden zu verlassen und nach einem gesteuerten Flug wieder auf die Erde zurückzukehren.
Jatho war über dreißig Jahre alt, als er in die Geschichte der Fliegerei einging. Am 15. August 1903 hatte er mit seinem Flugzeug erfolgreiche Rollversuche gemacht.
Am 18. August schob er bei windstillem Wetter seine Maschine auf die mit viel Mühe hergerichtete Startbahn auf der Vahrenwalder Heide nördlich von Hannover. Wieder führte er zuerst einige Rollversuche aus. Und dann gab er Vollgas.
Das Drachenflugzeug rollte – verließ den Boden – hielt sich in

8 Nachbau des Flugzeuges, mit dem Jatho 1903 seinen ersten Flug in Hannover ausführte

9 Ein Jatho-Flugzeug um 1910, mit dem weitere Flüge gelangen

knapp einem Meter Höhe über dem Boden. Nach achtzehn Metern landete Jatho glatt.
Damit war eigentlich der erste Flug gelungen. Das war vier Monate vor dem Flug von Orville und Wilbur Whright, der offiziell als der erste *gesteuerte* Motorflug gewertet wurde. Er war am 17. Dezember 1903 über eine Entfernung von 259,70 Metern durchgeführt worden.

Zu jener Zeit hatte sich eine ganze Anzahl von begabten Männern mit dem gleichen Problem beschäftigt. Hier und da in der Welt wird der erste Motorflug als von Santos Dumont oder von Ader ausgeführt bezeichnet. Doch das ist wohl nicht von entscheidender Bedeutung.
Alle diese Männer – und wahrscheinlich an ihrer Spitze Karl Jatho – sind die echten Pioniere und Schöpfer des Motorfluges, nach dem sich die Menschen fast zweitausend Jahre lang gesehnt hatten.
Karl Jatho gab sich mit diesem ersten Erfolg nicht zufrieden.
Sein Leben außerhalb der Dienststunden als hannoverscher Stadtinspektor war voll und ganz der Fliegerei gewidmet. Aus eigenen Mitteln hatte er im Laufe der Jahre zwölf Flugzeuge gebaut.
1914 gründete er die Hannoverschen Flugzeugwerke in Verbindung mit einer Fliegerschule. Doch der Erste Weltkrieg bedeutete das Ende des so erfolgreich begonnenen Unternehmens.
Später zog sich Jatho von der aktiven Fliegerei zurück. Viele Verletzungen, die er sich bei seinen Flugversuchen zugezogen hatte, verschlechterten seine Gesundheit so sehr, daß er nicht mehr fliegen durfte.
Schon 1928 wurde er pensioniert und ist dann am 8. Dezember im Alter von nicht ganz 61 Jahren gestorben.

Karl Jatho hinterließ keine Kinder. Seine Witwe Olga blieb

allein zurück. Auch sie hielt der jungen Fliegerei über den Tod ihres Mannes hinaus die Treue. Bis an das Ende ihrer Tage.
Eines Tages machte ich ihre Bekanntschaft. Ich hatte im Kurhaus von Bad Pyrmont einen Vortrag gehalten. Am Morgen darauf wurde mir in meinem Hotel eine Dame gemeldet: Olga Jatho. Eine lebhafte Blondine kam mir in der Halle entgegen. Ehe ich mehr als »guten Morgen« sagen konnte, hatte sie mir ein Buch mit Zeitungsausschnitten überreicht. Sie hatte alles gesammelt, was über die Arbeit ihres Mannes in den Zeitungen und Illustrierten erschienen war. »Ich habe Ihnen eine Aufnahme von Karl in seiner ›Stahltaube‹ mitgebracht – er hat das Foto noch selbst unterschrieben. Wenn Sie wieder in Hannover sind, müssen Sie mich besuchen und alles ansehen, was er hinterlassen hat.«
Leider ist diese wertvolle Aufnahme mit so viel anderem ein Opfer der Bomben geworden. Und zu dem Besuch bei Frau Jatho kam es ebenfalls niemals. Es ist so schade, daß man sich für manche Dinge, die es wirklich wert wären, im gegebenen Augenblick nicht die Zeit nimmt.
Frau Jatho hat ihrem Mann einen weiteren Gedenkstein gesetzt. Der erste wurde dreißig Jahre nach dem Flug vom 18. August 1903 auf der Vahrenwalder Heide in der Nähe der damaligen Startbahn enthüllt. Karl Jatho konnte noch – wenige Monate vor seinem Tode – in einem Wagen sitzend, selbst an dieser Feierstunde teilnehmen.

Olga Jatho, die später an allen Geschehnissen der hannoverschen Fliegerei lebhaft Anteil nahm, war immer – genau so, wie früher ihr Mann – zu jedem persönlichen Opfer bereit, soweit das in ihren Kräften stand.
Nach ihrem Tode hinterließ sie ihr kleines Vermögen ihren hannoverschen Fliegerkindern. Damit war der Grundstock zum Bau der Flugzeughalle auf dem neuen Sportflugplatz in Langenhagen gegeben. Der Hannoversche Aeroclub ehrte diesen unver-

gessenen Landsmann durch die Einrichtung eines »Karl-Jatho-Fluges«, an dem alljährlich Flugzeuge aus vielen europäischen Ländern teilnehmen.

Ich erinnere mich etwas verschwommen an den mittelgroßen Mann mit dem Bart auf der Oberlippe, der als einziger meinen Vater getröstet hatte, als ich begann fliegen zu lernen. Welch ein Glück, daß es damals diesen Menschen in unserer Nähe gab! Inzwischen gehöre ich selbst zu den Menschen, die Männern wie ihm ihre Luftreisen in die schönsten Länder der Erde zu verdanken haben.

10 Jathos Chefpilot Hans Holle in der »Jatho-Stahltaube« 1914

Ernst Udet

*26. April 1896
† 17. November 1941

11 Der Pour-le-mérite-Flieger aus dem Ersten Weltkrieg: »Nun zeig einmal, was du kannst«

„Na, nun zeig einmal, was du kannst."
Großflugtag in Königsberg im Sommer 1929.
Vor mir stand Ernst Udet. Der Pour-le-mérite-Flieger aus dem Ersten Weltkrieg. Damals gab es nur *den* Weltkrieg – kein Mensch hätte es für möglich gehalten, daß sich eine solche Katastrophe wiederholen könnte.
Udet, der Held aus Safari- und Gletscherfilmen, war der Star aller Flugtage. Er trug eine zweiteilige hellblaue Fliegerkombination. Seine blonden Haare waren glatt zurückgekämmt. Er war kleiner, als ich ihn mir nach den Bildern vorgestellt hatte. Seine Augen waren sehr blau und wunderschön. Auch wenn ich nicht gewußt hätte, daß er *der* Udet war, so hätte ich sofort gespürt: ich stand einem außergewöhnlichen Menschen gegenüber.
Ich war etwas verlegen und versuchte, das durch Forschheit zu überspielen. »Gegen Ihren Kunstflug werde ich kaum konkurrieren können«, entgegnete ich. Ich fand noch nicht die richtige Wellenlänge zu dem weltbekannten Flieger.
Im Schlaf wäre ich nicht auf die Idee gekommen, ihn ebenfalls zu duzen. In dieser Hinsicht hatte Udet in der Fliegerei die gleichen Vorrechte wie Sauerbruch in der Medizin – die meisten Menschen fühlten sich ausgezeichnet, von ihm mit »du« angesprochen zu werden.

Einer jener glücklichen Zufälle, die so viel in unserem Leben bedeuten, hatte zur Folge, daß ich gleich nach der Beendigung meiner Flugzeugführerausbildung eine Maschine für die Königsberger Flieger von Berlin nach Ostpreußen überführen durfte. Ich wurde dort eingeladen, an ihrem Großflugtag mitzufliegen – gemeinsam mit Udet und einigen anderen Kanonen der Luft. Man versprach mir, eine kunstflugtaugliche Maschine für mich zu besorgen, falls ich bis dahin keine eigene haben würde.

Inzwischen hatte ich meinen Kunstflugschein erworben und stotterte an einer kleinen »Messerschmitt M 23 b« mit Siemens-Motor herum. Dieser Flugtag mit Udet sollte schon einen Teil meiner Schulden abdecken.

»Hör mal, Mädchen, hast du dir da nicht etwas viel vorgenommen mit deinem Kunstflugprogramm?« meinte der Meister nachdenklich, die Zigarette im Mundwinkel.

»Drinnen bei der Flugleitung hab ich mir mal deine Figurenfolge angeguckt. Leicht machst du es dir nicht gerade – und das ist auch nicht ungefährlich. Weißt du das, du Kindskopf?«

Ich wußte nicht, ob ich wütend sein oder mich freuen sollte über Udets Interesse an meinen Angelegenheiten. Schließlich hatte ich doch mit Auszeichnung meinen Kunstflugschein bei Ritter von Greim in Würzburg gemacht.

»Ich finde das nicht gefährlich. Es macht mir riesigen Spaß«, sagte ich so leichthin wie möglich. Es gefiel mir gar nicht, wie diese erste Unterhaltung mit dem verehrten Flieger anlief.

»Paß auf, daß du nicht auf den Pinsel fällst.« Udet kniff ein Auge zu und um seine Nase herum bildeten sich viele Fältchen. »Das haben die Zuschauer zwar am liebsten – doch für einen selbst ist das eine recht unerfreuliche Angelegenheit. Ich hab so was schon mitgemacht, aber du Greenhorn noch nicht.«

Udet hatte seine Fliegerkappe aufgestülpt, legte lässig zwei Finger an den Rand und ging zu seiner Maschine.

Eigentlich hätte ich beleidigt sein müssen. Doch beinahe wäre ich in einen Schulmädchen-Knix gesunken und ich mußte mich krampfhaft erinnern, daß ich doch fast genau so fett gedruckt im Programm stand, wie der große Udet.

Als ich zwischen meinen beiden Kunstflugvorführungen landete, war alle Schnoddrigkeit, die mich zuerst an Ernst Udet so verwirrt hatte, weggewischt.

Er kam an meine Maschine.

»Nun hör mal zu, Kind. Wenn du den Leuten hier für ihr Geld etwas zeigen willst, dann darfst du nicht halb nach Warschau fliegen, auch wenn du auf dem Rücken liegst. Such dir ein paar typische Punkte in der Landschaft, ehe du zur ersten Figur ansetzt. Die gibt es überall. Ein großer Schornstein, ein kleiner See oder eine Flußbiegung oder auch ein helles Feld. Und daran hältst du dich. Nach einer Weile bekommst du ganz von selbst die Kontrolle.«

Er klopfte mir auf die Schulter, die von dem festen Anschnallen etwas schmerzte. »Für den Anfang machst du deine Sache gar nicht schlecht.« Ich hätte ihn am liebsten umarmt.

Aber es kam noch etwas nach.

»Vorerst ist es ganz richtig, wenn du noch eine Weile da oben in deinen himmlischen Höhen herumkurvst.« Wie bitte, Herr Udet? Noch nie hatte ich *so* niedrig mein Kunstflugprogramm geflogen, wie hier in Königsberg auf dem Flugtag. Vierhundert Meter waren wohl meine größte Höhe gewesen und an manchen Stellen war ich sicher bis auf zweihundert Meter heruntergekommen.

»Wenn du erst einmal mehr kannst – dann herunter und direkt über die Köpfe der Zuschauer. Die wollen doch dein dummes Gesicht sehen, wenn du im Rückenflug über sie dahinbraust.«

Es gab mir einen gelinden Schock, daß der Meister meinen Kunstflug noch so dilettantisch fand. Doch Udet hatte dies alles sehr nett und mit kameradschaftlicher Wärme gesagt. Ich nahm mir vor, jeden seiner Ratschläge in Zukunft zu beherzigen.

Abends gab es bei den gastfreundlichen Königsberger Fliegern ein großes Fest. Udet und ich mußten es mit einem Ehrentanz eröffnen. Er war ein ausgezeichneter Tänzer. Damals wußte ich noch nicht, daß jeder echte Flieger gut tanzen kann.

Höhepunkt dieses Abends war für mich, als Udet auf meine Bitte eine Karte an meine Eltern »mit herzlichen Grüßen, Ihr ergebener Ernst Udet« unterschrieb. Diese Karte hat meine Eltern und Udet überlebt. Das war meine erste Begegnung mit diesem großen, auf seine Weise einmaligen Flieger.

Ihr folgten viele andere.

Eine davon ist mir noch ebenso gut im Gedächtnis, wie die auf dem Königsberger Flugtag. Indirekt hatte sie sogar allerhand mit unserer damaligen Unterhaltung zu tun. Ich hatte mir Udets Ratschläge genau hinter die Ohren geschrieben. Von Flugtag zu Flugtag wagte ich mich mehr an den Boden heran. Eine meiner Spezialitäten wurde es, vielleicht zwei Meter hoch ganz dicht über den Köpfen der Zuschauer gegen die offene Halle anzufliegen. Ganz kurz vor dem massiven Hindernis zog ich dann die Maschine in einer Steilkurve hoch. Diese Präzisionsfliegerei machte mir sehr viel Spaß. Durch die große Geschwindigkeit, mit der ich anflog, hatte ich immer eine hohe Sicherheitsreserve, so daß eigentlich gar nichts dabei war.

Jedenfalls bei diesem Anflug nicht.

Eines Tages tobte ich mich wieder einmal in recht geringer Höhe über dem Staakener Flugplatz mit allerlei halsbrecherischen Figuren herzhaft aus. Von Tempelhof kommend, war Udet gelandet und sah mir vom Boden aus kritisch zu.

Als ich wieder unten war, kam er an meine Maschine. Wie es so seine Art war, kniff er ein Auge zu und meinte nicht sonderlich freundlich: »Mein gutes Kind, wenn du so weitermachst, wirst du in kürzester Zeit anständig auf die Schnauze fallen. Eigentlich schade um dich.« Und damit drehte er sich um und ging zu seinem »Flamingo«. Dieses Mal war ich wütend.

Was bildete sich Herr Udet eigentlich ein? Daß nur er allein dieses präzise fliegerische Gefühl gepachtet hat, um solche Bodenakrobatik fliegen zu können? Natürlich wagte ich keinen lauten Protest.

Auf den Gedanken, *wie* recht Ernst Udet an diesem Tage hatte, kam ich erst ein paar Wochen später, als ich nach einem Reklameflug in Saarbrücken zwischen den Trümmern meines total zerstörten Flugzeuges hockte.
Das war die heilsamste Lektion meines jungen Fliegerlebens. Ernst Udet hatte diesen Bruch kommen sehen und versucht, mich zu warnen.
Am Tag nachher ging ich auf das Postamt und gab ein Telegramm auf nach Berlin, Pommersche Straße 4, mit der kurzen Mitteilung, daß der vorausgesagte Bruch inzwischen programmgemäß stattgefunden habe.
Danach begann meine zweite Fliegerschule. Aber die fand in mir selbst statt und kostete nichts. Das heißt, sie kostete sehr viel Selbstüberwindung und Begraben meines jugendlichen falschen Schneides. Ernst Udet hatte mir das ersparen wollen. Doch ich mußte meinen Preis selbst bezahlen.

Udets Fliegerleben ist in großen Umrissen bald geschildert. Er hat ein ausführliches Buch darüber geschrieben. Ich möchte mich in der Hauptsache auf einige persönliche Begegnungen mit ihm beschränken. Ohne Schminke, mit seinen großartigen, aber auch den recht menschlichen Zügen.
1896 in München geboren. Neben einer jüngeren Schwester Sohn eines kleinen Fabrikanten. Mit elf Jahren baut er seine ersten Flugzeugmodelle und gründet zwei Jahre später mit Gleichaltrigen den Aeroclub München 1909.
Zu Beginn des Ersten Weltkrieges meldet er sich freiwillig als Motorradfahrer. Etwas später ist er bei den Fliegern, bekommt 1918 den Pour-le-mérite. Nach Richthofens Ende wird Hermann Göring Kommandeur des Jagdgeschwaders, dessen eine Staffel der junge Oberleutnant der Reserve, Ernst Udet, führt. Bei Kriegsende ist er *der* überlebende Jagdflieger mit der höchsten Zahl von 62 Abschüssen. Am 12. Januar 1919 wird er nach München entlassen.

Mit einem Fliegerkameraden veranstaltet er jeden Sonntag an einem anderen Ort Luftkämpfe zu Gunsten der Gefangenenfürsorge, dann werden – schwarz wegen des Versailler Vertrages – Udet-Flugzeuge gebaut.
Er fliegt in Argentinien, er fliegt auf dem Eibsee ein Rennen zwischen Auto und Flugzeug. Am Steuer des Rennwagens sitzt Hans Stuck. Und jeden Sonntag während der Sommermonate ist er die Attraktion eines Flugtages.
Er fliegt nach Ostafrika und dreht dort sensationelle Jagdfilme über der Serengeti. Damals gab es in Tanganjika noch so gut wie keine Touristen.
Eine Löwin springt in das niedrig fliegende Flugzeug und reißt den Rumpf in Stücke. Auf dem Rückflug muß Udet bei den Lau-Negern notlanden und wird nach Tagen von einem ehemaligen Kriegsgegner gerettet. Inzwischen hat er sich reaktivieren lassen – Major, Oberst, General, so klettert er die Stufenleiter des Erfolgs hinauf.
Doch diese Laufbahn bringt ihm kein Glück. Udet ist nicht die Art von Mensch, aus der Berufssoldaten gemacht werden können. Es gibt noch einmal eine herrliche, aber kurze Zeit, in der er der echte alte Udet sein kann. Er fliegt seinen Kunstflug bei den National Airraces in Cleveland und begeistert die Hunderttausende wie nie zuvor. Zurück bringt er eine amerikanische Jagdmaschine. Dann filmt er mit Dr. Fanck in Grönland – Höhepunkte seines Fliegerlebens, ehe er wie eine brennende und dann verglühende Fackel am Horizont der fliegenden Welt verschwindet.

Eine Schilderung aus dem Ersten Weltkrieg hat sich so fest in meinem Gedächtnis eingeprägt, daß ich heute noch alle äußeren Umstände vor mir sehe, die Udet zum Erzählen dieses Erlebnisses veranlaßten. Großflugtag in Leipzig.
Udet und ich standen wieder einmal groß gedruckt auf dem Programm. Wir waren beide schon am Samstag mit unseren

Maschinen von Berlin herübergeflogen. Bei einem Flugtag von solchem Ausmaß mußten sich die Hauptteilnehmer verpflichten, so rechtzeitig dort zu sein, daß ihre Mitwirkung nicht im letzten Moment durch Wetterschwierigkeiten verhindert werden konnte.

So war die Möglichkeit gegeben, die Maschinen am Ort gründlich durchzusehen, damit es während des Programms keine Pannen gab.

Am Nachmittag packte mich Udet in seinen Wagen, den sein Monteur herübergefahren hatte. Er konnte sich diesen Luxus leisten. Sein Honorar war entsprechend.

Wir fuhren zu »Auerbachs Keller« und tranken ein Glas Wein.

»Wie gefällt dir mein neuer Trick?« wollte Udet wissen, als wir eine ruhige Nische gefunden hatten. Hier waren wir einigermaßen sicher, nicht erkannt und angesprochen zu werden. Zu dieser Tageszeit gab es kaum Menschen in der berühmten Weinstube.

»Wie wirkt das eigentlich, wenn ich mit dem kleinen Haken am Flächenbogen meines ›Flamingo‹ ein Taschentuch vom Boden aufhebe?«

Ich hatte diese Neuheit aus Udets Kunstflugprogramm mittags beim Training zum erstenmal gesehen.

Mir war fast das Herz stehengeblieben.

Er brauchte sich nur um zwei Zentimeter zu verschätzen – eine Staubwolke, darinnen ein totaler Bruch und ein toter oder verletzter Udet wären die Folge gewesen. Aber er verschätzte sich nicht.

Die ernsthaften Kunstflieger, welche auf den internationalen Meisterschaften nach klassischen Gesetzen um die Plätze kämpften, meinten geringschätzig, daß diese »Mätzchen« nichts mit Kunstflug zu tun hätten. Mit dieser Meinung waren sie nicht ganz im Unrecht. Bei manchen sprach auch ein bißchen Neid mit bei diesem Urteil. Aber das große Publikum wollte gerade *diese* Kapriolen am Boden sehen und Udet hatte überall, wo er flog, den größten Erfolg.

»Wenn ich ganz ehrlich sein soll – ich habe jedesmal Angst, wenn ich dir zusehe«, gestand ich. »Es macht mir gar nichts aus, wenn du deine Turns und Loopings und selbst deinen Rückenflug direkt über dem Boden machst. Ich weiß, da hast du soviel Fahrtüberschuß, daß es dir jederzeit langt, die Maschine irgendwo hinzusetzen, falls dir der Motor wegbleibt – aber die Sache mit dem Taschentuch, die ist mir unheimlich!«
Udet musterte mich spöttisch lächelnd.
Ein wenig war ich für ihn immer noch ein Fliegerkind. Wohl nicht unbegabt, aber von den letzten Feinheiten der Hohen Schule doch noch ein ganzes Stück entfernt.
»Da mach dir mal keine Sorgen! Ich weiß genau, was ich tue. Wenn das Licht ganz gut und zuverlässig ist, dann kratze ich sogar mit dem Haken den Boden an, daß es staubt – dann denken die Leute: Jetzt liegt er unten – denn letzten Endes wollen sie das ja gern sehen. Aber ich denke nicht daran, ihnen den Gefallen zu tun!« Das war echt Udet. Mit der Gefahr und auch mit den weniger guten Instinkten der Masse Katz und Maus zu spielen.

Uns gegenüber saß ein Mann, der Udet an einen gefallenen Kameraden aus dem Krieg erinnerte. Er geriet ins Erzählen: »... der dem da drüben so ähnlich sah, war dabei, als wir das große Fest auf dem französischen Schloß von G. gaben...«
Er hob sein Glas und prüfte tief einatmend die Blume.
»Zwei Tage später war er tot, abgeschossen... aber das Fest hat er noch mitgefeiert«, fuhr er fort. »Wir hatten eine befreundete Staffel, die auf dem nächsten Flugplatz lag, eingeladen. Das Schloß sollte nach unserem Abzug in die Luft gesprengt werden. Doch vorher wollten wir die ganze Ahnengalerie noch einmal zum Leben erwachen lassen, hatten wir gut zwanzigjährigen Dachse beschlossen. Es war 1918. Einer meiner Kameraden von der ›Jagdstaffel vier‹ hatte seine ersten zwei Abschüsse hinter sich.«

Ich mochte diese Kriegsgeschichten nur zum Teil. Es war so viel Härte dabei.
Die Zeiten mit der ewigen Steckrübenmarmelade und dem Schießen in den Straßen hatte ich noch als trübe Kindheitserinnerung im Gedächtnis. Doch Udet war nicht aufzuhalten. Die Flieger damals erzählten gern von ihren Erlebnissen während des Ersten Weltkrieges. Die vom Zweiten weniger – außer, wenn sie unter Kameraden waren. Im Krieg 1914–18 war alles noch menschlicher gewesen.
»Nach Dienstschluß dekorierten wir den Ahnensaal. Er war rund. An den Wänden hingen oben Bildnisse der Frauen, darunter die der Männer des französischen Adelshauses und blickten gebieterisch auf uns herab. Die Damen waren alle in der gleichen Weise gemalt worden. Sie hatten ihre schneeweißen Händchen übereinander auf den Magen gelegt. Die meisten von ihnen trugen hochaufgetürmte Perücken. Die Herren hatten ebenfalls zum großen Teil weiße Haare, manche trugen Zöpfchen.«
Er trank einen Schluck. »Nun wurden sie alle von uns feierlich herausgeputzt. Den Männern machten wir ein Knopfloch links oben in ihre feierlichen Röcke neben dem Jabot. Die Damen bekamen einen Schnitt über den fleischigen Händchen. Aus dem Gewächshaus hatten wir einen ganzen Korb mit herrlichen Blüten geholt. Die wurden nun an die Ahnen des Hauses verteilt. Kannst du dir vorstellen, wie festlich das ausgesehen hat?«
»Hattet ihr denn überhaupt keinen Respekt vor der Schönheit und dem Wert dieser Gemälde?«
»Ach, du verstehst eben keinen Spaß. Wir machten alles ja nur schöner für die kurze Zeit, in der das Schloß noch heil dastand. Was willst du – wir waren ja halbe Kinder! Einen ganz Strengen hatten wir unter uns. Dem Miesmacher haben wir in der Nacht seine Lektion erteilt! Das war so ein Überbraver, der nie mitmachte. Nach jedem Einsatz saß er hinter Gedichtbüchern. Seine Versuche, uns zu bessern, hatte er inzwischen aufgegeben.«

»Was hat er denn zu eurem Fest gesagt?«
»Gestreikt hat er und sich in seinem Zimmer eingeschlossen«, bekannte Udet. »Aber das konnte er mit uns nicht machen. Als die Gesellschaft richtig in Schwung war, sind wir alle mit Gesang in den oberen Stock gezogen, auf dem die Schlafzimmer lagen. Auf Kommando eins-zwei-drei haben wir die Türe eingetreten und unseren Freund mitsamt seinem riesigen Himmelbett die Stufen hinunter bis draußen auf die Freitreppe getragen. Dann wurde er ein paarmal im Takt hin- und hergeschaukelt und anschließend im hohen Bogen mitsamt seinem Bettgestell ins Freie geworfen.« Udet mußte jetzt noch lachen, als er das Bild von damals wieder hervorzauberte. »Es ist ein Wunder, daß er diesen Spaß ohne Knochenbrüche hinter sich gebracht hat.«
»Ach, hör doch auf mit diesen Geschichten, ich finde sie gar nicht so komisch!«
»Du dumme Gans«, fuhr Udet mich an, »jetzt will ich dir mal etwas sagen: Du hast ja keine Ahnung vom wirklichen Leben und von einem Krieg. Wir waren so jung, daß wir bei den ersten Kämpfen am liebsten nach unserer Mama geschrien hätten. Manche von uns haben es sicherlich auch getan. Wir sahen Blut und Tod, wir erlebten die schreienden Verwundeten. Und dann waren wir Flugzeugführer geworden. Wir waren Könige – aber mit dem Kopf in der Schlinge. Jeden Tag, bei jedem Einsatz kam der eine oder andere von unseren Kameraden nicht zurück.« Tiefe Falten hatten sich in Udets Gesicht hinunter bis zu den Mundwinkeln eingegraben.
»Hör doch auf mit deiner dummen Moralpredigt«, fuhr er fort. »Wir brauchten einfach so etwas – und wem haben wir denn geschadet? Den Ahnen? Die Besitzer und das Personal waren lange geflohen. Vielleicht haben die Ahnfrauen oben im Himmel sogar Spaß gehabt an ihrem Blumenschmuck – wer weiß!«
Udet bezahlte und wir gingen.
Es war ein Riß in unsere Stimmung gekommen. Udet spürte das genau und es hatte keinen Sinn, weiter darüber zu reden. Er

hatte recht. Ich hatte keine Vorstellung, wie es draußen ausgesehen hatte. Und wie konnte ich sagen, wie ich in einem solchen Fall gehandelt hätte. Wenn ich ein Mann gewesen wäre. Und ein Soldat. Und ein Flieger. Und so jung! Aber ich war ein Mädchen. Und da gab es Grenzen des Verstehens.

Unvergeßlich wird mir die Geschichte mit dem Eskimo-Kajak bleiben. Vor einer Weile war Udet von Grönland zurückgekommen. Er hatte dort mit Dr. Fanck, mit Knud Rasmussen und Sepp Rist den Film »SOS Eisberg« gedreht, von dem die Welt sprach.
Die Expeditionsteilnehmer hatten über das schon recht kühne Drehbuch hinaus eine Fülle von gefährlichsten Abenteuern hinter sich gebracht. Es erschien wie ein Wunder, daß sie alle heil wieder heimgekommen waren.
Wenn Udet auf diese Zeit zu sprechen kam, fiel alles Zwiespältige von ihm ab.
Dort zwischen Grönlands Eisbergen hatte er wohl die erfüllteste Zeit seines Lebens verbracht. Mehrmals hatte er unter Einsatz seines Lebens den einen oder anderen Expeditionskameraden gerettet, der im Eismeer oder auf einem Gletscher verschollen war. Keiner seiner vierhundert Starts unter den schwierigsten Bedingungen war ihm zu gefährlich oder zu mühsam gewesen.
Alle Menschen dort oben, besonders die Eskimos, hatten ihn geliebt und ihn als unbedingte Autorität anerkannt, wenn einmal ein hartes Wort nötig war.
Dort war der »Udlinger«, wie die Freunde ihn nannten, einfach glücklich gewesen.

Inzwischen war Udet wieder Soldat geworden. Er war jetzt Major der Luftwaffe mit Amtssitz im Luftfahrtministerium.

12 Udet ist wieder aktiver Offizier geworden – der Anfang vom Ende

13 Udet in Rechlin 1938

Ich hatte damals ein kleines Blockhaus am Siethensee im Süden von Berlin gepachtet, in dem ich einen Teil meiner Freizeit verbrachte. Eines Morgens klingelte da draußen das Telefon. Ernst Udet rief an.
»Können wir morgen meinen grönländischen Renn-Kajak bei dir ausprobieren?«
»Natürlich – aber der ganze See ist knapp tausend Meter lang.«
Über Udets Vorschläge durfte man sich nie wundern, ob es sich nun um die Erprobung eines amerikanischen Jagdflugzeuges, eines Wildpferdes oder eines Kajaks aus Seehundsfell handelte. Es fiel mir ein, daß ich vor einiger Zeit darüber in der BZ gelesen hatte, die Kisten mit dem Expeditionsgut seien in Deutschland angekommen.
»Ich brauche keine lange Strecke – aber ich werde dir einen Rolling im Wasser vorführen, ohne mir die Hose naß zu machen«, versprach der Flieger. »Das heißt, wenn mir das Boot noch um die Taille paßt.«
»Um die Taille?«
»Warte ab – du wirst schon sehen...« Udets Stimme nahm einen klagenden Ton an. »Diese jünglingshafte Linie wie am Schluß unserer Grönlandzeit habe ich hier bei den vielen Versuchungen à la Horcher und Schlichter nicht halten können!«
Am nächsten Mittag kam Udet im dicken Dienstwagen vom RLM mit Chauffeur direkt nach Dienstschluß vorgefahren. Das Boot, das der Fahrer mit einer Hand lässig zum Steg hinuntertrug, war das Süßeste, was ich je an einem Einsitzer zu sehen bekommen hatte. Es war ein Kunstwerk aus einem Guß. Udet hatte es zum Abschied von seinen Eskimo-Bewunderern geschenkt bekommen.
Wir brachten es am Steg zu Wasser. Was das Einstiegloch anbetraf, so hatte ich große Bedenken, wenn ich es mit Udets Taillenweite verglich.
»Da kommst du nie im Leben rein«, unkte ich. »Laß mich doch mal versuchen!«

»Warte doch erst einmal ab! – Man muß sich hineinschrauben.«
Udet war etws ärgerlich – wie ein Kind, dem man sein Spielzeug schlecht machte.
Vorsichtig setzte er einen Fuß, die Schuhe hatte er ausgezogen, auf den Bootsboden und hätte auch schon um ein Haar im See gelegen.
»Herr Major – Herr Major!« jammerte der Fahrer. »Um 18 Uhr ist die Sitzung im RLM.«
Irgendwie war Udet der Balanceakt gelungen, mit beiden Beinen bis über die Knie in den hautengen Kajak hineinzurutschen. Dieses Boot war das kippeligste Fahrzeug, das mir je begegnet war.
Doch nun wurde es ganz schlimm.
Udet hatte sich mit den Oberschenkeln festgeklemmt – weiter ging es nicht – aber er konnte auch nicht mehr heraus! Bei dem Versuch der leisesten Bewegung legte das Fellboot stark über.
Mir machte die Vorführung unbeschreiblichen Spaß. Es konnte eigentlich nichts passieren. Wenn es tatsächlich kenterte, so würde Udet unter Wasser wie geschmiert hinausrutschen.
»Herr Major werden ertrinken«, klagte der Fahrer, der offensichtlich Nichtschwimmer war.
»Reden Sie keinen Unfug!« schrie Udet, »halten Sie lieber vorn den Kajak fest!« Er bekam einen knallroten Kopf vor lauter Anstrengung, sein Bäuchlein in den schmalen Sitz zu zwängen. Mir liefen die Lachtränen über die Backen.
»Nun zeig mal deine Rolle mit trockener Hose«, ermunterte ich ihn. Ich habe Udet niemals, weder vorher noch später, je so wütend gesehen. Mit vieler Mühe und vereinten Kräften hievten wir den Major dann irgendwie aus dem Kajak heraus. Die Uniformhose, über die er für die Fahrt ein Flanelljakett gezogen hatte, tropfte natürlich. Der Fliegerheld in nassen Strümpfen bot einen sehr komischen Anblick.
»Versuch du es doch einmal«, forderte Udet mich heraus.
Mit allerlei Mühe und viel Kipperei rutschte ich schließlich auf

den Boden des Kajaks. Zwischen meiner Taille und dem Einstieg war noch einiger Zwischenraum. Ich versuchte dann nach Udets Angaben mit dem Paddel die blitzschnelle Drehung um die Hochachse des winzigen Bootes zu schaffen. Aber es gelang mir nicht. Ich erreichte zwar die Rückenlage, doch dann war es aus und ich schluckte einiges Wasser, bis ich wieder an der Oberfläche des Sees gelandet war.

Das tat Udet sehr wohl und er wurde wieder ganz heiter.

»Du wirst es schon noch lernen«, tröstete er mich. »Jedenfalls lasse ich dir den Kajak mal hier – vielleicht schenke ich ihn dir sogar.« Sein Großmut entsprach wahrscheinlich der Überlegung, daß er nicht wußte, wohin er mit diesem zwar wunderhübschen, doch äußerst unpraktischen Fahrzeug sollte.

Der Eskimokajak aus Seehundsfell hat dann einige Jahre eine Wand meines Geräteschuppens geziert.

Wir haben ihn auch noch ein paarmal zu Wasser gebracht. Doch es ist nie einem meiner Gäste gelungen, den seitlichen Überschlag korrekt und vollständig auszuführen.

Es nützte auch nichts, daß ich mir viele Male den großartigen Film »SOS Eisberg« angesehen habe. In einer seiner letzten Szenen tollen einige Eskimos, die zu einer ganzen Flotte von Kajakfahrern gehören, die gegen die Sonne auf Hilfsfahrt zu einem gefährdeten Expeditionsmitglied ausschwärmen, damit herum, als ob es ein Teil ihres Körpers ist.

Später begann die Fleischschabe oder irgendein Parasit an dem hübschen schlanken Boot zu nagen. Und da in nächster Zeit nicht mit Eskimobesuchern am Siethensee zu rechnen war, gab ich es eines Tages auf den Müll. Ein Teil der Nähte war sowieso inzwischen geplatzt. Ich hatte an dem zwar dekorativen, doch äußerst unpraktischen Geschenk den Spaß verloren.

Ein anderes Erlebnis mit Ernst Udet.
Es war am Nachmittag nach dem gräßlichen 30. Juni des Jahres 1934. Udet hatte mich zu Hause abgeholt und wir fuhren in

seinem Auto den Kurfürstendamm hinauf, um Bekannte im Grunewald zu besuchen.
Bis dahin hatte ich mir noch nie Gedanken über Udets persönlichen Mut gemacht. Überall, wohin er kam, war er gefeierter Mittelpunkt. Ich hätte mir keine Situation vorstellen können, in der man ihn ernsthaft angegriffen hätte.
An diesem Tag trug er Zivil.
Die Menschen waren in heller Aufregung.
Man ahnte, daß viele Offiziere und Zivilisten von der Gestapo erschossen worden waren, man sprach von einer großen Anzahl weiterer Opfer. Das Bilden von Gruppen war untersagt. So machte die vorwärtshastende Menschenmenge auf Berlins Promenadenstraße einen schwer zu beschreibenden, wie geprügelten Eindruck.
Udet hatte einen ziemlich auffallenden zweisitzigen Sportwagen. Plötzlich sprang uns an der Kreuzung Uhlandstraße ein junger SS-Offizier direkt vor das Auto, hob die Waffe und gab uns das Zeichen zum Anhalten.
Ich spürte, wie ich blaß wurde.
War Udet jetzt an der Reihe?
Ich konnte mir bei seiner notorischen Schnodderigkeit gut vorstellen, daß er zu vorgerückter Stunde wieder einmal einen der neuen Machthaber kopiert und zu tödlicher Lächerlichkeit verdammt hatte. Verräter gab es damals in allen Kreisen.
Udets Autonummer war überall in Berlin bekannt.
Ich saß wie versteinert da, als der hübsche junge Rüpel die Tür an meiner Seite aufriß. »Steigen Sie aus«, befahl er.
Ich sah zu Udet hinüber. Es konnte doch nur um ihn gehen.
Doch da war Udet schon hinausgefegt, um den Kühler herumgelaufen und stand drohend – mit bloßen Händen – vor dem SS-Hünen, der ihn um mehr als einen Kopf überragte.
Der hatte eben mit der linken Hand – in der rechten hielt er die Pistole – über meinen Sitz gelangt, um an den Handschuhkasten zu kommen.

Der kleine Udet brüllte den Mann in der schwarzen Uniform an: »Nehmen Sie sofort Ihre Hände weg! Sie sehen doch, daß eine Dame in meinem Wagen sitzt!« Der SS-Mann fuhr verblüfft herum und richtete seine Waffe auf Ernsts gut gepolsterte Magengegend!
So was war ihm noch nie passiert. Dem kleinen Gernegroß würde er es zeigen. Doch irgendwie wurde er unsicher.
Der Mann im grauen Flanellanzug strahlte eine nicht zu übersehende Autorität aus, der sich dieser junge Bursche nicht entziehen konnte. Er stammelte irgend etwas von »Waffen-Ausweise ... Sie müssen mitkommen ...«
»... einen Dreck müssen wir!« donnerte Udet ihn an. Die Mündung der Waffe war inzwischen auf den Boden gerichtet und der schwarze Held klapperte mit den Augendeckeln. Er hatte immer noch keine Ahnung, wen er vor sich hatte, bis ihn Udet endlich erlöste: »... und wenn Sie sonst noch was von mir wollen, dann melden Sie sich in meinem Büro im Luftfahrtministerium.«
Er hielt es nicht für nötig, seinen Namen zu sagen.
Dem Uniformierten schien jetzt doch einiges zu dämmern.
Er riß die Hacken zusammen, hob die rechte Hand und sagte zackig: »Jawohl, Herr Major. Entschuldigen Sie«, und gab uns den Weg frei. Ich hätte Udet am liebsten vor allen Leuten umarmt. In diesem Moment hatte er bei mir, in meinem Innern, den »Pour-le-mérite« zum zweitenmal verliehen bekommen.
Ernst Udet war wirklich ein Held, wenn es darauf ankam.

Eine andere Erinnerung an ihn.
Am Fenster von Udets Wohnung hing unauffällig in einer bunten Bleiverglasung ein großes Dia-Positiv, das eine hübsche junge Blondine darstellte.
Viele, die meisten der Besucher Udets, hatten auf ihre Fragen nach dieser Frau gar keine oder nur eine ungenaue Antwort bekommen.

Seinen näheren Freunden war bekannt: Es war Lo, die frühere und einzige Ehefrau des Fliegers.
So ganz genau wußte man bei Udet – soweit es sich um Dinge des Gefühls handelte – nie, wie man mit ihm dran war. Doch wenn die Rede auf Lo kam, dann gab es keinen Zweifel, hier war alles echt.
»Mein Leben wäre anders verlaufen, wenn Lo bei mir geblieben wäre«, hatte Ernst Udet mir mehr als einmal erzählt. Ich war beinahe etwas böse auf diese Frau. Vielleicht war sie schuld daran, daß dieser Abgott von Zigtausenden im Grunde immer einsam war. Wie oft hatte ich erlebt, daß er eine riesige Gesellschaft mit seinen Späßen, mit seinem Jonglieren wie ein Artist, mit seinem Karrikaturenzeichnen faszinierte – und wie er plötzlich umschwenkte. Er wurde dann ganz traurig. »Es hängt mir zum Halse heraus, für die andern den Clown zu machen – wozu das alles!«
Wenn er Gast einer besonders formellen Gesellschaft war, konnte er es einfach nicht unterlassen, während einer Gesprächspause irgendeine mehr als derbe, bestimmt nicht dorthin passende Bemerkung von sich zu geben, so laut, daß alle Gäste sie hören konnten. Eine Hausfrau mußte da schon sehr viel Humor haben, um mit Eleganz über einen solchen »Original-Udet« hinwegzukommen. Doch so richtig böse konnte man ihm einfach nicht sein. Er verfügte über den Charme der ganzen Welt. Doch nur, wenn er wollte.
Natürlich war Udet viel zu gescheit, um nicht bald heraus zu haben, wie grundverschieden wir waren. Oftmals war er sehr ungehalten wegen meiner – wie er fand – pedantischen oder zu konservativen Einstellung zu manchen Dingen. Ich nahm vieles eben einfach ernster. Vielleicht war es das Niedersachsenblut in mir oder meine hannoversche Erziehung – doch irgendwo gab es so etwas wie eine Wand zwischen uns, die weder er noch ich überspringen konnte.
Aber zurück zu Lo.
Zu Beginn der Winterolympiade war ich nach Garmisch-Parten-

kirchen geflogen. Abends saßen wir an der Bar im »Alpenhof«, als Udet eine Hand auf meine Schulter legte. An der anderen hielt er eine blonde, sehr gut aussehende Frau, die auf den ersten Blick außergewöhnlich sympathisch wirkte.
»Das ist Lo«, sagte er nur.
Lo, das Mädchen, mit dem er ging, als ihm mit 22 Jahren der »Pour-le-mérite« verliehen wurde für seine ersten 24 Abschüsse. Er hatte damals während seines kurzen Heimaturlaubs zwar den Verleihungsbescheid bekommen – aber in ganz München gab es nicht ein Exemplar dieses so selten verliehenen Ordens. Doch er wollte seine verehrte Lo ausführen – und sie damit überraschen. So hielt er auf der Straße einen pour-le-mérite-geschmückten U-Bootkommandanten an. Er fragte ihn, ob er zufällig ein zweites Exemplar habe. Zwei Tage später hatte er die hohe Auszeichnung und holte Lo zu Hause ab.
Vor allen Leuten gab sie ihm auf der Straße einen Kuß. Und dann mußte die Wache vor der Residenz in der Theatinerstraße ins Gewehr treten, als das junge Paar vorbeikam. Lo wollte nicht glauben, daß diese Ehrenbezeugung ihrem Helden und seinem Orden galt. Udet mußte noch einmal mit ihr vorbeigehen. Es stimmte. Die Wache raste heraus und präsentierte. Lo schritt am Arm ihres Pour-le-mérite-Helden stolz die Front ab.
Da stand diese Frau nun lebendig und kaum älter wirkend als sie auf dem Dia von vor vielen Jahren aussah, an Udets Hand vor mir. Ich mochte sie richtig gern. Es war eine von diesen Begegnungen, bei denen man sich einander gleich so nahe fühlt, wie auf einer Skihütte unter einem sehr hohen Gipfel.
»Ach, Lo – warum sind Sie nicht bei ihm geblieben?« fragte ich sie nach einigen Sätzen hin und her. »Weshalb sind Sie weggegangen?« Etwas wie Schmerz flog über das Gesicht der jungen Frau. »Ich – weggegangen? Oh, Elly!« Sie sah den Mann an ihrer Hand sehr ernst an. »Hat er Ihnen das gesagt? Dann fragen Sie ihn noch einmal ganz genau.« Udet wurde recht

14 1938 in Potsdam mit Charles Lindbergh bei dessen Deutschlandbesuch

verlegen. »Ich gehe inzwischen an die Bar«, murmelte er unwirsch. »Ihr könnt ja nachkommen.«
»Nein, Elly«, sagte Lo. »So war das nicht – aber heute bin ich glücklich und Erni und ich sind gute Freunde.«
Das durchsichtige Foto von Lo hing noch viele Jahre in der bunten Bleiverglasung an Udets Fenster.

Udet und Bernd Rosemeyer mochten sich von ihrer ersten Begegnung an gut leiden. Bernd hatte, kurz bevor wir uns kennen lernten, mit Udet seinen ersten Flug gemacht und wartete nun auf eine Gelegenheit, selbst seinen Flugzeugführerschein erwerben zu können.
Bei diesen beiden Männern spürte einer die hohe Qualität des andern und achtete sie.
Für mich war es angenehm, daß alle meine früheren Freunde Bernd sofort mit offenen Armen in unseren Kreis aufnahmen. Udet behielt seine alte Gewohnheit, einfach mal bei mir hereinzuschneien, auch nach unserer Heirat bei. Er kam zu vielen Rennen, die Bernd fuhr, auch außerhalb von Deutschland.
Silvester 1937/38 war die schönste Jahreswende, an die ich mich erinnern kann.
Inzwischen hatten wir einen Sohn. Unseren kleinen Bernd. Er war sieben Wochen alt und sah aus wie sein Vater.
Wir hatten einen Tisch im Esplanadehotel in Berlin bestellt. Ich ging zum erstenmal nach der Geburt meines Sohnes wieder richtig aus. Bernd hatte mir einen bodenlangen Hermelinmantel geschenkt, wir hatten uns ein schönes Zuhause eingerichtet, ein mehrkarätiges Brillantarmband funkelte an meinem Handgelenk – Bernds Geschenk für mich, nachdem er den Großen Preis von Amerika gewonnen hatte. Das Leben lag strahlend vor uns.
Wir besaßen drei Autos und zwei Privatflugzeuge und – was viel mehr war: es gab kaum je eine Unstimmigkeit zwischen uns. Wir waren dankbar für jede gemeinsame Stunde. Und jetzt waren wir zu dritt!

Tazio Nuvolari, das italienische Rennfahreras, und seine Frau waren unsere Gäste. Tags zuvor waren sie Paten bei der Taufe unseres Sohnes gewesen. Udet kam an unseren Tisch. Mitternacht war eben vorüber. Wir hatten mit Champagner angestoßen. Wir hatten uns umarmt. Dem quiekenden Schweinchen, das von einem neu geprägte Pfennige um sich werfenden Schornsteinfeger durch die Säle getragen wurde, hatten wir an seinem Kringelschwänzchen gezogen – was konnte schon danebengehen in diesem so wunderbar und glücklich begonnenen Jahr?
»Kommt doch alle mit zu mir«, schlug Udet vor. »Hier wird es langsam zu laut. Man kann ja sein eigenes Wort nicht mehr verstehen.« Wir fuhren in die Pommersche Straße. Bobby, Udets französischer Bullterrier, ein Original unter den Hunden, ein begeisterter Flieger, dem auch Loopings Spaß machten, kam mit einer goldenen Blume am Halsband aus seinem Korb gewakkelt. Wir tranken den besten französischen Champagner und Udet hielt die Hand seiner langjährigen Freundin. »Ihr alten Ehekrüppel – mit euch kann man ja gar keinen richtigen Spaß mehr anfangen. Aber wartet nur, vielleicht machen wir es euch in diesem Jahre nach.«
Wir tranken auf das Wohl der beiden. Das war ein ganz neuer Ton bei Udet. Doch aus dieser Ehe ist nie etwas geworden. Udets Freundin wußte wohl zu gut, daß dieser hochbegabte Mensch genau soviel schwierige wie strahlende Charaktereigenschaften hatte.
Am 28. Januar, gerade 4 Wochen später, verunglückte mein Mann.

Herbst 1941.
Zu dieser Bombenzeit war ich wegen des kleinen Bernd nicht sehr viel in Berlin. Ich kam eigentlich nur hereingefahren, wenn ein Telegramm meldete, daß die mühsam organisierten Fensterscheiben wieder einmal bei einem Luftangriff zu Bruch gegangen

waren. Doch wenn ich zu Hause war, dann traf ich Udet eigentlich jedesmal.
Zum letztenmal so um den 10. November herum.
Als ich ihn anrief, bat er mich, doch zu ihm hinauszukommen. Er bewohnte seit einiger Zeit ein kleines Haus im Westend von Berlin, nicht sehr weit von unserer Wohnung in der Bayernallee. Es gelang mir aber, ihm klar zu machen, daß ich wegen wichtiger Telefonanrufe zu Hause bleiben müsse. Ich wußte von unserem letzten Treffen, daß es dann jedesmal einen Kampf gab, wenn ich heimfahren wollte. Man war damals immer sehr müde durch viel schwere körperliche Arbeit.
Ich mochte auch nicht, wenn der Chauffeur solange warten mußte. Udet graute es vor dem Alleinsein.
In seinen Erzählungen zu nächtlicher Stunde kam die ungeheure Beklemmung an die Oberfläche, mit der er sich durch diese Tage hindurch quälen mußte.
Er gab nicht direkt zu, daß er sich seinen Aufgaben als Generalluftzeugmeister nicht mehr gewachsen fühlte. Doch er ließ es deutlich durchblicken. Er nannte Namen von Männern, die früher seine engsten Freunde und Gönner gewesen waren. Er fühlte sich eingekreist in ein Netz von Intrigen. Man wollte ihn als Verräter an der Partei ausliefern – er wußte nicht mehr ein und aus und war gegen Mitternacht den Tränen nahe.
Tief erschüttert brachte ich ihn endlich so weit, heimzufahren. Ich kam mir so armselig vor, ihm nicht helfen zu können. Er lehnte es ab, den Versuch zu machen, sich ins Ausland bringen zu lassen. – Es wäre wahrscheinlich auch kaum möglich gewesen. Er war einer der wichtigsten Männer Deutschlands.
Ich dachte noch bedrückt über alles das nach und hatte das Gefühl, mit einem dicken Stein auf der Brust schlafen zu gehen.
Da klingelte das Telefon.
Ich wußte vor dem Abnehmen des Hörers, daß Udet am Apparat war. Mit leiser, heiserer Stimme sagte er: »Du weißt doch,

daß du alles vergessen mußt? Ich habe nichts gesagt, hörst du?« Dann hängte er auf.

Dieser Anruf, er hatte das in der letzten Zeit schon ein paarmal gemacht, wenn wir abends zusammengesessen hatten, machte mir das Einschlafen noch schwieriger. Seine schon ein paarmal ausgesprochene Bemerkung: »Ich bringe mich bald um!« hatte ich nicht ernst genommen. Ich nahm sie auch in dieser Novembernacht nicht ernst.

Zu Unrecht.

Am 18. November war ich wieder in Berlin.

Am Tag vorher war über den Rundfunk mitgeteilt worden, Udet sei bei der Erprobung eines neuen für den Endsieg wichtigen Flugzeugtyps abgestürzt und habe dabei den Tod gefunden. Ich glaubte nicht an diese Nachricht.

Die Vorstellung, daß Udet bewußt ein Flugzeug benutzt hatte, um aus dem Leben zu scheiden, erschien mir möglich. Doch bald kannte ich die Wahrheit. Er hatte sich in seinem Haus in der Stallupöner Allee erschossen.

Diesen Tod, der ihnen mehr als ungelegen kam, namen die damaligen Machthaber zum Anlaß eines gigantischen Betrugsmanövers. Selbst uns paar Eingeweihten war es unheimlich, über Udets Ende zu sprechen. Wir gingen hinaus ins Freie. Überall gab es geheime Mikrofone.

Es ist beschämend, doch nicht einer von uns stellte sich hin und sagte: »Ihr lügt!« Wir alle hatten kleine Kinder und betagte Eltern. Die hätten noch über unsere Strafe hinaus für uns büßen müssen. Es wäre von den Machthabern von damals nie verziehen worden – diesen dreisten Betrug über den Tod eines der befähigsten Männer Deutschlands bis zu seinem Staatsbegräbnis aufzudecken.

Im Luftfahrtministerium war unter einem Meer von Blumen der Sarg aufgebahrt. An beiden Seiten stand eine Ehrenwache. Es fehlte der damals erfolgreichste und beliebteste deutsche Jagdflieger Werner Mölders. Er war auf dem Flug zu Udets Beisetzung tödlich abgestürzt. Ein unheimliches Raunen ging durch die Reihen: Udet und Mölders tot – sollte dies das Ende der deutschen Luftwaffe sein?

Doch mit dieser makabren Szene am Sarge von Ernst Udet möchte ich den Bericht über ihn nicht abschließen.

Dieser große Mensch und Flieger, mit seinen unendlich vielen Begabungen, der so liebenswürdig und hilfsbereit sein konnte, lebt weiter.

Udet hat eine Tochter, die inzwischen ihre eigene Karriere gemacht hat. Viele Menschen in Deutschland kennen sie. Doch sie wissen nicht, daß sie das Kind von Ernst Udet ist.

Ich kannte dieses Mädchen als kleines Kind. Später sah ich sie mehrmals aus einer gewissen Entfernung.

Sie ist unverkennbar Udets Tochter.

Er wäre stolz auf dieses Kind.

Ich erinnere mich: An einem Abend, einige Monate nach dem Unfall meines Mannes, war Udet bei mir. Die Kinderschwester hatte Ausgang und ich ging ins Kinderzimmer, um den kleinen Bernd zu wickeln und trockenzulegen. Obwohl ich wußte, daß Udet kein besonderer Freund kleiner Babies war, schlug ich ihm vor, mit hinüberzukommen – er hatte doch den Vater meines Sohnes sehr gern gehabt. Als ich das kleine Bündel Mensch aufgewickelt hatte, kniff Udet ein Auge zu und sagte: »Ich habe auch eine Tochter – es wird Zeit, daß ich mit ihr Freundschaft schließe.« Es klang allerlei Stolz aus seinen Worten – viel mehr Stolz, als wenn er mit der Fläche seines »Flamingos« den Boden angekratzt hatte, um auf diese etwas umständliche Weise ein Taschentuch aufzuheben.

Marga von Etzdorf
1. August 1907
†28. Mai 1933

15 Marga nach ihrem Rekordflug nach Tokio

Über sechzig Jahre ist es her, als Marga von Etzdorf aus dem Leben ging. Den meisten Menschen wird dieser Name heute kaum noch etwas sagen.
Sie war nach Melli Beese und Thea Rasche die dritte deutsche Fliegerin. Marga hatte im Winter 1926/27 in Berlin auf der Fliegerschule Bornemann geschult und dann im Spätherbst 1927 ihren A-Schein erhalten.
Die frühe Jugend sowie der Tod dieses außergewöhnlichen Mädchens standen unter einem tragischen Stern. Alles, oder zumindest das meiste, was dazwischen lag, sah aus wie eine Kette von glücklichen Tagen, wie sie nur wenige Menschen erleben dürfen. Marga verfügte nie über einen Überfluß an Geld. Sie überlebte einige nicht leichte Unfälle.
Doch man hatte den Eindruck, als ob sie mit diesen Dingen spielend fertig wurde – daß es sie die Sonnentage noch bewußter genießen lehrte.
Sie und ihre jüngere Schwester Ruth-Ursula, genannt »Bärchen«, wuchsen bei den Großeltern auf. Sie hatten die verwaisten kleinen Mädchen adoptiert.
Die Eltern der Kinder waren während eines Urlaubs an der Adria ertrunken. Der Vater – als er Margas Mutter kennenlernte, Adjutant des Generals von Etzdorf – hatte seine von der Brandung an der Felsküste bedrohte junge Frau vergeblich zu retten versucht und war mit ihr ums Leben gekommen.
Die Kinder waren zu jung, um bewußt unter diesem Verlust zu leiden. Während des Winters lebten sie in Berlin, im Sommer auf dem großelterlichen Gut.

Schon als Kind hatte Marga den glühenden Wunsch, einmal in einem Flugzeug mitfliegen zu dürfen. Eines Tages bekam sie auf ihr heftiges Bitten von einem Bekannten der Familie einen Flugschein geschenkt, den dieser schon lange herumliegen hatte. Dieser Flug entschied über ihr weiteres Leben. Die Großeltern waren nicht begeistert, das damals neunzehnjährige Mädchen die Fliegerschule besuchen zu lassen. Erst nach vielen Erkundigungen erhielt Marga die Erlaubnis. Sie wollten ihr Enkelkind nicht unglücklich machen. Marga arbeitete dann sehr zielbewußt an ihrer weiteren fliegerischen Ausbildung. Als erste Frau bekam sie die Erlaubnis, als zweiter Führer bei der Lufthansa mitfliegen zu dürfen. So vertiefte sie ihre fliegerischen und navigatorischen Kenntnisse, flog viele Stunden und Kilometer und konnte sich in aller Ruhe mit Kompaß und Karte vertraut machen, ohne sich selbst oder andere Menschen in Gefahr zu bringen.

Während dieser Zeit – Marga verpflichtete sich 10000 Kilometer bei der Lufthansa oder einer anderen Verkehrslinie zu fliegen – hatte das Mädchen die sonderbarsten Erlebnisse. Man muß sich vorstellen, daß die Flugzeuge damals, auch die einmotorigen Verkehrsmaschinen wie die Junkers »F-13«, einen teilweise offenen Führersitz hatten. Auf der Strecke mußte auch damals schon bei jedem Wind und Wetter geflogen werden. Manchmal vereisten die Flächen – Enteisungsvorrichtungen gab es zu dieser Zeit noch nicht. Und der Nebel bedeutete tödliche Gefahr. Doch die schönen Tage, erfüllt vom Rausch der Geschwindigkeit – Frühstück in Königsberg, Mittagessen in Berlin, Tee in München – überwogen. Wir alle waren damals viel leichter und nachhaltiger zu begeistern, als es viele junge Leute heute sind. Zu jener Zeit kamen auch noch eigentlich regelmäßig die Passagiere, um sich bei den »Herren Piloten« für den unvergeßlichen

Eindruck des Fluges zu bedanken. Es machte der jungen Fliegerin dann immer diebischen Spaß, nur mit einer stummen männlichen Verbeugung die Komplimente ihrer »Figuren«, wie man damals die Passagiere im Pilotenjargon nannte, entgegenzunehmen.

Einmal stolperte ihr sogar, offensichtlich nicht ganz ohne Absicht, ein weiblicher Passagier, der vielleicht gerade das Alter der Fliegerin hatte, an die vermeintlich starke Fliegerbrust. »Hoppla!« sagte Marga mit tiefer Stimme und richtete das Mädchen wieder gerade. Es schaute ihr etwas verdutzt nach. Eine Fliegerbrust hatte sich die junge Dame härter vorgestellt.

Nach den ersten lehrreichen und heiteren Monaten machte Marga v. Etzdorf ihren Kunstflugschein und beschäftigte sich für eine Weile mit der Segelfliegerei. Sie nahm an einigen Wettbewerben teil. Danach flog sie die restlichen 5000 Kilometer wieder als zweiter Führer auf der »F-13« bei einer anderen Luftverkehrsgesellschaft. Nach einigen Nachtlandungen erwarb sie damit den B-Schein, der sie zum Führen von stärkeren Sport- und Reiseflugzeugen mit mehreren und zahlenden Passagieren berechtigte. Die dazu nötige theoretische Prüfung war äußerst schwierig. Sie durfte als Mädchen die Verkehrsfliegerschule nicht besuchen. Das war eine umfangreiche und gründliche fliegerische Ausbildung. Marga wollte nichts geschenkt haben. Sie hatte bereitwillig ihren Preis gezahlt, um sich dafür nun selbständig unter dem Himmel aller Erdteile tummeln zu dürfen.

Bei der Teilnahme an einigen Flugtagen sah sie ein, daß sie ohne ein eigenes Flugzeug kaum zurechtkommen würde. Sie kaufte sich mit Hilfe ihrer Großeltern einen »Junkers-Junior« mit einem Genet-Motor von 80 PS und ging auf »große Fahrt«.

Dieser »Junior« war ein in mancher Hinsicht hervorragendes Flugzeug aus Ganzmetall, ein Tiefdecker mit zwei offenen Sitzen, von Marga aber fast nur allein geflogen. Hinsichtlich seiner Flugeigenschaften in schlechtem Wetter und bei tropischen Bedingungen war diese Maschine allerdings nicht das Nonplusultra. Marga hätte sich mit einem anderen Flugzeug, das ein günstigeres Leistungsgewicht hatte, später sicherlich manchen Kummer erspart.

Nun ging sie fast jeden Sonntag auf Flugtage und sammelte so eine ganz nette Reisekasse an. Diese ermöglichte es ihr, im Spätsommer 1927 mit einem Vetter in ihrem Passagiersitz, begleitet von einer zweiten Sportmaschine, die Hamburger Freunden gehörte, einen wunderschönen Flug zum Mittelmeer zu machen, bis hinunter nach Konstantinopel.

Unterbrochen, aber auch gewürzt wurde diese Unternehmung von einer Kette von Notlandungen, die sie wegen ihrer viel zu kleinen Tanks immer wieder einlegen mußte, da der brave »Junior« bei einigem Gegenwind oder beim leichtesten Verfranzen jedesmal seinen geringen Benzinvorrat versoffen hatte, ehe einer der damals noch dünn gesäten Flugplätze erreicht war. Nach dieser Generalprobe war für Marga ein fliegerisches Großunternehmen fällig.

Nachdem sie am 3. September von dem Balkanflug wieder in Berlin gelandet war, stürzte sie sich sofort mit all ihrer Energie in die Vorbereitungen eines Alleinfluges zu den Kanarischen Inseln. Als erstes ließ sie sich größere Tanks einbauen, denn schon beim Betrachten der Flugkarten wurde ihr klar, daß diesesmal solche spielerischen Notlandungen, wie sie sie während des General-Probefluges mehrmals exerziert hatte, lebensgefährlich sein könnten.

Und Marga war alles andere als lebensmüde – mit ihrem geliebten »Junior« gehörte ihr doch die ganze Welt!

Wie die meisten Flieger mochte Marga es gar nicht, wenn sie über ihre nächsten Pläne gefragt wurde. Ähnlich dem größten Teil ihrer Kollegen war sie ein wenig abergläubisch und fürchtete das Mißlingen eines Fluges, über den vorher schon gesprochen worden war. In jenen Jahren hing es von so vielen Zufällen ab, wenn ein solch abenteuerliches Ein-Personen-Unternehmen ein Erfolg werden sollte.

Es erschien fast wie ein Wunder, wenn tatsächlich einige dieser Pionier-Fernflüge der späten zwanziger und der frühen dreißiger Jahre mehr oder weniger planmäßig zu Ende geführt wurden. Motorstörungen, schlechtes Benzin, ungenaue Karten, nicht stimmende oder gar keine Wettermeldungen und versagende Instrumente gehörten zu den häufigsten Ursachen für Notlandungen, die in anderen Erdteilen oft das Ende des Fluges bedeuteten. Auch wenn man die Maschine heil an den Boden gebracht hatte, so war es meistens fraglich, ob ein Wiederstart möglich war. Wenn man die Reparatur nicht selbst oder im günstigsten Fall durch einen dort ansässigen Bewohner aus mitgeführten Ersatzteilen durchführen konnte, so stellte sich häufig die betrübliche Tatsache heraus, daß ein Abtransport des Flugzeuges so kostspielig sein würde, daß er den Wert der Maschine übertraf.

Nur soviel zu einem Teil der Probleme der damaligen Sportfliegerei über anderen Erdteilen.

Also unsere Marga startete am 14. November mit ihrem kleinen Wellblech-Flugzeug in Richtung Süden, freundlicheren Gefilden entgegen. Die ersten Etappen führten sie über Basel – Lyon – Barcelona – Madrid nach Rabat in Nordafrika. Ich gebe hier nur die größeren Landorte an. Dann flog sie an der Küste der Sahara über Agadir bis nach Cap Juby und von dort ein Stück über den Atlantischen Ozean nach Teneriffa.

Über eine der spanischen Etappen möchte ich Marga gern selber erzählen lassen. Wieder einmal hatte, trotz der vergrößerten Tanks, starker Gegenwind auf der Etappe Barcelona – Madrid die Fliegerin gezwungen eine Zwischenlandung auf einem Notlandeplatz einzulegen. Diese Beschreibung ihres Aufenthalts in Belchite vermittelt ein so eindrucksvolles Bild des Mädchens Marga im Jahre 1930, wie man es nicht besser schildern kann.

»Der Gegenwind wurde so stark, daß ich begann, mich nach

einem Zwischenlandeplatz umzusehen, um zu tanken, außerdem wurde es hier oben empfindlich kalt. Zum Tanken hatte mir ein Verkehrspilot in Barcelona Belchite empfohlen, ein kleines Städtchen südlich von Zaragossa, das auf der Fluglinie Barcelona – Madrid liegt. Kaum erkannte ich von oben die kleinen gelben Häuser, die an einem ebenso gelben Bergabhang klebten. Einige Kilometer entfernt fand ich den Flugplatz, der mir schon von oben recht verlassen vorkam. Ich umkurvte ihn ein paarmal in der Hoffnung, dadurch Leute aus der Stadt herbeizulocken, die mir beim Tanken helfen könnten. Meine Hoffnung täuschte mich nicht, als ich zur Landung ansetzte, sah ich von fern auf der Chaussee eine Staubwolke sich nähern. Der Platz war jämmerlich schlecht, von Steinen übersät, so daß ich es dem in Nimes nur oberflächlich zusammengeschweißten Schwanzsporn nicht verdenken konnte, daß er hier sofort wieder brach.

Bald kam das Auto, es war ein Fuhrunternehmer aus der Stadt, der hier einen guten Verdienst witterte. ›Gasolina‹, erklärte ich ihm und er nickte. In Spanien gibt es ein Benzinmonopol, so daß man überall nur dieselbe Sorte bekommt. Infolgedessen fehlte mir die Unterstützung der Firma Shell. Dann zeigte ich dem Chauffeur, der, wie alle Leute hier, nur Spanisch sprach, wovon ich nur einige Brocken in Barcelona aufgeschnappt hatte, den gebrochenen Schwanzsporn. Er nickte verständnisvoll. Wir montierten ihn ab und fuhren in die Stadt, wo wir zunächst einmal den ›Errero‹, den Schmied, aufsuchten, dem wir den Sporn zur Reparatur übergaben. Belchite, umgeben von einer Stadtmauer mit zwei schönen Toren, ist eine reizende kleine, echt spanische Stadt. Eng und winklig sind die Häuser aneinandergebaut, aus denen bald alle Leute zusammenliefen. Die Männer tragen hier die großen Baskenmützen, was dem Ganzen ein merkwürdig fremdes Bild gibt. Mein Chauffeur führte mich in eine Bodega, da ich ihm zu verstehen gab, daß ich Durst hatte. Hier gab es erfrischenden spanischen Landwein und dazu nach der Sitte des Landes um Oliven gewickelte Sardellen. Mit meinen paar spanischen Brocken, unterstützt durch die internationale Sprache, die Zeichensprache, entfesselte ich bald ein eifriges Gespräch, an dem sich auch der Wirt beteiligte. Deutschland war für sie ein unbekanntes fremdes Land, weit, weit irgendwo dahinten, hinter den Pyrenäen.

Dann packten wir das Benzin ins Auto und holten den Schwanzsporn ab. ›Nach Belieben‹, sagte mit liebenswürdigem Lächeln der ›Errero‹. Diesmal begleitete uns die ganze Verwandschaft und Bekanntschaft des Chauffeurs, die sich freuten, auf meine Kosten einmal Auto fahren zu können. Sie nutzten diese gute Gelegenheit gründlich aus, selbst die Trittbretter waren besetzt. Es waren vergnügte Menschen und alle lächelten mich freundlich an. Als wir den Schwanzsporn wieder anmontieren wollten, entdeckten wir zu unserem Schrecken, daß er falsch herum zusammengeschweißt war. Der Chauffeur ergriff ihn und verschwand damit, während ich inzwischen mit Hilfe der Leute tankte. Bald kam er wieder, triumphierend den Sporn in der Hand schwenkend und bedeutete mir, daß er ihn allein in Ordnung gebracht habe. Aber kaum hatten wir ihn anmontiert und die Maschine heruntergelassen – krach – brach er von neuem. Also noch einmal zum ›Errero‹! Ich mußte mich entschließen, über Nacht hierzubleiben. ›Kiek in die Welt‹ wurde zugedeckt, und ich stand da ohne Koffer, die bereits in Madrid auf mich warteten. Wir fuhren zurück in die Stadt. Jetzt fand sich glücklicherweise ein junges Mädchen, das französisch sprach. Es war die Tochter des Kaufhausbesitzers, eines der Honoratioren von Belchite. Sie brachte mich in das einzige Hotel, wenn man dieses hochtrabende Wort dafür gebrauchen kann. Ich bewohnte ein Zimmer, dessen Tür, durchsetzt von handgroßen Astlöchern, ihren Zweck eigentlich nicht erfüllte, und das eines der Familienmitglieder eigens für mich geräumt hatte. Ich lud das junge Mädchen, das älter war als ich, zum Abendbrot ein. Sie müsse erst ihre Eltern fragen, erklärte sie mir. Ich hatte nicht an die spanischen Verhältnisse gedacht. Währenddessen überließ sie mich der Obhut eines Journalisten, den es hier auch gab. Er wollte mir die Stadt zeigen, leider sprach er nur spanisch und so zogen wir ziemlich schweigsam durch die Straßen. Ich bin manchesmal die Sensation einer Stadt gewesen, aber in dem Maße, wie in Belchite, noch nicht. Ein Rattenschwanz von Leuten, hauptsächlich Kinder, begleitete uns durch alle Straßen, und wo ich in ein Haus ging, standen sie still und geduldig draußen und warteten, bis ich herauskam, während sie Türen und Fenster belagerten und durch die Spalten zu lugen versuchten. Alle Sehenswürdigkeiten von Belchite besichtigten wir. Als wir in die kleine Kirche kamen, empfing uns der feierliche Gesang einer Totenmesse. Es lag ein großer Reiz darin, bei Nacht durch die engen hügeligen Gassen zu gehen, zu deren beiden Seiten sich die Häuser fast erdrückten, so nah standen sie beieinander; allein in einem fremden Land, unter fremden Menschen, mit denen ich nicht einmal sprechen konnte. Über allem lag der typische Geruch einer spanischen Stadt, ein Gemisch aus tausenderlei Dingen, aus dem sich Safran und Öl deutlich hervorheben.

Ein Kino gab es auch in Belchite, aber nur alle acht Tage fand eine Vorstellung statt. Zur Feier meiner Anwesenheit wollten sie nun gleich eine Extravorstellung für mich geben, und es kostete mich viel diplomatische Anstrengung, die guten Belchiter von ihrer an sich ja reizenden Idee abzubringen, ohne daß sie es mir übelnahmen. So mußte ich nur den Kinosaal bewundern und mir ein Stück auf dem elektrischen Klavier anhören. Noch eine Sehenswürdigkeit Belchites wurde mir ganz stolz gezeigt: das einzige WC der Stadt im Rathaus. Da mit meinen Koffern auch sämtliche Toilettensachen schon in Madrid waren, hatte ich das dringende Bedürfnis, mir wenigstens einen Waschlappen zu kaufen. Aber darauf mußte ich verzichten, in ganz Belchite war es nicht möglich, einen Waschlappen aufzutreiben. Zum Schluß fand ich wenigstens ein Kinderlätzchen, mit dem ich mich begnügen mußte.

Da ich jetzt den Wunsch hatte, nach den anstrengenden Unterhaltungsversuchen und den Erlebnissen des ganzen Tages etwas allein zu sein, bedeutete ich meinem treuen Führer, daß ich jetzt schreiben wolle. Er besorgte mir Papier und Feder und begleitete mich ins Hotel; aber der Zweck war verfehlt, ich hatte nicht mit der Höflichkeit des Spaniers gerechnet. Der rührende Mann stand geduldig neben mir und wich nicht von meiner Seite, bis ich meinen Brief beendet hatte. Inzwischen war es Zeit zum Abendessen, von dem ich aber nicht einen Bissen genießen konnte, da alles mit ungereinigtem Öl zubereitet war. Nach der Mahlzeit fand sich der Journalist wieder ein und holte mich ab in seinen Club. Selbst in der kleinsten spanischen Stadt gibt es einen Club. Natürlich sind es alles Männerklubs, deren Räume niemals von einer Frau betreten werden. Sogar heute, zur Feier meiner Anwesenheit, durfte sich außer mir keine Frau hier blicken lassen.

Endlich konnte ich todmüde ins Bett sinken. Am anderen Morgen waren wir schon bei Sonnenaufgang auf dem Platz und montierten den Schwanzsporn an, was noch einige unvorhergesehene Schwierigkeiten bot. Heute noch ist er an der Maschine, und er hat immer tadellos gehalten. Zur Erinnerung hat der Schmied auf beiden Seiten ›Belchite‹ eingraviert. Die Verwandtschaft des Chauffeurs hatte es nicht versäumt, die letzte Gratisfahrt warzunehmen, und eine stattliche Menge gab mir das Geleit. Es war nicht leicht, dem Chauffeur die Handgriffe klarzumachen, die er in der Maschine zu übernehmen hatte, während ich den Propeller anwarf. Ein falscher Griff konnte für mich lebensgefährlich werden.«

Der weitere Flug an der Küste Afrikas entlang, nach Las Palmas und Teneriffa, bescherte Marga alles das und noch viel mehr, was sie sich von ihrem Wandern unter den Wolken eines fremden Erdteils versprochen hatte.

Sie genoß dankbar und sehr bewußt jede schöne Minute und war jederzeit bereit, durch schwere einsame Stunden im Kampf mit Sturm, Nebel, Sand und schlechtem Wetter ihren Preis dafür zu

16 Auf »du und du« mit ihrem Motor

17 Abschied von Katja Heidrich in Berlin-Staaken

bezahlen. Wohin sie kam, mochte man dieses natürliche tüchtige Mädchen gern und Marga trug oft dazu bei, daß die Zeitungen einmal wieder freundliche Worte über etwas schrieben, was mit dem verruchten Deutschland zusammenhing. Das Urteil über alles, was von dort kam, war jetzt, über zehn Jahre nach dem Ende des Ersten Weltkrieges, immer noch mehr als kritisch.

Doch vor dieser schneidigen Fliegerin, die da von weither allein auf ihren achtzig Pferdchen angebraust kam, kapitulierten die scharfen Federn und Zungen.

Der Rückflug stand unter einem weniger guten Stern.

Inzwischen war es fast Mitte Dezember geworden. Das schlechte Wetter reichte hinunter bis an die Nordafrikanische Küste.

Nach einigen wunderschönen Eindrücken in Marokko hatte Marga eigentlich nur noch mit Widrigkeiten zu kämpfen. Täglich riet man ihr dringend ab, überhaupt zu fliegen. Doch da kam Marga die große Erfahrung ihrer Streckenfliegerei als Co-Pilot zugute. Außerdem war sie mit ihrem kleinen »Genet«-Motor während der vergangenen Wochen so vertraut geworden, daß sie sich fest auf ihn verließ. Gegen das Anraten der »Wetterfrösche« in Oran und Algier flog sie doch los und schaukelte mit starkem Rückenwind außen an der Steilküste Afrikas entlang. Die Gipfel der Berge lagen in den Wolken, aber Marga kam immer in Rekordzeit ans Tagesziel.

Ausgerechnet an dem Tag, der ihren Flug unerwartet beenden sollte, war endlich wieder wunderschönes Wetter. Am 18. Dezember startete sie auf die 450 Kilometer lange Strecke von Tunis nach Sizilien. Der Wetterbericht für unterwegs war nicht so günstig, wie es hier am Startort aussah. Doch niemand hatte ernstlich Bedenken, sie mit ihrem Landflugzeug auf die 250 Kilometer lange Wasserstrecke, die bis zur Südwestküste Siziliens auf ihrem Kurs lag, starten zu lassen.

Noch dazu hatte sie Rückenwind.

Das ist für Flieger, besonders wenn sie über Wasser oder sonstige gefährliche Strecken fliegen, eine große Seltenheit. Ich

Marga von Etzdorf

habe, wie alle meine Fliegerkollegen aus fünf Erdteilen, die Erfahrung gemacht, daß alle Winde zu rund achtzig Prozent aus der entgegengesetzten Richtung kommen – ganz gleich, wohin man fliegt. Und wenn man am gleichen Tag dieselbe Strecke hin und zurückfliegt, so hat der Wind meistens in der Zwischenzeit wieder auf Gegenwind gedreht.

Dieser Flug von Nordafrika nach Südeuropa wurde für Marga von Etzdorf zu einem Alptraum, der über sechs Stunden andauerte. Kaum hatte das Mädchen mit seinem »Junior« die Küste verlassen, da war diese auch schon hinter leichten Wolken verschwunden, wie sie beim Zurückschauen feststellte.

Der Wind frischte immer mehr auf und trieb sie schnell auf das offene Mittelmeer hinaus. Was machte das schon? wird die Fliegerin gedacht haben. Bei dem Rückenwind bin ich in spätestens zwei Stunden an der sizilianischen Küste, und dann kann das Wetter sein wie es will – Catania werde ich schon finden.

Der Wind wurde zum Sturm.

Außerdem hatte er, nach den weißen Schaumkronen zu urteilen, seine Richtung verändert. Einem einzelnen Gewitter folgte eine riesige Gewitterfront, der sie in ihrer unabsehbaren Ausdehnung nicht ausweichen konnte. So flog Marga streckenweise in ganz geringer Höhe über den Schaumkronen, um überhaupt irgendeine Erdsicht zu haben. Dann setzte wolkenbruchartiger Regen ein.

Zurück konnte sie nicht mehr. Ihrer Schätzung nach hatte sie mehr als die Hälfte der Wasserstrecke hinter sich, und in die schwarze Gewitterfront hinter sich wäre sie freiwillig nicht wieder hineingeflogen.

Ihrem Gefühl nach mußte sie inzwischen erheblichen Gegenwind haben. Aber es war für Marga ganz unmöglich, die genaue Windrichtung oder -stärke festzustellen. Sie hatte genug zu tun, die Maschine in der Luft zu halten – dazu war manchmal sogar Vollgas nötig.

Bei allem Unheil hatte die junge Fliegerin doch wieder Glück.

Nachdem sie fast fünf Stunden über dem Wasser um ihr Leben gekämpft hatte, fand sie schließlich die sizilianische Küste und konnte bald an deren Formation feststellen, daß sie noch ein gutes Stück bis Catania zu fliegen hatte. Selbstverständlich lagen alle Berge in den Wolken und der Wind blies so stark, daß die kleine Maschine manchmal fast auf der Stelle flog. Das heißt, der Gegenwind erreichte Stärken um hundert Stundenkilometer. Das ist dort unten selten, aber nicht außergewöhnlich. Fast sieben Stunden waren vergangen, Stunden, die Marga in ihrem Leben nicht vergessen würde. Es war ihr völlig klar, daß während der ersten fünf Stunden ihr Leben in größter Gefahr gewesen war.

Am nächsten Tag konnte man in den Zeitungen lesen, wie diese Wetterkatastrophe überall in Nordafrika Häuser abdeckte und Wolkenbrüche niedergehen ließ. Schiffe wurden losgerissen, manche versanken und es waren Todesopfer zu beklagen. Es war das schlimmste Unwetter seit Jahren, in dem Marga sich allein mit ihrem kleinen »Junior« über das Meer nach Europa hindurchgekämpft hatte. Doch sie war noch nicht am Ende dieser Prüfung.

Sie mußte einen noch höheren Preis bezahlen.

Nach fast sieben Stunden war sie am Ende ihres Benzinvorrats und Catania war noch weit entfernt bei einer Vorwärtsgeschwindigkeit von nur noch fünfzig Stundenkilometern. Als sie dann eine Wiese fand, die von oben einigermaßen vertrauenerweckend aussah, landete sie. Ihr Benzinvorrat war fast verbraucht.

Nach einer Weile erschienen sizilianische Bauern mit riesigen Schirmen. Man versuchte, sich zu verständigen. Das war sehr schwierig. Doch schließlich rollte man in strömendem Regen die Maschine in den Windschatten eines Hügels und ein Maultierkarren wurde angeschirrt, um Marga in die nächste Kleinstadt zu einem Gendarmerieposten zu fahren. Das war unbedingt nötig, denn sonst würde spätestens am nächsten Morgen eine große kostspielige Suchaktion nach der am Zielort nicht gelandeten Fliegerin einsetzen.

Als sie spät in der Nacht mit Verankerungsgerät ausgerüstet zu ihrer Maschine zurückkehrte, mußten sie und ihre Begleiter nach einstündiger Suche unverrichteterdinge umkehren. Das Ganze war wie eine Szene aus einem Gruselfilm. Im Heulen des Sturmes, unter peitschenden Regenböen, irrten die mit Laternen versehenen Sizilianer, Bauern und Gendarmen, mit der deutschen Fliegerin in der Nacht umher. Von Zeit zu Zeit schossen sie in die Luft, um den Küstenpolizisten, der bei dem Flugzeug als Wache zurückgelassen worden war, zu einer Antwort auf die gleiche Weise zu veranlassen. Sie wateten tief im Schlamm. Die Laternen waren längst erloschen. Die Szene wurde nur von Zeit zu Zeit durch das grelle Licht eines Blitzes erleuchtet. Schließlich gaben sie die Suche auf.

Am nächsten Morgen war strahlend schönes Wetter.
Schon von weitem sah man den »Junior« in der Sonne blitzen.
Als ob das Ganze ein wüster Traum gewesen war.
Es gab noch vielerlei Hin und Her mit der Polizei. Es wurde getankt. Alles schien nun wieder in bester Ordnung zu sein.
Beim Abbremsen lief der Motor tadellos.
Doch dann kam das traurige Ende dieses tapferen Fluges.
Diese Felder und Wiesen sind in vielen warmen Ländern mit einer kleinen Steinmauer umgeben. So war es auch hier.
Marga rollte schon mit Vollgas auf das Ende ihres Landefeldes zu, als sie merkte, daß sie in dem Lehmbrei einfach festklebte. Gas wegnehmen konnte sie nicht mehr, dann wäre sie mit großer Fahrt in die Mauer hineingerast. So zog und zog sie am Knüppel, um möglichst über die Mauer hinwegzuhüpfen.
Es gelang beinahe – aber nicht ganz. Mit dem Fahrgestell rannte sie gegen das Hindernis. Es krachte fürchterlich. Danach herrschte ein unheilvolles Schweigen.
Marga war mit dem Kopf irgendwo angestoßen und als sie wieder

ganz bei sich war, bemerkte sie, daß ihr das Blut über die Augen lief. Einer der Carabinierioffiziere eilte herbei und stützte sie. Sie war schneeweiß im Gesicht.

Der Junkers »Junior« lag ohne Fahrgestell auf der andern Seite der Mauer.

Das war das Ende von Margas erstem großen Flug über Afrika zu den kanarischen Inseln.

Die Maschine wurde nach Catania gebracht und weiter nach Deutschland verladen. Damals konnte man in Sizilien noch keine Duraluminreparaturen ausführen.

Merkwürdig und fast wie ein böses Omen erschien es Marga, daß ihre mitgeführten Flugkarten nur bis Catania reichten. Den Rest wollte sie sich in Sizilien besorgen.

Aber das brauchte sie nun nicht mehr.

Zufall? Schicksal?

Unfug – aller Aberglaube. Oder ist doch etwas daran?

Zumindest beschloß Marga, sich nicht von einer neuen noch größeren Luftreise auf eigenen Schwingen abhalten zu lassen.

Vom 18. bis 29. August 1931 machte Marga von Etzdorf einen Alleinflug auf ihrem Junkers »Junior« wieder mit dem 80 PS Genet-Motor von Berlin nach Tokio.

Dieser Flug war zu der damaligen Zeit eine solche Bravourleistung, daß sich jedes schmückende Wortbeiwerk erübrigt. Man muß ihn selbst heute noch uneingeschränkt bewundern.

Marga entstammte einer recht begüterten Familie. Aber das Ausmaß der Kosten einer solchen Unternehmung ging weit über das hinaus, was sie aus eigenem Vermögen finanzieren konnte. So waren schon die Vorarbeiten: der Abschluß von Verträgen für Artikel, Fotos sowie Abkommen mit der Industrie unendlich mühsam und zeitraubend. Dazu kam das Einholen all der Überfluggenehmigungen, endlose Schreibereien und viele, viele Besprechungen.

Es ist ein Glück, daß ein Fernflug in jenen Tagen mit so vielen Formalitäten verbunden war. Allein schon dadurch gab das Gros der abenteuerlustigen Piloten mit ungenügenden Voraussetzungen lange vor Beginn der ersten Etappe auf. Es ging dann nur eine Auslese von Piloten auf die große Luftreise, die wirklich passioniert sowie zäh und ausdauernd war. Oder sie hatten die Industrie hinter sich. Das schaffte auch wieder allerlei Gefahrenmomente aus der Welt.

Es war der Jahrestag ihres Startes zum Flug nach Konstantinopel, als Marga von Tempelhof, von ein paar guten Freunden verabschiedet, im ersten Dämmerlicht auf die große Reise von 10000 Kilometern ging. Allein.

Schon auf der ersten Etappe traf sie schlechtes Wetter und Nebel an und hätte um ein Haar umkehren müssen. Doch dann klarte es auf. Nach dreieinhalb Stunden landete sie in Königsberg, tankte schnell, flog weiter nach Welikije Luki, tankte wieder und kam nach einer Flugzeit von elf Stunden abends planmäßig in Moskau als der ersten vorgesehenen Tagesetappe an. Über 1500 Kilometer Luftlinie von Berlin entfernt.

Elf Flugstunden – was ist das schon? wird der Mensch von heute sagen. Natürlich ist so etwas leicht zu machen, wenn der nächste oder der übernächste oder der Tag danach Schlaf und Ruhe bringt.

Nach elf Stunden Motorgeräusch in der offenen Maschine mußte die Fliegerin dann mit noch dröhnenden Ohren die russische Hauptstadt ansehen. Danach mußte sie mit den Menschen, die sie empfangen hatten, essen gehen, ehe sie endlich ins Bett sinken konnte.

Drei Stunden Schlaf.

Vor Sonnenaufgang stand Marga wieder auf dem Moskauer Flugplatz und ließ ihren »Junior« warmlaufen.

Über Nishni Nowgorod ging es an der Wolga entlang nach Kasan. Zweite Tagesetappe. Großer Empfang. Abendessen.

Nachher lauschte das Mädchen todmüde, aber tief beeindruckt der melancholischen Weise eines Tartaren auf einem Wolgadampfer – wenn man doch bleiben könnte!
In tiefer Dunkelheit trank sie am nächsten Morgen ihren »Tschai« schon auf dem Flugplatz und war in der Luft, ehe die Sonne über dem Horizont auftauchte.
Am dritten Tag flog sie über das Grenzgebirge zwischen Europa und Asien, den Ural, der sie mit seinen sanften Hügeln und Bergen von nur 700 Metern Höhe nach Kurgan hinüberführte.
Erste Landung in Asien.
Nach langem Suchen fand sie den kleinen Flugplatz in der Kirgisensteppe. Empfang, Abendessen, Schlafen. Wecken.
Mond und Sterne leuchteten noch hell am Himmel, als Marga mit ihren Begleitern am nächsten Morgen den Flugleiter aus dem Schlaf klopfte. Es stellte sich heraus, daß man das Mädchen durch ein Mißverständnis im Zusammenhang mit der täglich wechselnden Uhrzeit zu früh geweckt hatte. Dieser Irrtum hatte sie zwei Stunden ihres unendlich kostbaren Schlafes gekostet.
Marga war jung und gesund.
»Ich möchte irgendwo schlafen«, erklärte sie entschlossen.
Mit ihrem Wunsch brachte sie den Flugleiter in große Verlegenheit. Doch er war klug genug sich zu sagen, daß ungewöhnliche Ereignisse ungewöhnliche Maßnahmen erfordern. Minuten später war das einzig freie Bett in einem großen Soldaten-Schlafsaal frisch bezogen und Marga darin versunken. Nur mit Mühe bekam man sie bei Sonnenaufgang wach.
Von nun an ging es immer an der Transsibirischen Bahn entlang nach Osten, nach Omsk.
Dazwischen gab es eine unfreiwillige Landung auf einem der kleinen Notlandefelder. Der Motor war überhitzt. Dort entfernte sie ohne die Hilfe eines Monteurs einen Teil der Motorhaube und – was viel schwieriger war – sie mußte ihren Motor selbst wieder anwerfen. Das war nur durch ständiges Hin- und Herrennen zwischen dem Propeller und dem Führersitz möglich.

Aus Gründen der Sicherheit hatte sie die kirgisischen Anwohner, mit denen sie sich nicht verständigen konnte, auf das Dach einer Hütte verbannt. Sie hatte Glück, nach mehrmaligem Rennen sprang der Motor an. Start nach Omsk. Hier möchte ich Marga gern selbst sprechen lassen.

»Meine Müdigkeit hatte allmählich einen Grad erreicht, der schon fast an Stumpfsinn grenzte. Die toten Punkte waren kaum mehr zu überwinden. Ich wußte weder Datum noch Wochentag mehr. Ich wußte nur noch, daß ich, solange es hell war, immerzu geradeaus fliegen mußte. Mein Rücken schmerzte durch das dauernde Stillsitzen, und vergebens rutschte ich auf meinem Sitz hin und her, keine Veränderung half länger als ein paar Minuten. Außerdem plagte mich ein scheußlicher Sonnenbrand, der sehr weh tat und mit jedem Tag schlimmer wurde. Beim Hinaussehen aus dem Führersitz begann ich vor Müdigkeit zu stieren, daß mir die Augen übergingen. Oft sah ich die Bahn doppelt oder verwechselte einen Feldweg mit den Gleisen. Da kam mir ein guter Gedanke zur Ablenkung. Das Wetter war schön, kein Lüftchen regte sich, und ›Kiek in die Welt‹ flog ganz ruhig weiter, auch wenn ich die Hände vom Steuerknüppel nahm. Im Bordbuch hatte ich Postkarten, in der Tasche einen Bleistift, also begann ich, 500 Meter über Sibirien fliegend, meine Korrespondenz zu erledigen. Nur ab und zu schielte ich über Bord, um zu sehen, ob ich noch der Eisenbahnlinie folgte. Als ich nichts mehr zu schreiben hatte, begann ich eine alte Zeitung zu lesen, die ich irgendwo in einer Seitenklappe fand.«

Landung in Omsk. Keine Zeit zum Ausruhen. Keine Zeit zum Essen. Nur tanken und weiter.

Nach zehn Stunden reiner Flugzeit für die Strecke von 1140 Kilometern erreichte Marga als vierte Tagesetappe Nowosibirsk.

Jetzt begannen Morgennebel – sie erlaubten der Fliegerin wenigstens eine etwas längere Nachtruhe.

Doch diese Erleichterung mußte doppelt bezahlt werden.

Das Fliegen war nun sehr schwierig geworden. Bei schlechter Sicht mußte Marga zwischen den dichtbewaldeten Bergen und Tälern nach der für sie lebenswichtigen Bahn suchen. Nur dort konnte sie bei einer Notlandung mit rechtzeitiger Hilfe rechnen. Auch vor Wölfen hatte man sie auf jeder der letzten Etappen gewarnt.
Die Taiga – der riesige Sumpfurwald.
Es kommt der Fliegerin ganz seltsam vor, daß sie noch vor fünf Tagen über den Kurfürstendamm in Berlin zum Flughafen Tempelhof gefahren ist. Dies hier ist eine ganz andere Welt. Sie hat sich diese Welt ganz allein erobert.
Das Wetter ist wieder besser geworden.
Der späte Nebelstart war schuld daran, daß die Tagesetappe nach Krasnojarsk nur etwas über 600 Kilometer lang war. Bis zur nächsten Etappe Irkutsk über die Wipfel der Taiga hätte es ihr nie mehr gereicht, bevor es Nacht wurde.
Schlafen – schlafen!
Am nächsten Tag fliegt Marga über das Gebiet der Pelztierjäger und der Bären mit einer Zwischenlandung in Nischne-Udinsk nach Irkutsk.
Kurz vor der Stadt holt ein Flugzeug sie ein, um sie bei Sonnenuntergang zum Flugplatz zu geleiten.
Wieder eine zu kurze Nacht. Wie immer. Doch Marga hält die ungeheuren Strapazen eisern durch.
Jeden Abend speist sie mit brennenden Augen und dem Dröhnen des Motors in den Ohren mit ihren jeweiligen Gastgebern. Sie macht freundliche Konversation in irgendeiner Sprache, die sie beherrscht und die irgend jemand unter ihren Gastgebern versteht. Die Menschen meinen es doch alle so gut mit ihr.
Auf den Gedanken, daß diese gastgebenden Menschen es auch ganz gut mit sich selbst meinen, wenn sie diese vom Himmel gefallene wertvolle Unterhaltung feiern, kommt Marga gar nicht.
Am nächsten Morgen fliegt sie fast eine Stunde lang über den

Baikalsee. Tiefblau zieht er unter ihren Flächen dahin. Seine Berge am jenseitigen Ufer sind 4000 Meter hoch. Am Abend landet die junge Fliegerin in Tschita – es ist fast schon wieder Nacht.

Am nächsten Morgen gibt ihr eine russische Militärmaschine das Geleit, bis sie an der richtigen Bahnlinie ist, die sie in die Mongolei hineinführt.

Bei einer Landung auf einem kleinen Zwischenlandeplatz in Chailar wird sie zu ihrer riesigen Überraschung zum erstenmal mit einem ganz »großen Bahnhof« empfangen. Als sie ausgerollt ist und mit Mühe ihren ›Kiek in die Welt‹ vor den herandrängenden Menschenmassen in Sicherheit gebracht hat, stellt sich heraus, daß man eigentlich die englische Rekordfliegerin Amy Johnson erwartet. Diese war kurz vor Marga – allerdings begleitet von Ihrem Mechaniker – nach Tokio geflogen und wollte hier auf dem Rückflug Station machen.

Mit dem Weiterflug wurde es an diesem Tage nichts mehr.

Der Empfang war für die international schon sehr bekannte englische Fliegerin in einer Weise vorbereitet, wie sie Marga, die ganz auf eigenes Risiko und auf ihre Kosten flog, nie für möglich gehalten hatte. Viele Menschen waren da, ein Mechaniker, selbst der Brennstoff wartete darauf, in die Tanks hineinlaufen zu dürfen – es war wie in Fliegers-Schlaraffenland!

Am nächsten Morgen wurde der große Chingan, ein gewaltiges Waldgebirge, überflogen, das die mongolische Steppe in das Mandschurische Becken überleitet. Wieder ziehen vegetationslose Ebenen, später der Nonni-Fluß mit seinen bewachsenen Uferstreifen, unter ihr dahin. Und dann ist sie über Charbin. Endlich wieder einmal ein Flugplatz mit einem weißen Landekreuz.

Bei näherer Betrachtung war allerdings dieser »Flugplatz« nur eine Rennbahn, deren Tribünen eng besetzt waren. Nach der Landung stürzten die Menschen in das Oval und Marga fürchtete für ihr geliebtes Flugzeug. Sie wurde mit Blumen überschüttet, die Menschen schrien »Hoch Deutschland« und »Germany«. Die Fliegerin war nach dem sechsstündigen Flug in der offenen Maschine noch ganz benommen von dem Motorengeräusch. Dieser unerwartete Empfang kostete sie viel Kraft und Beherrschung. Ein englischer ehemaliger Kriegsflieger war für Marga eine große Hilfe. Er verhalf ihr auch zu einem sicheren Start aus dem reichlich kleinen Platz durch Festhalten der Flächen. Als sie das Zeichen zum Loslassen des Flugzeuges bei Vollgas gegeben hatte und über die Rennbahn raste, liefen ein paar Leute direkt in ihre Startbahn. Sie hatten keine Ahnung von der tödlichen Gefahr dieser Sekundenbruchteile. Doch es ging noch einmal gut. Einen Augenblick später war ›Kiek in die Welt‹ wieder in der Luft. Kurz vor der Dunkelheit lag Mukden unter seinen Flächen. Müde – todmüde war das Mädchen. Wie im Halbschlaf hatte es im strömenden Regen das Flugzeug versorgt. Ein Glas Sekt, ein Tee bei den Militärfliegern und nach einer kurzen technischen Kontrolle ging es ins Hotel. Nur schlafen, schlafen wollte sie!

Am nächsten Morgen gab es eine riesige Enttäuschung. Auf dem Flugplatz stellte sich heraus, daß noch einige japanische Einflugpapiere fehlten, deren Eintreffen unbedingt abgewartet werden mußte. Marga war den Tränen nahe. Die Papiere seien schon unterwegs, versicherte man ihr. Doch dieser Tag war verloren. Ein nie wieder einzuholender voller Tag kurz vor dem Ende ihres Rekordfluges. Dafür all die Hetzerei! Doch es bewährte sich wieder einmal das »wer weiß, wozu es gut ist«, wenn etwas schiefgeht. An diesem unfreiwilligen Ruhetag ging über Korea ein vorher nicht gemeldeter Taifun hinweg. Und am nächsten Morgen, als Marga mit einer verjüngten Maschine, die von einem Spezialmonteur überholt worden war, über die bergige Halbinsel hinweg flog, war sie fast dankbar für diese

18 Mit dieser Klemm »KL 32« startete sie in Richtung Australien

Verzögerung, die sie auch wieder einmal etwas zu sich selbst gebracht hatte.

In Kejo, auf der nächsten Etappe nahe am Gelben Meer, hätte es um ein Haar wieder ein Zusammentreffen mit Amy Johnson gegeben. Aber Marga konnte nicht auf sie warten, da auch Amy wegen des Taifuns vom Vortag auf ihrem Rückflug hinter ihrem Flugplan zurück war.

Vier Militärmaschinen begleiteten Marga nach dem Start von Kejo für eine Weile.

Vor dem Überflug der hier 150 Kilometer breiten Wasserstraße von Korea tankte die Fliegerin noch einmal an der Küste in Urusan. Sie durfte nicht über die südlich liegenden Inseln fliegen, da diese Sperrgebiet waren. Ihr war der mehr als einstündige Flug über die Wasserstrecke nicht angenehm. Doch die Bestimmungen, von denen sie erst in Korea erfahren hatte, mußten eingehalten werden.

Über dem Wasser begann Margas Kompaß Karussel zu fahren. Auch das noch.

Sie probierte alle möglichen verschiedenen Tourenzahlen aus, um ihn wieder zur Raison zu bringen. Er drehte weiter. Mit einem Taschenmesser lockerte sie die Halteschrauben ein wenig – er drehte weiter. Schließlich schützte sie ihn durch Festhalten mit der linken Hand vor allen Vibrationen. Nun zeigte er wieder an.

Ein Freudenjodler begrüßte die japanische Küste, obwohl dichte Wolken in den Bergen hingen. Bei untergehender Sonne landete Marga auf dem Exerzierplatz vor Hiroshima. Sie war von so ganz anderen Gedanken bewegt, als der amerikanische Pilot, der vierzehn Jahre später beim Überfliegen dieser Stadt seine tödliche Last abwarf.

Hier hatte Marga ihr erstes echtes Zusammentreffen mit Japan. Sie war in einem japanischen Hotel Gast des Gouvernements. Einen Kimono bekam sie zum Überziehen. An einem kleinen Tisch hockend nahm sie mit Stäbchen ein unbekanntes wohl-

schmeckendes japanisches Gericht zu sich. In ihrem Innern war eine große Dankbarkeit und Stille – sie war fast an ihrem Ziel.
Doch noch einmal gab es unerwartete Schwierigkeiten.
Am nächsten Morgen, dem 11. Tag, an dem sie nach Osten flog – den Ruhetag in Mukden nicht gerechnet – lief alles wie am Schnürchen. Der deutsche Konsul, selbst ehemaliger Kriegsflieger, war zur Unterstützung der Fliegerin aus Kobe gekommen. Er warf ihr den Motor an und einige Stunden später war sie in Osaka gelandet.
Es gab wieder eine kleine Feier. Doch das Wetter hatte sich sehr verschlechtert. Ohne Gefahr hätte Marga mit einem Umweg an der Küste entlang fliegend ihr Ziel erreichen können. Aber da waren wieder Sperrgebiete auf einer weit ins Meer vorspringenden Halbinsel.
So gab es nur zwei Möglichkeiten: Entweder die von hohen Bergketten durchzogene Halbinsel überqueren – oder warten.
Diese letzte Etappe muß ein Alptraum gewesen sein.
Noch einmal nahm das alleinfliegende Mädchen all seinen Mut, seine Energie und sein fliegerisches Können zusammen.
Marga kletterte über die Berge und über die Wolken hinauf bis auf 2600 Meter. Wieder hielt sie den Kompaß in der Hand. Er durfte sie jetzt nicht im Stich lassen. Denn wenn sie nicht rechtzeitig wieder Erdsicht bekam, war sie schon über der nächsten Bucht und über das Ziel hinausgeflogen. Danach kamen wieder neue Bergketten und die Karten waren auch einmal zu Ende.
Es war in jenen Jahren für uns Flieger jedesmal ein schwerer Entschluß, in die Wolken einzutauchen. Kleinflugzeuge hatten keinen Funk und nur unzureichende Instrumente. Aber auf einem solchen Fernflug war diese große Gefahr manchesmal einfach nicht zu umgehen.
Hinunter auf 2400 Meter – 2000 – 1800. Undurchsichtige Wolken ringsumher. Es regnete in Strömen. Soll denn alles umsonst

gewesen sein? Jede Sekunde kann es krachen. Überall sind Berge.

Marga läßt ihren »Junior« möglichst allein fliegen und sich selbst ausbalancieren.

1700 Meter. 1600 Meter. Die Entscheidung steht unmittelbar bevor. Die Berge sind bis zu 1300 Meter hoch.

Da – ein Loch in den Wolken. Sie wirft einen kurzen Blick auf einen Küstenstreifen. Ein gütiges Geschick hat Marga während der letzten Stunde ihres Ostasienfluges sicher zum Ziel geleitet.

Die Fliegerin fliegt diese letzten Kilometer Berlin – Tokio in tiefer Demut und Dankbarkeit.

Am 29. August 1931 landet Marga von Etzdorf mit ihrem »Junior« nachmittags um vier Uhr in Tokio.

In den Büchern über die Fliegerei wird dieser Flug als einer der besten der frühen dreißiger Jahre bezeichnet.

Sechs traumhafte Wochen lang blieb Marga in Tokio.

Neben all den Erwachsenen hatten sie Tausende von Schulkindern mit japanischen und deutschen Fähnchen winkend begrüßt.

Jeder Tag brachte neue Ehrungen und es gab keinen Menschen, der nicht die ungeheure physische und psychische Leistung der einsamen jungen Fliegerin bewundert hätte.

Als sie zum Heimflug startete, war die Zahl der Menschen, die auf den Tokioer Flugplatz Haneda gekommen waren, größer als bei ihrer Ankunft. Marga war unendlich glücklich.

Doch dieses Glück währte nicht lange.

Schon auf der ersten Etappe ihres Rückfluges wurde sie wegen politischer Wirren monatelang in Osaka aufgehalten.

Im April 1932 schien endlich alles geordnet zu sein.

Nach einem kurzen Aufenthalt in Bangkok stürzte sie durch Aussetzen des Motors beim Start ab und wurde schwer verletzt. Die Maschine war ein Trümmerhaufen. Monatelang wurde sie von deutschen Freunden gepflegt, bis ihre Rückgratverletzung ausgeheilt war.

Mit einer Verkehrslinie flog sie zurück in die Heimat. Freunde

brachten ihr ein Flugzeug nach Dresden, mit dem sie dann allein nach Tempelhof flog. Strahlend kletterte Marga aus dem kleinen Flugzeug. Sie dachte nur an all das Wunderschöne, was sie im vergangenen Jahr erlebt hatte. Dieses Strahlen war echt. Jeder spürte: An diesem Menschen war kein falscher Ton. Sie hatte den Erfolg und den Absturz mit der gleichen Seelengröße erlebt und überlebt.
Man mußte dieses fliegende Mädchen liebhaben.
Noch höher war die Anerkennung der Leute vom Fach. Sie wußten: Marga hatte sich jeden Sieg hart erkämpfen müssen. Sie war keine begnadete Fliegerin, der vieles nur so in den Schoß fiel.
Dafür besaß sie alles so schwer Erreichte dann auch doppelt.
Wir trafen uns oft während dieser Jahre am Himmel und auf der Erde. Marga von Etzdorf war das natürlichste Mädchen, das ich kannte – zumindest unter den Fliegerinnen aller Erdteile, die ich inzwischen getroffen hatte.
Als ich mit der »Cap Norte« am 26. Juli 1932 mit meinem unbeschädigten Flugzeug an Bord in Bremerhaven ankam, stand Marga von Etzdorf neben meinen Eltern am Pier, um mich zu begrüßen und zu gratulieren.
Ich war darüber so gerührt, daß mir fast die Tränen kamen. Die seelische Haltung dieses Mädchens war einmalig. Und das Beglückende daran war, daß für Marga das alles einfach selbstverständlich war.

Mit vielen Vorträgen, die Marga nach ihrem Ostasienflug hielt – allein mehr als 180 in der Heimat, doch auch in Holland, Lettland, Österreich und der Schweiz und in der Tschechoslowakei – begeisterte das Mädchen Zehntausende für den Gedanken der Sportfliegerei und für ihr geliebtes Vaterland.
Aber es war ein Hetzen von Ort zu Ort, ohne Ausruhen, das sie nach dem schweren Unfall eigentlich nötig gehabt hätte. Doch Marga war ja so jung und wieder voll bei Kräften.

Denn sie wollte bald wieder fliegen! Es konnte doch gar nicht anders sein! Es war ihr gelungen, eine Maschine, diesesmal eine »Klemm KL 32« zur Verfügung gestellt zu bekommen. Das Ziel des geplanten Fernfluges war Australien.

Am 27. Mai 1933 startete Marga von Etzdorf von Berlin-Staaken zur ersten Etappe nach Belgrad. Ihre Freunde, die sie verabschiedeten, sahen sie siegessicher und strahlend in südlicher Richtung wegfliegen. Alle waren sie überzeugt, diesesmal werde die junge Fliegerin *mit* ihrem Flugzeug erfolgreich in die Heimat zurückkehren.

Es kam anders. Schon der nächste Tag brachte die unbegreifliche Todesnachricht aus Aleppo in Syrien.

Mich erreichte die Botschaft an meinem Geburtstag in Windhuk in Südwestafrika.

Nach den Erkundigungen, die ich später einzog, muß sich die letzte Etappe in Margas Leben ungefähr so abgespielt haben: Das Flugzeug schwebte und schwebte.

Das Ende des planierten Sandplatzes von Aleppo kam unheimlich schnell näher.

Verzweifelt drückte das Mädchen die Maschine an den Boden, bremste vorsichtig – aber da war sie schon, die große Bodenwelle. Holz splitterte. Marga spürte, wie ihr Kopf an etwas Hartes anschlug. Nur heraus aus den Trümmern, ehe es brennt!

Sie war so müde. Müde, wie nie zuvor in ihrem Leben.

Von der bebauten Seite des Flugplatzes stürzten Menschen herbei, französische Militärflieger, Offiziere und Mannschaften. Aufgeregt redeten sie auf die junge Fliegerin ein, die nachdenklich und wie abwesend ihr stark beschädigtes Flugzeug betrachtete.

»... mais, Mademoiselle – Sie sind mit dem Wind gelandet. Das ist nicht unsere Schuld! Haben Sie das Landekreuz nicht gesehen?«

Nein. Marga hatte kein Landezeichen gefunden. Und der Wü-

stenwind war über dem Boden viel stärker gewesen als oben in der Luft.
Doch nun war es zu spät für solche Überlegungen. Der Kopf tat ihr so weh! Nur nicht mehr denken müssen!
Die französischen Fliegeroffiziere bohrten weiter mit ihren Fragen. Für sie war das Alltagsroutine. Der Unfallbericht mußte so schnell wie möglich abgefaßt werden. Und dazu war es nötig, einwandfrei klarzustellen, daß von ihrer Seite alle Voraussetzungen für eine gefahrlose Landung erfüllt worden waren. Das hielten sie für ihr Recht und für ihre Pflicht.
So quälten sie Marga weiter mit Fragen über Fragen.
Das Mädchen hatte nur einen Wunsch: endlich allein zu sein.
Es war nichts mehr zu ändern. Aber wie würde es weitergehen?
»S'il vous plait, Capitaine, kann man mein Flugzeug hier reparieren?« »Si, si, Mademoiselle«, versicherte der Angesprochene, »sowie die nötigen Ersatzteile aus Deutschland eingetroffen sind, ist das bald geschehen. Doch das wird einige Wochen dauern.«
Marga nickte müde. »Ja, vielen Dank.«
Wie ihr der Kopf schmerzte, Ruhe, nur etwas Ruhe.
Die Soldaten sollten nicht sehen, wenn ihr die Tränen kamen.
»Kann ich mich etwas hinlegen?« bat sie. »Nur eine halbe Stunde.« »Oui, certainement, Mademoiselle.« Man führte sie in ein Zimmer neben dem Casino.
Und das war das letzte Mal, daß man die große junge Fliegerin lebend sah.

Marga von Etzdorf hat ihre letzte Ruhestätte auf dem Invalidenfriedhof in Berlin neben Manfred von Richthofen gefunden. Ihre Fliegerkameradin und Freundin Katja Heidrich hat ihr im Schlußwort zu Margas eigenem Buch die folgenden Zeilen als Nachruf gewidmet:
»In Marga von Etzdorf hat die deutsche Fliegerei einen Pionier besten Formats, haben wir Flieger einen Kameraden verloren,

der alle großen und guten Charaktereigenschaften in sich vereinte. Pflichtgefühl, Verantwortungsbewußtsein, Bescheidenheit und Edelmut sichern ihr bei allen Menschen, die sie kannten und die ihr nahestanden, ein ehrendes Gedenken.«

Henri Lhote
16. Mai 1903

19 Der Entdecker der Felsbilder in der Sahara

Es war am Weihnachtsabend 1960.
Die Kerzen brannten, wir hatten unsere Weihnachtslieder gesungen – es war schön und feierlich, wie in jedem Jahr. Durch Papierberge hindurch hatten wir uns zu unseren Geschenken durchgekämpft und nun beschäftigte sich jeder – etwas ermattet – mit seinen Gaben. Danach wurden die Tische der großen Kinder betrachtet.
»Bernd – sei ehrlich! Entspricht das ganz deinem Geschmack?« Ich konnte es mir selbst zu diesem feierlichen Anlaß nicht versagen, leicht ironisch diese Frage zu stellen, als ich ein offensichtlich anspruchsvolles Buch mit dem Titel »Die Felsbilder in der Sahara« auf seinem Gabentisch liegen sah.
»Langsam müßte ich doch wohl aus dem Stadium der Mickymaus-Hefte herausgewachsen sein«, antwortete mein Sohn, damals Student der Medizin, etwas unwillig.
Ich nahm das Buch in die Hand.
Die Sahara war seit 1931 meine große Liebe.
Oft, wenn es mir in Mitteleuropa etwas zu eng wurde, dachte ich voller Sehnsucht an Mondnächte in dieser blanken Endlosigkeit zurück. Wann würde ich das nächste Mal wieder dort sein?
Stets hatte es mich in die Wüste zurückgezogen. Selbst nach dem Zweiten Weltkrieg dauerte es nur sechs Jahre, bis ich wieder den Sand der Sahara unter meinen Flächen dahinziehen sah.
»Ja – ist denn das möglich?« entfuhr es mir unwillkürlich. Zwischen den beiden Zeilen des Titels hatte ich klein und bescheiden auf einen Felshintergrund gedruckt den Namen des Autors gelesen: Henri Lhote.

Notlandung – Timbuktu – 1931 – Henri Lhote. Seine vergebliche Suche im Flugzeug über der Wüste nach mir. So rollten die Erinnerungen in diesem Augenblick vor meinem geistigen Auge ab.
Ich schlug das Buch auf.
Als erstes sah ich ein Foto des Verfassers. Genau so hatte Henri Lhote vor neunundzwanzig Jahren ausgesehen. Damals, als er mich zu meinem notgelandeten Flugzeug zurückführte. Ein paar Tage später ritten wir schweigend wieder nach Timbuktu. Das Flugzeug konnte nicht abtransportiert werden. Es war verloren. Dort unten am Südrand der Sahara mußte ich es zurücklassen. Äußerlich heil, doch mit einem todkranken Motor, den man hier im Wüstensand nicht reparieren konnte. So viel Ersatzteile hatte ich außerdem nicht an Bord. Es war aus.
Würde ich jemals wieder hinausfliegen können in diese wunderbare weite Welt? Das Flugzeug gehörte mir nicht einmal. Ich hatte es auch nicht versichern können. Nur meine kleine Kunstflugmaschine konnte ich in Deutschland als Sicherheit für diese geliehene »Klemm« mit dem 40 PS-Salmsonmotor zurücklassen. Dieses Pfand war nun verfallen.
Ich riß meine Gedanken von der Vergangenheit los und kehrte wieder unter den Weihnachtsbaum in Freiburg zurück.
»Bernd – bitte laß uns tauschen! Vielleicht gefällt dir irgend etwas von meinen Geschenken? Ich möchte den Lhote und seine Felsbilder so gern haben, und zwar sofort!«
Während mein Sohn seine Forderungen ziemlich hoch hinaufschraubte, saß ich schon in einer Ecke und war in die großartigen Aufnahmen vertieft, die das Buch ausstatteten.
Jetzt fiel mir wieder ein: Vor einiger Zeit hatte ich einen Artikel in einem amerikanischen Magazin über hochinteressante Entdeckungen gelesen, die ein französischer Forscher in der großen afrikanischen Wüste gemacht hatte. Doch damals war mir der Name des Wissenschaftlers entgangen, und so hatte ich mich nicht weiter damit beschäftigt.

Ja – also Henri Lhote war auch solch ein »Schuster, der bei seinem Leisten« geblieben war. Durch Jahrzehnte. So wie ich und viele andere Anhänger einer großen Passion, die ich irgendwo unterwegs auf ihren Reisen getroffen hatte. Lhote war inzwischen ein weltberühmter Mann geworden. Im Geiste sah ich den jungen Archäologiestudenten vor mir, wie er mir im Auftrag des Gouverneurs Charbonnier meine Schlafstelle in der Lehmhütte der Karawanserei von Timbuktu anwies, als die aufgescheuchten Fledermäuse wie radargesteuert an unseren Köpfen vorbeihuschten.

Während der Weihnachtstage zog ich mich in jeder freien Minute mit den Sahara-Felsbildern zurück und meine Träume der rauhen Nächte waren belebt von den Hirten und Rindern, von den Kriegern mit ihren Streitwagen vergangener Jahrtausende im Tassili. Das Buch las sich wie ein Sensationsroman – und das ganz besonders für jemanden, der die Sahara so gut kannte wie ich. Irgendwo auf den Seiten fand ich einen Hinweis auf das Musée de l'homme in Paris, für das Lhote schon 1931 gearbeitet hatte.
Ich schrieb ihm, ich sei unter dem Weihnachtsbaum nach beinahe einem Menschenalter wieder auf seine Spur gestoßen und wie sehr ich mich freuen würde, von ihm zu hören.
Kurz darauf kam ein langer Brief.
Es war, als ob die Jahre, die zwischen Timbuktu und heute lagen, nicht existierten und als ob es die beiden grausamen Kriege zwischen den Franzosen und den Deutschen nie gegeben hätte.
»Das Letzte«, schrieb Henri Lhote, »was ich von Ihnen hörte, war, daß der berühmte Rennfahrer, mit dem Sie verheiratet waren, tödlich verunglückt sei. Das war nicht lange bevor der Krieg begann. Ich habe mich dann oft gefragt, ob Sie in dessen Stürmen und Bombenangriffen Ihr Ende gefunden haben? Und nun die Freude zu wissen: es gibt Sie noch, Sie sind bei bester Gesundheit und fliegen.« »Was mich angeht«, berichtete er weiter, »ich habe einen Teil des Krieges in der Sahara verbracht,

die ich in allen Richtungen durchstreift habe. Heute sind es allein im Kamelsattel achtzigtausend Kilometer Wüste, die hinter mir liegen. Schon 1938 nach der Münchner Konferenz wurde ich als Reserve-Pilot zum Geschwader von Gao wieder eingezogen. 1939, bei Kriegsbeginn, war ich im Tanezruft. Ich wurde dann zum Kommandanten der Goum-Kameltruppen des Hoggar ernannt. In dieser Eigenschaft begab ich mich an die libysche Grenze und mischte mich unter die Italiener. 1941 bin ich dann heimlich nach Frankreich zurückgekehrt. 1944, kurz vor der Befreiung von Paris, wurde ich schwer verwundet und war für lange Zeit zur Bewegungslosigkeit verurteilt. 1947 habe ich dann endlich Timbuktu wiedergesehen – doch den alten Père Yacouba fand ich nicht mehr wieder – er war vor einigen Jahren gestorben.«
Ich unterbrach das Lesen des Briefes. Meine Gedanken kehrten für eine Weile in den Süden der Sahara zurück.

Père Yacouba. Der weiße Pater, der eine Vollblut-Afrikanerin geheiratet hatte. Einer der größten Kenner des damaligen französischen Sudans, von allen Menschen, die je mit ihm zusammentrafen, verehrt und anerkannt.
Seine Lebensgeschichte klingt wie ein Roman, es ist eines dieser seltsamen Menschenschicksale, wie es viele im Innern von Afrika gibt.
Der junge Dupuis – das war sein bürgerlicher Name – ging auf den Wunsch seiner Mutter ins Kloster. Nachdem er Pater geworden war, sollte er als »weißer Bruder« Missionarsdienst im Sudan machen. Schon in den neunziger Jahren, kurz nachdem die Franzosen die Stadt erobert hatten, wurde er nach Timbuktu geschickt. Die arabische Sprache hatte er studiert, bevor er dorthin kam. Als nächstes lernte er das Sonrhai. Er befleißigte sich einer ausgezeichneten Grammatik und die gebildeten Tuareg mußten zugeben, daß er ihre Sprache besser beherrschte, als sie selbst es taten.
So gelang es ihm, als man ihn als Parlamentär in eine aufständi-

sche Stadt schickte, deren Übergabe ohne einen Schuß zu erreichen.
Seine Ernennung zum Bischof war vorgesehen, als ihn ein anderer Bruder mit einer jungen Negerin beobachtete, der er unmißverständlich seine Verliebtheit zum Ausdruck brachte.
Vater Yacouba mußte aus dem Orden austreten.
Da er keine andere Möglichkeit hatte, Salama und sich zu ernähren, erwarb Yacouba für 5 Francs eine Piroge und ging täglich mit den armen Fischern aus Salamas Heimatdorf auf Fischfang am Niger, dessen Ertrag dann seine dunkelhäutige Gefährtin auf dem Markt in Timbuktu verkaufte. Im Laufe der Jahre bekam das ungleiche Paar sechs Kinder.

Eines Tages traf Yacouba zufällig in Kabara den Gouverneur des Sudans, der ihn aus seinen früheren Tagen kannte.
Der war außer sich, als er hörte, daß ein Mann von dem einmaligen Wissen des abtrünnigen Paters seit Jahren auf diese primitive Art sein Leben fristen mußte. Er ernannte ihn sofort zum Hafen-Kommandanten von Kabara und später wurde er in die Zivilverwaltung übernommen. Doch immer nur zu den Gehaltsbedingungen der Eingeborenen.
Er heiratete seine Salama nach französischem Gesetz und erkannte seine Kinder offiziell an. Selbst nach Frankreich reiste er eines Tages mit seiner Frau.
Yacouba blieb immer ein frommer Mann. Alle Menschen in seiner Umgebung, gleich ob weiß oder schwarz, liebten und verehrten ihn. Viele Jahre später besuchte ihn der Superior der »Weißen Väter«, als er eine Reise nach Timbuktu machte. Es war eine rührende Szene, als ihm sein ehemaliger Vorgesetzter zum Abschied sagte: »Yacouba – Ihr seid ein braver Mann und ein guter Familienvater. Die Menschen haben nicht das Recht, Euch zu verurteilen. Gott wird seine Güte über Euch walten lassen.«
Yacouba starb mit 78 Jahren. Einer seiner Söhne ist Fliegeroffizier und AdC des Präsidenten der Republik Nigerien.

Mir ist die Erinnerung an den Besuch mit Henri Lhote bei Père Yacouba unvergeßlich. Er war zu jener Zeit eine der berühmtesten Persönlichkeiten in der Landschaft um Timbuktu. Gelegentlich kamen Reporter der großen Zeitungen und Illustrierten extra seinetwegen von Europa oder Amerika hergereist, um über sein Leben zu berichten.

Wir waren zum Frühstück bei »Yacoubas« eingeladen. Madame saß – ganz nach Eingeborenenart gekleidet – auf einer Matte und nahm mit ihren milchschokoladefarbenen Kindern das Mahl mit den Fingern zu sich. Vater Yacouba hatte uns in seine Bibliothek geführt, in dem ein Tisch gerichtet war mit »Djinana«, stark gewürzten kleinen Würstchen, die aus den Eingeweiden von Schafen zubereitet waren.

Ein Eingeborenenhaus mit meterhohen Bücherwänden wie hier war in dieser Gegend der Welt eine große Seltenheit.

Freundlich und voller Weisheit unterhielt sich Vater Yacouba mit uns. Meine Notlandung und alle ihre Einzelheiten interessierten ihn ungemein. – Er bedauerte, nicht dabei gewesen zu sein – vielleicht hätte er einen Weg gefunden, die Maschine doch noch zur Reparatur nach Timbuktu befördern zu lassen. Doch nach einigem Nachdenken winkte er ab: »Einen besseren Begleiter als Henri hätten Sie nicht haben können – seien Sie froh, daß er gerade hier ist.«

Es folgten die letzten Tage meines romantischen Wüstenabenteuers. Später wurde mir von Reportern gesagt, daß es unter Millionen von Frauen unserer Welt wohl keine fünf gäbe, die ein solches Märchen er- und überlebt hätten – das war mir während der Wochen in und um Timbuktu keineswegs klar geworden.

Und doch erlebte und genoß ich jede Stunde bis in die Tiefe meines Wesens. Es war mir absolut bewußt, wie nahe ich diesesmal an einem bösen Ende vorbeigeflogen war. Aber wenn man sehr jung ist, so bedrückt einen das nicht weiter.

Mit einer sehr reizvollen jungen Tuaregfrau hatte ich Freundschaft geschlossen. Diese Beziehung hatte eine Vorgeschichte. Vor dem Lehmbau unserer Karawanserei saß abends immer eine Anzahl von Einheimischen beiderlei Geschlechts. Wenn ich heimkam, meistens in der Begleitung von Henri Lhote, schwoll das Stimmengemurmel ihrer Unterhaltung jedesmal für eine Weile an. Eine junge Europäerin hatte man dort noch so gut wie niemals zu sehen bekommen. Eines der Mädchen war besonders hübsch. Halb unterbewußt hatte ich den Eindruck, daß sie mich mit böse funkelnden Augen betrachtete. Doch ich dachte mir nichts dabei – war auch nicht sicher, ob meine Beobachtung überhaupt stimmte. Dann gab es eine Überraschung.

Am Morgen unseres Abmarsches zu meinem verlassenen Flugzeug, als sich unter dem Kommando von Lhote die Karawane von Tirailleurs mit Kamelen, Pferden und Reit-Zebus am Rand der Stadt sammelte, sah ich etwas abseits auf einem schneeweißen Rind mit stolzem abweisenden Gesicht eben jenes Tuaregmädchen sitzen. Sie schaute mit verlorenem Blick in die ferne Wüste. Henri Lhote kam auf mich zu, ergriff meine Hand und führte mich zu der jungen Afrikanerin.

»Ist es Ihnen recht, wenn Adda mit uns kommt?« fragte er. »Sie ist eine frühere Hirtin eines Stammes hier aus der Nähe. Sie spricht ganz gut französisch und ich arbeite auf Grund all ihrer Auskünfte die Ethnographie der Tuareg dieses Nigerbogens aus. Sie ist mir eine sehr wertvolle Hilfe.«

»Bonjour, Adda«, begrüßte ich die hellhäutige junge Schönheit. »Bonjour, Madame«, antwortete sie artig. Und von Stunde zu Stunde wurde die Wüstentocher liebenswürdiger und strahlender. Sie war eine wertvolle Dolmetscherin. Sie konnte mit den wenigen uns begegnenden Wanderern verhandeln, und als wir bei meinem Flugzeug unser Lager aufschlugen, übersetzte sie alles, was zu besprechen war.

Es gab nun keinen Zweifel mehr, daß sie mich während der vergangenen Tage in Timbuktu mit anderen Gefühlen betrachtet

20 Im Kamelsattel legte der Forscher 80 000 Kilometer kreuz und quer durch die Sahara zurück

21 Der Wüstenhund Singi, der die Lhotes bis nach Paris begleitete

hatte. Bis zu meiner Ankunft war sie die einzige Frau in der Umgebung des jungen weißen Forschers gewesen. Wenn sie sich auch sicherlich keine Illusionen für die Zukunft machte, so hatte ihr doch ihre Übersetzungstätigkeit eine so geachtete Stellung verschafft, wie sie sie nie zuvor gekannt hatte. Und das sollte nun alles durch die Ankunft einer weißen Rivalin zu Ende sein?

Adda hatte unterwegs sofort begriffen, daß sie von mir nichts zu fürchten hatte. Jetzt durfte sie Tag und Nacht in unserer unmittelbaren Nähe sein. Vorher in der Wüstenstadt war sie bei vielen unserer Unternehmungen ausgeschlossen gewesen. Und welche Frau – gleichgültig ob schwarz, gelb oder weiß – hat nicht einen sicheren Instinkt dafür, von welcher Seite eine Gefahr droht!

Adda war die einzige Zeugin meiner Tränen, als es sicher war, daß ich mein Flugzeug zurücklassen mußte. Und Adda stand, wieder einige Zeit später, an dem französischen »Potez«-Militärflugzeug, in dem mich der Generalgouverneur nach Bamako zurückholen ließ. Ich hatte inzwischen durch alle die Anstrengungen Fieber bekommen. Und Timbuktu war zu jener Zeit im April eine richtige Mausefalle. Es gab keine Eisenbahn, kein Auto und kein Flugzeug – außer den an anderen Plätzen stationierten Militärmaschinen.

Der Wasserstand des Niger war während dieser Monate so niedrig, daß man ihn nicht mit einem Motorboot befahren konnte. Adda verstand immer, wie mir zumute war. Sie legte zum Abschied schüchtern zwei Finger auf meine Hand und sah mich aus ihren schwarzen Augen traurig an.

Henri Lhote rief:»Au revoir, Elly! Kommen Sie bald nach hier zurück.«

Dreiunddreißig Jahre sollten vergehen, bis dieses Wiedersehen Wirklichkeit wurde. Wenn auch nicht in Timbuktu – leider!

Lhote war jetzt, während wir bekannten Flieger von damals mehr oder weniger in Vergessenheit gerieten, ein Mensch, um den man sich in jedem Land und in jedem Erdteil riß. Die Titel, mit denen er ausgezeichnet wurde, häuften sich – der wichtigste darunter: Mitglied der Académie française des Sciences d'Outremer. Er war also ganz in die Nähe der »Unsterblichen« gerückt – der ehemalige Flugschüler des berühmten Nungesser, welcher nach 45 Luftsiegen im Ersten Weltkrieg bei dem Versuch, mit seinem Landsmann Coly vor Lindbergh den Ozean zu überqueren, in den Wogen des Atlantik verschollen war. Lhote selbst war nur mit schweren Verletzungen beim Erproben eines neu in Dienst genommenen Flugzeuges dem Tode entgangen. Viele, viele Jahre seines Lebens hatte er der Sahara geopfert. Und es war wohl nur ein gerechter Lohn des Schicksals, das ihm diese großartigen Entdeckungen geschenkt hatte.

Endlich kam er nach Freiburg, wo ich seit einigen Jahren wohnte. Inzwischen waren wieder einige Jahre vergangen. Leider hatte ich auch nicht zu einem der Vorträge, die Lhote in der benachbarten Schweiz hielt, fahren können.
»Vous comprenez, Elly«, hatte er mir vor einiger Zeit geschrieben, »ces conférances ne m'amusent pas! Sie halten mich nur von der Arbeit in der Sahara oder an der Universität ab.«
Wir trafen uns vor seinem Vortrag beim Vorsitzenden der deutsch-französischen Gesellschaft.
Ich habe selten einen Menschen wiedergesehen, der sich nach über dreißig Jahren so wenig verändert hatte wie Henri Lhote. Die Aufnahmen in seinem Buch hatten nichts falsches dargestellt. Es war so, als wenn wir uns vor einigen Monaten zuletzt getroffen hätten. Wie das unter Weltreisenden immer so ist. Besonders unter denen von früher, als solche Unternehmungen noch etwas Besonderes waren.
»Das ist Irène«, stellte Lhote seine Frau vor.
Groß gewachsen, sehr gut aussehend und von überdurchschnittlicher Sicherheit und Gewandtheit erschien mir Irène Lhote als ideale Partnerin ihres Mannes bei allen repräsentativen Anlässen. In der Sahara konnte ich mir diese Frau allerdings nicht

vorstellen. Das war ja schließlich auch nicht nötig. In der Regel haben weiße Frauen im Innern der großen Wüste nichts zu suchen.

Die Überraschung kam etwas später, am Tag nach seinem Vortrag, als die Lhotes bei uns zu Hause zu Gast waren. Henri ließ sich das Buch geben, das uns wieder zusammengeführt hatte, um eine Widmung hineinzuschreiben.

Er durchblätterte die Seiten und machte zu dem einen oder anderen Foto, das er nicht als Dia in seinem Vortrag gezeigt hatte, ein paar Bemerkungen. (Ich verzichte darauf, näher auf den Inhalt des Buches einzugehen, es ist im Verlag Andreas Zettner, Würzburg – Wien bereits in mehreren Auflagen erschienen.)

Er schlug die Bilderseite der Mitglieder der ersten großen Tassili-Expedition auf: Georges Le Poitevin, Jaques Violet, Claude Guichard – und dann kam ein Mädchen mit lustigen Rattenschwänzen, das, an ein Beduinenzelt gelehnt, ernst vor sich hinsah, Irène Montandon. Und dann noch Philippe Letellier und Gianni Frassati.

Lhotes Finger verweilte auf dem Foto des Mädchens. »Der Gouverneur von Algier, der sehr viel für das Zustandekommen der Expedition getan hatte, befürwortete dringend, daß wir Mademoiselle Montandon, die ihr Diplom in der Berbersprache erworben hatte, mitnehmen sollten. Sie können sich unsere Begeisterung vorstellen!« schloß er lächelnd und sah seine Frau an.

»Inzwischen ist Irène bei fast allen meinen Saharareisen dabeigewesen – sie ist ein großartiger Partner. Wir fanden uralte Berberstädte mitten in der vegetationslosen Einöde der Sahara. Monatelang waren wir dort und Irène hat uns all die uralten, teils völlig rätselhaften Bräuche verständlich gemacht. So wenig begeistert wir damals waren, als sie zu uns kam, so wichtig wurde sie dann für uns als Expeditionsmitglied – na, Sie sehen ja selbst, wohin sie mich geführt hat!«

Ich mußte Irène Lhote immer wieder ansehen. Ich konnte mir diese Frau beim besten Willen nicht mit wettergegerbter Haut und abgebrochenen Fingernägeln monatelang in der Tagesglut und der Eiseskälte der Nächte in der Sahara vorstellen.
»Wie haben Sie das nur ausgehalten?« fragte ich sie. Denn ich kannte die große Wüste ein wenig.
Frau Lhote lächelte. »Bei der ersten Expedition bin ich nach einigen Monaten heimgekehrt – ich wurde einfach krank!«
Na, eben! Es beruhigte mich doch sehr, daß es auch bei dieser erstaunlichen jungen Frau weibliche Schwächen gab.

Sich mit Henri Lhote zu unterhalten bedeutet einen Weg über Weiten und Höhen und Tiefen, von denen der Durchschnittsbürger, der immer im Schutz unserer bequemen Zivilisation lebt, keine Vorstellung hat.
Natürlich weiß er, daß die Erschließung der unvorstellbaren Bodenschätze der Sahara in erster Linie das Verdienst jener Afrikaforscher ist, die unter härtesten Strapazen die gnadenlose Wüste durch ihre Tausende von Kilometern langen Ritte auf dem Kamelrücken durchquert haben. *Sie* machten die ersten Vermessungen und zeichneten die ersten Karten. *Sie* füllten manchen weißen Flecken auf den Landkarten mit ihren zuverlässigen Angaben und entdeckten jahrtausendealte Karawanenwege. *Sie* hungerten und dursteten. Manche schwere Krankheit wurde in der unendlichen Einsamkeit überstanden.
Erst nach Jahrzehnten harter Arbeit machte der Forscher seine großen Entdeckungen. In den Höhlen des Tassili-Gebirges fand Henri Lhote über zehntausend Felszeichnungen der Ureinwohner, die den Beweis erbrachten, daß die Sahara früher schon einmal fruchtbares Gebiet gewesen ist, das allmählich versteppte. Damals gab es dort Giraffen, Elefanten, Krokodile und Antilopen. Seinen Berechnungen nach müßte die Austrocknung der großen Wüste zwischen dem vierten und zweiten Jahrtausend v. Chr. begonnen haben.

Interessant ist, daß fast zur gleichen Zeit, als die Lhote-Expedition diese aufsehenerregenden Entdeckungen aus der Vergangenheit machte, die Feststellung der Ölvorkommen und reicher Bodenschätze die Zukunft der großen Wüste in den Blickpunkt des Gegenwartsgeschehens rückte.
Henri Lhote ist aber alles andere als ein versponnener Gelehrter, dem nur seine Forschungen etwas bedeuten.
Die Frage eines geeinten Europas liegt ihm ebenso am Herzen und er hält es für eine seiner wichtigsten Verpflichtungen, bei der Jugend Interesse für Fragen der Politik, des Patriotismus sowie für das echte Abenteuer zu wecken, das er bei seinen jungen Landsleuten schmerzhaft vermißt.

Ein Flug über den Schwarzwald erschien uns als sinnvoller Abschluß unseres Wiedersehens nach über dreißig Jahren.
Damals hatte Lhote in dem offenen Militärflugzeug gesessen, welches der Gouverneur, als ich einen Tag lang überfällig war, für die Suche nach mir zur Verfügung gestellt hatte. Er wußte, wie in der Sahara Stunden entscheiden können, ob ein Mensch am Leben bleibt. Ich hatte nach meiner Notlandung sehr darauf gehofft, daß Flugzeuge nach mir suchen würden.
Neben meiner »Klemm« hatte ich kleine Haufen von trockenen Zweigen aufgeschichtet und meine letzten Streichhölzer gelegt sowie etwas abgelassenes Benzin in einer Kalabasse bereitgestellt.
Während ich voller Ungeduld wartete, hörte ich das Motorengeräusch von mehreren Maschinen, immer in Abständen von Stunden. Das ging bis zum zweiten Tag nach meiner Landung. Doch keines der Flugzeuge hatte mich – trotz meines entzündeten Feuerchens und trotz meiner Versuche mit einem Spiegel die Sonne in ihrer Richtung zu reflektieren, entdeckt. Die Wüste war einfach zu groß.
Während wir jetzt gemeinsam über den Schwarzwaldgipfeln schwebten, erinnerte sich Henri Lhote: »Es war für mich der

schlimmste Augenblick, als wir nach mehreren Tagen Order bekamen, die Suche einzustellen. Ich sah im Geiste immer wieder vor mir ein Mädchen, das verdurstend unter den Trümmern seines Flugzeuges Schutz vor der grausamen Sonne der Sahara suchte. Es war für mich der fröhlichste Tag meines damaligen Lebens für viele Monate, als Sie dann fast eine Woche später mit ihrer Karawane von Eingeborenen in Timbuktu auftauchten.«

»Hab ich mit meinem von den Moskitos zerstochenen und zerkratzten Gesicht nicht recht komisch ausgesehen?«

»Dasselbe hat mich Irène auch gefragt – wie Sie ausgesehen hätten, als ich ihr zum erstenmal von unserem Treffen in Timbuktu erzählte. Daß euch Frauen diese unwichtigen Dinge selbst in solchen Situationen so viel bedeuten!«

Irène, die übrigens fließend deutsch spricht, meinte lächelnd: »Das wird Henri nie verstehen. Und das ist auch gar nicht nötig. Mir gefällt es im Sportflugzeug soviel besser als in den großen Maschinen, mit denen wir die weiten Anreisen machen müssen. Ich beneide Sie um Ihre Flüge zu jener Zeit, Elly!«

Bald schwiegen wir alle und überließen uns ganz dem Eindruck des Anblicks der untergehenden Sonne über dem herrlichen Schwarzwald.

Ein Stückchen Sahara in Paris.
Im Sommer 1965 konnte ich den Besuch von Henri und Irène Lhote erwiedern.
Die »Vieilles Tiges« (d. h. »alte Knüppel« – es sind die französischen Luftfahrtpioniere) hatten ihre deutschen Kollegen, die »Alten Adler«, zu einem Treffen nach Paris eingeladen. Ich bin recht stolz darauf, den »Alten Adlern« anzugehören – obwohl ich keine ganz waschechte Adlerin bin. Die Original- »Alten Adler« mußten ihren Flugzeugführerschein bis zum 1. Juli 1914 erworben haben. Damals begann ich gerade in die Schule zu gehen. Doch vor einiger Zeit bekam ich ehrenhalber

die Mitgliedschaft bei den verdienten deutschen Flugpionieren verliehen.

Ich fuhr also zu dem Treffen mit den »Vieilles Tiges« nach Paris. Henri Lhote nahm als ehemaliger französischer Militärflieger an verschiedenen der Veranstaltungen teil.

Am Abend bei einem Essen auf einem Seine-Dampfer kam es zwischen einigen »Alten Adlern« und Lhote – alle waren als Teilnehmer oder präziser gesagt als Gegner während des Ersten Weltkrieges gegeneinander geflogen – zu einer freundschaftlichen Szene, wie sie uns die Fliegerei schon öfters beschert hat. Ein über achtzig Jahre alter ehemaliger Fliegeroffizier, der an unserem Tisch saß, sprang auf und hielt mit jugendlichem Schwung eine kleine Rede auf den Feind von damals. Dann nahm er sein altes Fliegerabzeichen von seinem Rockaufschlag und überreichte es Henri Lhote, der diese Ehrung mit stolzer Freude entgegennahm.

Am letzten Abend war ich bei den Lhotes zu Gast in deren kleinen Pariser Wohnung in der Nähe des »Etoile«.

Der erste Gruß aus der Wüste raste an der Tür auf uns los und ließ ein dumpfes, böses Grollen hören, das mir nicht gefiel.

Irène hatte mir schon am Tag zuvor von dem Slugi erzählt, den sie von den Tuaregs als Welpen bekommen hatte. Als das Ende der Expedition herangekommen war, wollten die Tuaregs den Hund nicht zurücknehmen. »Ihr habt ihn verwöhnt, er hat Fleisch bekommen – der kann nicht mehr bei uns leben«, sagten sie.

Die Lhotes waren recht unglücklich. Sie wußten, daß die Tuaregs den Slugi nach ihrer Abreise erschlagen würden. Sie wußten aber auch, daß ihr Leben in Paris und auf Vortragsreisen keinen Platz für diesen Kameraden aus der Wüste hatte – eigentlich nicht!

Und damit war schon der Entschluß gefallen.

Slugi kam mit nach Europa und lebt nun hier im Schatten des »Arc de triomphe«.

Ein merkwürdiges, ganz undurchschaubares Tier. Er hat einen starken Blutsanteil vom Schäferhund. Der andere Teil stammt aus der Wüste. Manchmal sieht er aus wie ein übergroßer Wüstenfuchs, dann wieder wie ein riesiger Schakal. Und plötzlich läßt er die Ohren herunterfallen und schließt die Augen und gleicht einem ganz harmlosen zu groß geratenen Terrier. Doch nur solange nichts seinen Unwillen oder seine Aufmerksamkeit erregt. Irène warnte uns, ihn weder zu streicheln noch ihm aus der Hand etwas zu fressen zu geben. Er sei unberechenbar. Das spürte man auch. Und doch lag etwas Verlorenes in seinem Blick, wie es unsere europäischen Hunde nicht haben.
Henri Lhote zeigte uns hinreißende Großkopien der Felszeichnungen, die er im Tassili entdeckt hatte. Sie waren in der Wirkung um vieles eindringlicher als die Abbildungen in seinem Buch oder auch die Dias im Vortrag.
Stolz zeigte er uns zehn verschiedene Ausgaben seiner Bücher, die in achtzehn Sprachen übersetzt worden sind. Großfotos vom Empfang bei de Gaulle, von Irène beim Durchschneiden des Bandes zur Erölffnung der Lhotschen Ausstellung in Tokio – Ehrengaben aus aller Welt.

Henri und Irène waren gerade von der Eröffnung ihrer Ausstellung in Prag zurückgekommen – tief beeindruckt von dem Bildungshunger der Tschechen und von deren Liebenswürdigkeit. Die gesamte tschechische Erstauflage von Lhotes Buch war schon beim Erscheinen vergriffen. Diese Auflage war größer als die in Deutschland bis zum heutigen Tag!
Und da waren Aufnahmen mit Tuaregs in Paris.
Henri hatte einige Chefs im Auftrage der Regierung einladen dürfen. Irène hatte sie dann in ihr Haus an der Loire mitgenommen. Es muß für alle Beteiligten ein unbeschreibliches Erlebnis gewesen sein, als die Wüstenkinder die Funktion der Wasserhähne im Badezimmer begriffen hatten. Wasser – Wasser! Wie

oft hatte in der Sahara bei einem Kamelritt, beim aufkommenden Sandsturm ihr Leben von ein wenig Wasser abgehangen.
Und hier gab es das in jeder gewünschten Menge. Es war ein Wunder! Und sie genossen dieses Wunder hemmungslos für Stunden – bis die Fußböden im ganzen Haus überschwemmt waren.
Und um sich am Fleisch satt zu essen, brauchte man nicht das Schlachten eines Tieres abzuwarten oder das mühsame Ergebnis einer Jagd in der Wüste. Da ging man mit Madame in einen Fleischerladen und eine Stunde später konnte man sich mit einer vielpfündigen Keule den Magen so richtig vollschlagen – der Gastgeberin wurde nach einigen Tagen Angst und Bange vor diesem nicht nachlassenden Heißhunger.
Doch Irène, geborene Montandon, ehemals Studentin der Berbersprache, wurde als gleichwertige Partnerin ihres weltberühmten Mannes auch mit dieser Situation fertig. Und Slugi, der Hund aus der Wüste hatte für eine Weile ein wenig von den Gerüchen seiner Heimat in der Nase.
Auf Wiedersehen, Henri und Irène Lhote. Hier in Europa oder in der Sahara. Das kann man bei uns nie vorher wissen. Doch Menschen wie wir müssen sich einfach von Zeit zu Zeit begegnen.

Richard Halliburton
9. Januar 1900
verschollen Ende März 1939

22 Der große Abenteurer – so elegant hatte ich ihn allerdings nie erlebt

Unter meinen vielen Begegnungen am Himmel gab es auch einen Fliegenden Teppich. Natürlich. Das hätte gar nicht anders sein können, wenn es überhaupt einen solchen gab. Auf, oder besser ausgedrückt, in diesem Fliegenden Teppich saßen zwei Männer. Das mußte wohl so sein, denn sonst hätte niemand etwas von diesem Wunderteppich gehabt, der seine Besitzer um die Welt tragen sollte. Nur duch Menschenwünsche sind schließlich überhaupt solche Zauberteppiche entstanden. Es wäre witzlos, wenn so ein Ding ganz unbesetzt über die Lande fliegen würde.

Diese Begegnung bedeutete für mich viel mehr als nur ein Treffen am Himmel. Es war ein gemeinsames glückliches Wandern unter den Wolken über Persien, Indien, über Burma und Thailand bis an den Äquator.

Mein »Flyling Carpet« entsprach zwar nicht ganz der Vorstellung, die man sich nach dem orientalischen Märchen von ihm macht. Er war aus Metall, hatte zwei Flächen übereinander und einen Rumpf, in dessen Vorderteil ein Motor eingebaut war.

Sein Besitzer hieß Richard Halliburton und war eines der verrücktesten Hühner seiner Zeit und außerdem der Autor des amerikanischen Bestsellers der frühen dreißiger Jahre »Die königliche Straße der Romantik«. Dieses Buch war ein Jahr nach seinem Erscheinen in zehn Sprachen übersetzt worden.

Der junge Amerikaner war mit zwanzig Jahren, getrieben von glühender Begeisterung für alle echte Romantik, auf einem Frachter über den Ozean gefahren. Er bestieg das Matterhorn, besuchte Andorra, Ägypten und Indien sowie das damals den

Europäern streng verbotene Tibet, danach Siam, Bali, China und Japan. Dann veröffentlichte er den besagten Hunderttausender und hatte nun die endgültige Linie für seine ferneren Reisen gefunden.

Von jetzt an folgte er den Spuren der großen Eroberer. Nachdem er als Odysseus des zwanzigsten Jahrhunderts die Irrfahrt vom Trojanischen Krieg nachgelebt hatte, schrieb er darüber sein nächstes Erfolgsbuch »The glorious Adventure«. Anschließend folgte er den Spuren von Cortez und später denen des Robinson Crusoe.

Er hatte den Olymp erstiegen, das Marathonrennen gelaufen und den Hellespont durchquert. Als »Steamyship Halliburton« durchschwamm er den Panamakanal vom Atlantik bis zum Pazifik, begleitet von einem Boot, auf dem ein Scharfschütze postiert war.

Und nun war Dick Herrscher des »Fliegenden Teppichs«. So hatte er seinen »Stearman«-Doppeldecker getauft, der voll kunstflugtauglich mit einem leuchtend roten Rumpf und mit goldenen Flügeln ausgestattet war. Es sollte einen königlichen Flug auf der königlichen Luftstraße der Romantik geben.

Halliburton hatte nach der ersten Serie seiner großen Abenteuer redlich versucht, sich in einem mehr oder weniger bürgerlichen Beruf zurechtzufinden. Doch er mußte diese gute Absicht aufgeben. Das Experiment verlief alles andere als zufriedenstellend. So kehrte er reumütig auf die verlockende Straße des Abenteuers zurück.

Er machte einen Versuch, selbst fliegen zu lernen. Doch da waren ihm Grenzen gesetzt, die keinen Raum mehr für eine ausreichende Sicherheit für Dick selbst, für andere Menschen, sowie für Kühe, Zäune und Schafe garantierten. Außerdem konnte er einen Splint nicht von einem Glühfaden unterscheiden.

So mußte er nicht nur einen Piloten suchen. Dieser sollte auch ein überdurchschnittlicher Techniker und ein verständnisvoller Reisebegleiter sein, dem es darüber hinaus nichts ausmachte, jeden plötzlichen verrückten Einfall Halliburtons mit Hilfe des »Fliegenden Teppichs« zu verwirklichen. In Moye Stephens fand Dick genau den Mann, den er suchte – wie nach Maß geschneidert. Moye hatte ein Stanford-Jura-Studium hinter sich und sollte eigentlich die Anwaltspraxis seines Vaters übernehmen. Besuche auf dem Flugplatz von Los Angeles hatten ihn mit Haut und Haaren an die Fliegerei ausgeliefert. Durch Arbeit als Amateur-Mechaniker verdiente er sich seinen Flugzeugführerschein. Inzwischen hatte er drei Jahre Erfahrung als Luftlinienpilot über den Rocky Mountains hinter sich.

Das Abkommen zwischen den beiden Männern war innerhalb von einer halben Stunde geschlossen worden und am nächsten Tag waren sie unterwegs auf dem Flug um die Welt in ihrem »Flying Carpet«.

Beinahe hätten wir uns schon in Timbuktu im Frühjahr 1931 getroffen. Doch ich war früher als vorgesehen und Dick und Moye später als geplant dort gewesen. Sie hörten da sehr viel über mich. Meine recht abenteuerliche Notlandung am Südrande der Sahara hatte die Gemüter reichlich und anhaltend bewegt. Durch den Verlust meiner Maschine, die zwar heil im Wüstensand stand, die man aber nicht zur Reparatur nach Timbuktu transportieren konnte, hatte ich während meines Aufenthaltes dort unten reichlich viel um die Ohren. Es interessierte mich darum nicht sonderlich zu hören, daß demnächst zwei amerikanische Flieger erwartet wurden.

Soweit die Vorgeschichte.

Im Dezember 1931 war ich wieder unterwegs. Allein in einer 80 PS Argus-Klemm L 26. Ziel war vorerst einmal Bali.

Damals gehörten Notlandungen noch zum täglichen Brot von uns Sportfliegern. Ich besaß schon allerlei Erfahrungen auf dem Gebiet. Auf diesem Flug hatte ich innerhalb von einigen tausend Kilometern Strecke bereits zum zweitenmal unfreiwillig herunter müssen.

Zwischen Bagdad und Bushire begann mein Motor abwechselnd zu knallen und zu spucken. Ich hielt eifrig nach einer Notlandemöglichkeit Ausschau. Mit der letzten Propellerumdrehung quälte ich mich bis in die Nähe eines persischen Dorfes und setzte mich dort erleichtert auf ein vertrocknetes Feld. Unsauberes Benzin hatte meinen Motor völlig verschmutzt. Ich konnte ihn selbst reinigen. Dann versuchte ich mit Hilfe von Zeichen einen persischen Bauern zu veranlassen, meine Andrehkurbel zu bedienen, während ich selbst den Motor einschaltete und Gas gab. Dabei wäre mir um ein Haar einer der Männer in den eben anlaufenden Propeller gesprungen.

Da es niemanden in diesem Ort – er hieß übrigens Bandar Dilam – gab, mit dem ich mich in irgendeiner Sprache verständigen konnte, gab ich diese gefährlichen Versuche auf. Die Nacht verbrachte ich auf echten geknüpften Teppichen auf dem Boden der örtlichen Polizeistation liegend. Nur zu meinem Schutz, wie mir später versichert wurde. Es war der einzige absperrbare Raum im Dorf.

In der Luftlinie war ich 150 Kilometer von Bushire entfernt. Bis dorthin wäre ich durchgeflogen, wenn mein Motor nicht gestreikt hätte. So fuhr ich am nächsten Tag mit einem unbeschreiblich klapprigen Postauto, das bis auf die Trittbretter mit Personen und ihrer halben Wohnungseinrichtung vollgestopft war, nach Bushire. Mein Flugzeug ließ ich höchst ungern zurück. Doch ich durfte es nicht auf einen Unfall beim Starten ankommen lassen. In Bushire würde ich sicher einen Mechaniker finden. Ich fand einen. Und was für einen!

Er hatte akademische Bildung – und er verfügte über einen fliegenden Teppich. Es war wirklich wie im Märchen.

Am nächsten Morgen kletterte ich zu Moye in die »Stearman« und nach einer knappen Stunde kreisten wir über meiner verlassenen »Klemm«. Es war herrlich gewesen, als ich am Abend vorher, begleitet von einer Horde sehr abenteuerlich aussehender Perser in dem Rasthaus des Herrn Kazzaroni landete.

Der vermeintliche Hotelmanager, der da an einem wackligen Schreibtisch saß, war ein Sportflieger wie ich auch. Mir erschien das alles plötzlich fast zu schön um wahr zu sein. Doch es war am nächsten Morgen noch genau so wirklich und ich war nur glücklich, daß der Besitzer des »Fliegenden Teppichs«, Halliburton, erst später erwartet wurde. So nahm Moye Stephens, sein Pilot, die Verantwortung für diese Rettungsexpedition auf seine Kappe.

Am Spätnachmittag flogen wir mit beiden Maschinen nebeneinander zurück nach Bushire. Ich war froh, daß mein kleines Flugzeug wieder auf einem richtigen Flugplatz schlafen konnte, wo es hingehörte.

Nach unerer gemeinsamen Reise am Himmel fanden wir in Bushire den Besitzer des »Fliegenden Teppichs« vor. Er war in einer recht kläglichen Verfassung und entsprach nicht der Vorstellung, die ich mir nach Moyes Schilderungen von dem Nachfolger der großen Eroberer gemacht hatte.

Dick Halliburton hatte hohes Fieber. Beinahe 40 Grad.

Als ich mich an sein Bett setzte und mich für die wertvolle Hilfe des »Flying Carpets« und seines Piloten bedanken wollte, flüsterte Halliburton: »Morgen früh fliegen wir mit beiden Maschinen nach Djask, Elly – und dann nach Indien. Dort werden wir Weihnachten verleben.«

Ich sah zu Moye hinüber.

Der zog die Schultern hoch und schüttelte den Kopf.

»Nichts zu machen«, versicherte er mir später, als Dick eingeschlafen war und wir in der Halle saßen. »Der tut genau, was er will, und wenn er sich damit umbringt!«

Wir flogen tatsächlich am nächsten Morgen.

Dicks Fieber war nur wenig heruntergegangen. Doch er bestand darauf zu starten. Er hatte sich in Delhi bei amerikanischen Freunden zu Weihnachten angesagt. Bis dahin war es noch ein weiter Weg für die paar Tage bis zum 24. Dezember.

Halliburton wurde von Moye und mir in Decken eingehüllt bis

über die Ohren. Darüber bekam er einen dicken Mantel angezogen. So wurde er in den offenen Begleitersitz der »Stearman« gepackt und los ging die Reise.
Es folgten verzauberte Tage.
Nur zu Beginn waren sie durch Dicks schlechten Gesundheitszustand etwas getrübt. Doch nur für Moye und mich, weil wir uns verantwortlich fühlten. Ihm selbst machte das gar nichts aus. Das hohe Fieber hielt weiterhin an. Er schleppte sich bleich und hohläugig vom Nachtquartier ins Auto und von dort ins Flugzeug. Und nach der Landung ging es wieder umgekehrt. Manchmal flog ich unterwegs nahe an den »Fliegenden Teppich« heran. Dick saß mit herabhängendem Kopf und geschlossenen Augen hinter der Fliegerbrille auf seinem Platz. Ein paarmal dachte ich, er sei ohnmächtig geworden und gab Moye ein Zeichen. Der rüttelte ihn dann wach. Doch bei der Landung war der Herr des »Fliegenden Teppichs« wieder recht munter »... ich habe mir unterwegs nur alle Stichworte für meinen nächsten Zeitungsartikel eingeprägt«, erklärte er seine beängstigende Haltung unterwegs.
Die Nacht in Djask, einem Fischerdorf am Persischen Golf, werde ich nie vergessen.
Wir hatten unseren Patienten endlich in einem Feldbett in einer Hütte direkt am Flugplatz untergebracht. Als Moye und ich unsere Maschinen für den nächsten Tag versorgt hatten, setzten wir uns an sein Lager. Sein Fieber, das wieder bis auf 39 Grad gestiegen war, hinderte ihn nicht daran, mir eine mitreißende Schilderung seiner Abenteuer zu geben. Ich kam mir mit meinen Erlebnissen dagegen wie ein Mädchen aus der Provinz vor! Es gab keinen berühmten Platz auf dieser Welt, den Halliburton noch nicht gesehen hatte. Doch für ihn als Weltreisenden mit eigener Note hatte sich damit nichts erschöpft. Jetzt begann er überall seine privaten Weltwunder zu entdecken. Und dazu war der »Fliegende Teppich« das ideale Beförderungsmittel. Neben seiner glühenden Begeisterung für jedes romantische

Abenteuer besaß Dick einen äußerst gesund entwickelten Geschäftssinn. Er schrieb immer gerade soviel, um sich jeweils das leisten zu können, was er sich wünschte. Zur Zeit war es die nicht billige Unterhaltung der »Stearman« sowie die hohen Reisekosten für sich und für Moye. Doch man mußte ihn nur erzählen hören, dann wußte man, daß seine in vielen Zeitungen Amerikas laufend erscheinenden Artikel ihr Dollarhonorar wert waren.
Wir gründeten einen Timbuktu-Club. Ich wurde zur Präsidentin ernannt. Moye putzte mir meine Kerzen und machte schwerere Arbeiten an meinem Flugzeug. Dafür nähte ich ihm und Dick die Knöpfe an und schnitt beiden mit meiner Nagelschere die Haare. Die hatten es sehr nötig. Mit meiner bisher nie erprobten Fertigkeit als Friseuse machte ich bemerkenswert gut aussehende Männer aus ihnen.

Wir flogen weiter nach Karachi.
Dick hatte wieder oder besser gesagt immer noch hohes Fieber. Aber es war jetzt wenigstens um ein paar zehntel Grad niedriger. Mir machte langsam das Tempo der beiden Männer etwas zu schaffen. Es war nicht nur das sehr frühe Aufstehen jeden Morgen lange vor Sonnenaufgang. Es war das späte Insbettgehen. Bei den Unterhaltungen bis in die Nacht hinein wurde geraucht und Whisky getrunken. Den Männern machte das überhaupt nichts aus. Doch ich konnte das über ein paar Tage hinaus nicht durchhalten und entschloß mich schweren Herzens, Moye und Dick allein nach Delhi weiterfliegen zu lassen.
Es war der dreiundzwanzigste Dezember.
Bis nach Delhi waren es noch 1200 Kilometer.
Zum erstenmal in meinem Leben würde ich Weihnachten nicht zu Hause bei meinen Eltern verbringen.
Bis zur Dunkelheit hatte ich auf dem Flugplatz von Karachi an meiner Maschine zu arbeiten. Moye mußte mich allein zurücklassen, weil Dick, der natürlich wieder Fieber hatte, so schnell es ging ins Bett gesteckt werden sollte.

Am nächsten Morgen mußte wieder vor Sonnenaufgang gestartet werden. Verschiedene Leute am Flugplatz hatten mich eingeladen, Weihnachten zu ihnen zu kommen. Was sollte ich am Heiligen Abend bei fremden Menschen? Recht spät kam ich in unser Hotel und wollte gleich schlafen gehen. Mir graute vor dem nächsten Tag.

Doch das ließen meine Vatis – sie hatten sich zu meinen Daddies ernannt – nicht zu. Ich mußte mit ihnen essen und dann baten sie darum, noch einen Whisky auf meinem Zimmer trinken zu dürfen. Ihnen war es genau so gräßlich, mich allein zurückzulassen. Doch sie hatten ihren Freunden aus der Heimat fest zugesagt, am Heiligen Abend bei ihnen in Delhi zu sein. Nur um dieses Versprechen einzuhalten hatte Dick die tagelange Fliegerei mit hohem Fieber auf sich genommen.

Mir wurde von Minute zu Minute trübseliger zumute, wenn ich an den kommenden Tag dachte. Trotz meiner großen Müdigkeit hatte ich einfach keine Lust zu schlafen.

Schließlich nahm Dick – wie üblich – die Entscheidung in die Hand. Inzwischen war es wieder fast Mitternacht geworden.

»So«, sagte er abschließend, »jetzt wird unser Kind brav ins Bett gehen und ein paar Stunden ganz schnell und tief schlafen. Morgen früh fliegt es dann mit uns nach Delhi. Dort bringt der Weihnachtsmann eine wunderschöne Puppe von den beiden Daddies. Mit Schlafaugen.«

Ich nickte nur müde. Zum Protestieren war ich nicht mehr in der Lage. Die beiden zogen sich geräuschvoll zurück und ich war fast sicher, daß ich zwanzig Stunden durchschlafen würde.

Am 24. Dezember wurde ich früh um vier Uhr dreißig herausgeklopft. Die paar Stunden Schlaf hatten einen anderen Menschen aus mir gemacht. Ich war so munter und ausgeruht wie selten. Ein Wunder. Bevor der Tag graute, hatten wir unsere Motoren gestartet und blaue Flammen schossen aus den Auspuffrohren. Ehe die Sonne über dem Horizont auftauchte, waren wir in der Luft.

Bei längeren Strecken machte sich die größere Geschwindigkeit der »Stearman« erheblich bemerkbar. Mit der Zeit verloren wir uns unterwegs aus den Augen und in der Regel erwarteten mich meine Kollegen schon am nächsten Landeplatz. Besonders angenehm war für mich bei dem Zusammenfliegen mit zwei Flugzeugen auf den gleichen Etappen der Gedanke, daß im Falle einer Notlandung sehr bald eine Suchmaschine zur Hand sein würde. Denn hier gab es Strecken von Hunderten von Kilometern, wo auf Hilfe vom Boden nicht zu rechnen sein würde.

Mit allerlei Gegenwind ging es über Jodhpur in wärmere Zonen. Die Flugbegeisterung des Maharadschas von Jodhpur war in der ganzen Fliegerwelt bekannt. Doch er war gerade auf Jagd in Afrika. Außerdem hätten wir auch keine Zeit gehabt zu bleiben. Er hatte uns einen Mercedes zum Platz geschickt und wir wurden eingeladen, die Feiertage in dem wundervollen Gästehaus zu verbringen.

Wir fuhren nur zu einer kurzen Besichtigung der Residenz des Maharadschas in die Stadt, tankten und waren wieder in der Luft. Es wurde wärmer und wärmer.

Unterwegs schälte ich mich aus einigen meiner winterlichen Hüllen.

Die Besiedelung der Landschaft unter mir nahm zu. Ich ging näher an den Boden heran, um soviel wie möglich vom Flug über das Wunderland Indien in mich aufzunehmen.

Diesmal kam ich zuerst an.

In Delhi warteten auf dem Flugplatz eine Menge Leute. Sie waren recht enttäuscht, als ich aus meiner »Klemm« kletterte. Doch als kurz nach mir der »Fliegende Teppich« landete, war die Freude doppelt groß, als meine Vatis mich als ihr Fliegerkind vorstellten.

Hier hatten wir unseren ersten richtig großen Empfang, der allerdings der Berühmtheit des Autors der »Royal Road of Romance« galt.

War das schön, an diesem Abend mein Flugzeug in die Halle zu rollen! Gräßlich der Gedanke, ich wäre allein in Karachi zurückgeblieben! In der Stadt gab ich ein Telegramm an meine Eltern in Hannover auf, die – genau wie ich – zum erstenmal nach vierundzwanzig Jahren wieder allein sein würden. Damit, daß sie als Ersatz für mich ein so nettes Adoptivkind gefunden hatten wie ich meine »Vatis«, war wohl kaum zu rechnen.

Drei kleine Tannenbäume hatte ich um mich herum aufgebaut, als ich am Heiligen Abend in meinem Hotelzimmer in Delhi große Gala anlegte. Zwei waren per Luftpost für mich geschickt worden. Den dritten hatte ich vorsichtshalber selbst mitgenommen. Daß ich ein so wunderschönes Weihnachtsfest hier in Indien erleben würde, war eine unerwartete freudige Überraschung. Ich hatte Angst davor gehabt.
Dick war bei seinen Freunden eingeladen, Moye natürlich ebenfalls. Er hatte sich aber entschuldigt, um mir Gesellschaft zu leisten. Ich verspürte keine Lust, diesen Abend im großen Kreis fremder Leute zu verbringen. So aßen wir im Hotel und gingen dann in einen Club. Dort wurde dieser Abend mit Tanz und Papierschlangen gefeiert.
Mitten in all dem Trubel hatten wir ein kleines Stückchen ruhiger Fliegerwelt für uns. Moye erzählte aus seinem Leben, von seinen oft sehr gefährlichen Passagierflügen in der Nacht über die eisigen Rocky Mountains, von seiner Jugend – von diesem Flug. Da es tropisch heiß war, störte uns der fröhliche Lärm wenig. Man war sehr weit von zu Hause und seiner Weihnachtsstimmung fort.

Nach sechs Tagen flogen wir mit unseren beiden Maschinen weiter nach Agra. Zu dem weltberühmten Grabmal einer großen Liebe, dem Taj Mahal. Der Schah Djehan hatte es vor über 300 Jahren für seine früh verstorbene Lieblingsfrau Arjemand gebaut. Seine geheimnisvolle Marmorschönheit sollte als Symbol einer unvergänglichen Liebe die Zeiten überdauern.

Wir fliegenden Kinder des zwanzigsten Jahrhunderts brachten einige Bedenken gegen eine solche in allen Weltreiseprospekten angepriesene Sehenswürdigkeit mit an den Ganges. Wir hatten so viel einsame Schönheit unterwegs auf unseren Flügen erlebt, die uns ganz allein gehörte. Darum hatte Dick Halliburton so seine eigenen Vorstellungen, wie er diesem modernen Weltwunder für seine Leser eine neue Perspektive abgewinnen konnte.

Der »Fliegende Teppich« sollte *im Rückenflug* den Taj Mahal umfliegen. Und ich sollte diesen historischen Augenblick auf die Platte bannen. Während der dann folgenden Vollmondnacht wollte Dick mit Hilfe bestochener Wächter in dem vor dem Mausoleum liegenden lilienbedeckten Teich ein Bad nehmen. Richard Halliburton fürchtete sich vor nichts – auch nicht vor dem rächenden Geist des Kaisers Djehan.

Wer anders als ein amerikanischer Journalist konnte auf eine solche Idee kommen!

In Kalkutta trafen wir gerade rechtzeitig ein, um dem Bengal-Flying-Club für das Programm eines geplanten Flugtages zu Ehren des Maharadschas von Nepal unsere Teilnahme anzubieten.

Der Herrscher dieses den Europäern damals noch weitgehend verschlossenen Landes war über die Feiertage mit seinem Hofstaat nach Kalkutta gekommen. Die indischen Flieger brannten darauf, ihm ihre schon damals recht gut entwickelte Sportfliegerei in der Luft vorzuführen.

Moye und ich waren nach der vielen Geradeausfliegerei nur zu gern bereit, uns wieder einmal richtig unter dem Himmel auszutoben und bei dieser Gelegenheit ein kleines privates Turnier auszutragen. Der »Fliegende Teppich« startete vor mir.

Ich bekam viel mehr zu sehen, als ich erwartet hatte, nachdem die Weltreisemaschine erst einmal völlig ausgeladen war. Denn es wäre nicht im Sinne des Gastgebers gewesen, wenn plötzlich dem Maharadscha oder einem Angehörigen seiner Begleitung ein Schraubenschlüssel oder eine Whiskyflasche – die die »Stear-

23 Halliburton (rechts) und Stephens vor ihrem »Fliegenden Teppich«

24 Die »Stearman« vor unserem Kunstflugprogramm in Kalkutta

man« immer in mehreren Exemplaren an Bord hatte – auf den Kopf gefallen wäre. Beim Rückenflug geht so etwas sehr schnell. Ich hätte während meinen kunstfliegerischen Anfängen beinahe einmal einen Luftpolizisten auf diese Weise an den Boden genagelt.

Moye Stephens führte ein tolles Kunstflugprogramm vor. Er hatte schon mehrfach in Hollywood als sogenannter »stuntpilot« beim Film irgendwelche tollkühnen Helden gedoubelt, die selbst noch nie einen Steuerknüppel in der Hand gehabt hatten. Er zeigte eine völlig andere Auffassung von Kunstflug, als wir sie in Europa kennen. Doch sie war ungeheuer wirkungsvoll. Ich konnte dem »Fliegenden Teppich« nicht das Wasser reichen. Mein Tiefdecker mit den sehr langen Flächen war an sich dem wendigen Doppeldecker schon unterlegen. Dann war auch mein Motor im Vergleich viel zu schwach. Ich schnitt etwas kümmerlich bei diesem Wettbewerb ab. Aber dafür war ich schließlich ein Mädchen. Jedenfalls war der Herrscher aus dem Himalaya tief beeindruckt von dem, was er hier zum erstenmal zu sehen bekam. Er ließ den Amerikanern und mir eine Einladung in sein geheimnisvolles Land übermitteln.

Es tut mir heute noch leid, daß ich sie wegen meiner schon festgelegten Pläne nicht angenommen habe. Damals erschien es mir so einfach, bald in Ruhe wiederzukommen. Doch darüber vergingen sieben Jahre. Der Zweite Weltkrieg stand vor der Tür, und zu Hause wartete mein kleiner Sohn darauf, daß seine Mutter zurück war, ehe wieder alle Länder ihre Grenzen zumachten.

Später hörte ich dann, daß der Maharadscha dem Bengal-Flying-Club als Anerkennung für diesen zu seinen Ehren zur Jahreswende 1931/32 in Kalkutta veranstalteten Flugtag eine Maschine geschenkt hat.

Wir dehnten unser Wandern unter dem Himmel immer weiter aus. Unser nächstes Ziel war der Himalaya.

Keiner von uns konnte ihn überfliegen. Unsere Gipfelhöhe reichte nicht aus, um auf die fast 9000 Meter Höhe des Mount Everest zu kommen. Die meine war noch geringer als die des »Flying Carpet«, sie lag bei guten 4000 Metern. Und selbst darauf konnte ich mich unter den tropischen Bedingungen hier so nahe am Äquator nicht einmal fest verlassen.
Damals war der höchste Berg unserer Erde weder überflogen, geschweige denn bis zum Gipfel erstiegen worden.
In Kalkutta hatte ich Herrn Dupuis kennengelernt. Er leitete in Darjeeling eine Autovertretung und kannte sich überall im Himalaya bestens aus. Er riet mir, direkt am Südhang der großen Bergkette auf dem Poloplatz von Baghdogra zu landen. Dort sei eine ausreichend große ebene Fläche. Weiter nördlich würde es keine Landemöglichkeit mehr geben.
Selbstverständlich gab ich meinen Geheimtip an den »Fliegenden Teppich« weiter. Dick und Moye hatten ohnehin die Absicht gehabt, soweit wie möglich in den Himalaya hineinzufliegen. Sie waren sehr erfreut über meinen Vorschlag, ebenfalls nach Baghdogra zu kommen, besonders nachdem Herr Dupuis mir sogar eine Karte von dem Landeplatz geschickt hatte.
Ich flog zuerst nach Norden.
Herr Dupuis hatte sich ausgebeten, mit mir nach Kalkutta zurückfliegen zu dürfen. In Baghdogra war ich wieder einmal das erste Flugzeug überhaupt, das dort landete. Am Nachmittag kamen dann meine Adoptivväter.
Hier empfing uns ein ganz anderer Menschenschlag als unten in der Ebene, mit breiten, mongolisch geschnittenen Gesichtern. Diese Menschen waren aus den Bergen heruntergekommen, um hier Handel zu treiben. Sie wirkten verschlossen und irgendwie hilflos. Doch sie strömten eine große Würde aus.
Mein Flugzeug erstaunte sie bis zur Fassungslosigkeit.
Später verankerten wir unsere Maschinen.
Man hatte uns einige Polizisten zur Bewachung zugeteilt. Wir sagten diesen, daß zwar alle Menschen unsere Maschinen anse-

hen, aber sie weder berühren noch die Flächen betreten dürften. Sonst würden sich die in ihnen wohnenden bösen Geister an ihnen rächen. So waren wir einigermaßen sicher, daß wir unsere Flugzeuge unberührt wieder vorfinden würden. Durch unser Zusammentreffen mit dem Maharadscha von Nepal waren wir in der beneidenswerten Lage, daß wir sein Land überfliegen durften. Bisher war es vor uns nur einem einzigen Piloten gelungen, diese Erlaubnis zu bekommen. Es war der englische Rekordflieger Sir Allan Cobbam. Wir hatten uns diese Überfluggenehmigung im wahren Sinne des Wortes »mit Kunst« erflogen. Der nepalesische Fürst hatte einen solchen Spaß an unseren Figuren am Himmel gehabt, daß beim erstaunten Kopfschütteln sein langer weißer Bart wie eine Fahne hin- und hergeweht hatte.

Bevor wir unseren alles andere als ungefährlichen Flug starteten, wollten wir uns diese gewaltigste Bergkette der Welt zuerst einmal vom Boden aus ansehen. Außerdem hatten wir eine leise Hoffnung, irgendwo weiter nördlich und höher droben doch noch eine weiter vorgeschobene Landemöglichkeit für unsere Maschinen zu finden. Schließlich hatten die Männer vom »Fliegenden Teppich« und ich immerhin einige Erfahrung mit Landungen auf sehr kleinen Plätzen.

Doch bald mußten wir feststellen, daß wir uns eine recht naive Vorstellung vom Himalaya gemacht hatten. Hier drinnen konnte man nur froh und dankbar sein, solange der Motor lief und man selbst möglichst hoch über diesem für eine Landung völlig ungeeigneten Gelände schwebte.

Unser erstes Ziel mit einem Auto, Darjeeling auf 2000 Metern Höhe, ist von Baghdogra gerade dreißig Kilometer in der Luftlinie entfernt. 700 Kurven – immer am Steilhang der Berge entlang, sind nötig, um diesen Höhenunterschied zu überwinden. Das soll heißen, damals, 1932, war das so. Inzwischen bin ich nicht wieder dort oben gewesen. Leider!

Bisher hatte ich mich, aus Europas Winter kommend, immer

weiter ausgeschält. Nun zog ich wieder ein Stück über das andere – trotz der Äquatornähe war es abends empfindlich kalt, besonders im Hotel, da man kein Feuer für uns angezündet hatte. Wir kamen ohne Anmeldung.

Am nächsten Morgen lag das ganze Kantschindschanga-Massiv, nur knapp dreihundert Meter niedriger als der Mount Everest, in einem geradezu überirdischen Licht mit seinen Eismassen vor uns. Um einen Blick auf den Kaiser aller Berge werfen zu können, hätten wir – bei dieser Kälte! – um zwei Uhr in der Frühe aufstehen müssen, um vor Sonnenaufgang nach einem Maultierritt von drei Stunden auf dem Tiger Hill zu sein. Und dann wäre es eine reine Glücksache gewesen, ob der Mount Everest nicht in Wolken gehüllt war.

Ich schämte mich zwar sehr über meinen mangelhaften Entdeckergeist. Doch bei Kälte läßt dieser immer erheblich nach. Ich dachte dafür mit unendlichem Respekt an die Bergsteiger, die diese Eisriesen erobert hatten. So etwas wie ein solcher Morgenritt wäre für sie nur eine herrliche Erholung gewesen.

Dick rettete unsere Fliegerehre. Am Morgen seines zweiunddreißigsten Geburtstages machte er sich auf zum Tiger Hill und kam strahlend wie ein kleiner Junge nach sieben Stunden zurück. Er hatte mit eigenen Augen den höchsten Berg der Erde gesehen.

Moye und ich verließen uns auf unser Fliegerglück.

Doch vorerst stromerten wir einige Tage in den umherliegenden Ländern umher. Herr Dupuis hatte uns einen »Baby-Austin« besorgt, mit dem wir selbst auf schmalen Maultierpfaden viel Zeit und Mühe sparen konnten. Wir fuhren über die nepalesische Grenze. Wir fuhren nach Gangtok, der Hauptstadt von Sikkim. Diese Fahrt führte uns zuerst ganz tief hinunter bis in die tropische Vegetationszone im Teestatal. Danach kletterten wir wieder auf zweitausend Meter hinauf zu den sehr liebenswürdigen Sikkimesen.

Es war ein großartiges, unvergeßliches Erlebnis.

Oben stellten wir unser Auto-Baby in einen Stall und stiegen auf Ponies um. Zur Abwechselung machten wir unsere Besuche auf je einem PS. Man hatte mir – aus Versehen? – ein etwas nervöses Tier gegeben, das beim Passieren der Schatten jeder Telegraphenstange scheute und dann einen gewaltigen Satz machte. Immer an der Außenkante des steil abfallenden Bergpfades.

Wir machten einen Besuch bei dem dortigen Maharadscha, der eine Tibetanerin zur Frau hatte. Der englische Resident, der dieses Amt auch gleichzeitig für Tibet und Bhutan verwaltete, war zu seiner Zeit wohl einer der besten Kenner des geheimnisvollen Landes und hatte lange Jahre in Lhasa gelebt. Wenn es nach ihm gegangen wäre, so hätten wir dort oben bis zum Frühjahr gewartet. Bis dahin wäre für uns die Genehmigung zur Einreise nach Tibet gekommen und die Wetterverhältnisse hätten einen Besuch in Lhasa erlaubt.

Doch weder die Männer vom »Fliegenden Teppich« noch ich hatten die Zeit und auch das Geld, unseren Flug so lange auszudehnen.

Welche unwiederbringliche Gelegenheit haben wir ausgelassen! Das Tibet von damals existiert nicht mehr.

Der Dalai-Lama hat als Flüchtling sein Bergreich verlassen und mit ihm Tausende seiner Landsleute. Ein Teil von ihnen hat sich in der Schweiz, dem kleinen Bruder des Himalaya, angesiedelt.

Dick und Moye waren vor mir nach Baghdogra zurückgekehrt. Nach langem Zureden hatte ich mich entschlossen, Monsieur Dupuis auf meinem geplanten Flug in die Berge mitzunehmen. Er hatte eine Filmkamera und viel Bergerfahrung.

Es war kein leichter Entschluß.

Denn mit Dupuis' zusätzlichen achtzig Kilo sank meine Gipfelhöhe. Eine Notlandung würde viel schwieriger sein und ich hatte die Verantwortung für einen Familienvater bei diesem Flug ins Ungewisse. Doch jetzt war diese Frage zugunsten von Dupuis und der Fotoausbeute entschieden. Ich konnte nur hof-

fen, daß mein Motor, der bisher tadellos durchgehalten hatte, sich auch diesmal bewähren würde.
Meine Hauptsorge war, daß wahrscheinlich die Karten zum Mount Everest ganz unzuverlässig sein würden. Wie viele Menschen waren denn überhaupt schon in dieser Einsamkeit gewesen? Und dazu hatten sie ja nur ihren Gesichtswinkel vom Boden aus wiedergeben können.

Als wir am Flugplatz ankamen, hörte ich, daß Dick und Moye am heutigen Tag den Flug zum Gipfel der Erde gemacht hatten und schon wieder nach Kalkutta zurückgeflogen waren. In einer Höhe von ungefähr 5500 Meter seien sie bis auf dreißig Kilometer an den Mount Everest gekommen. Näheres Heranfliegen verboten die vor ihnen liegenden höheren Berge. Der »Fliegende Teppich« hatte dreiundeinhalbe Stunde für seinen Flug gebraucht und damit ein neues Kapitel in sein Märchenbuch gezeichnet.
Mir gaben diese Berichte einige wertvolle Anhaltspunkte. Außerdem hatte mir Moye einen Zettel mit ein paar Bordnotizen zurückgelassen. Es schien so, als ob die Karten doch einigermaßen genau waren. Eine solche Flugzeit hatten wir uns vorher ausgerechnet.
Die Pelzkombination wurde wieder ausgepackt.
Meine Maschine sah ich so aufmerksam wie nie zuvor durch. Bei einer Notlandung in den Bergen war nicht mit schneller Hilfe zu rechnen. Darum mußte ich schweren Herzens zu dem Benzin für fünf Stunden Notproviant, Leuchtraketen und einen Schlafsack mitnehmen.
Ein wenig unheimlich war mir zumute.
Am nächsten Morgen war das Wetter nicht gerade ideal. Schon die nur zehn Kilometer entfernten Berge lagen im Dunst. Doch ich entschloß mich auf den Rat von Dupuis hin zu starten. Wenn in einigen tausend Metern Höhe die Sicht nicht einwandfrei war, konnten wir immer noch umkehren.

Wir sahen den höchsten Berg der Erde. –
Der Flug bis dorthin und zurück war ein großes, gefährliches Abenteuer. Meine winzige Maschine hing buchstäblich am Propeller. Die wilden Bergketten auf der Strecke lagen zum Teil in den Wolken. Mit der letzten Kraft meiner 80 Pferdchen und mit vielem Kreisen an den Aufwindhängen schaffte ich es endlich, über die Wolkensteppdecke zu kommen.
Und dann lag plötzlich dieses Wunderland der eisigen Gletscher in atemberaubender Großartigkeit vor uns. Ich hatte das Gefühl, mit der Hand an sie heranreichen zu können. Die Luft war von einer nie erlebten Durchsichtigkeit. Auf den Wolken dicht unter mir flog der scharfe Schlagschatten meines Flugzeuges als einziger Begleiter – außer Herrn Dupuis natürlich – neben mir her. In dieser grenzenlosen Einsamkeit kam ich mir so winzig und unbedeutend vor, wie nie bisher in meinem Leben.
Es war sehr schwierig, überhaupt herauszufinden, welcher Berg nun eigentlich der Mount Everest war. Zuerst steuerte ich einen anderen Über-acht-Tausender an, der mir am höchsten erschien. Wir waren schließlich nur gerade auf der halben Höhe des Riesen. Doch rechtzeitig konnte ich meinen Fehler korrigieren. Ich hatte den gewaltigsten Berg der Erde in seiner Einsamkeit aufgestöbert.
Von tiefer Dankbarkeit erfüllt flog ich an der ganzen Kette des Groß-Himalaya-Massivs entlang nach Osten bis zum Kantschindschanga. Geliebtes kleines Flugzeug – vielen Dank, daß du mir diesen Anblick geschenkt hast! Nie werde ich ihn vergessen. –

Es fiel mir nicht schwer, mich von dieser Aussicht loszureißen. Ich wollte wieder in eine warme, lebendige Welt mit Menschen zurück. Ich wollte auch meinen Passagier wieder heil am Boden abliefern. Mehr als zwei Stunden waren seit dem Start vergangen. Unter uns lagen Wolken. Doch das Glück blieb uns treu. Nachdem ich eine Stunde lang nach Süden geflogen war, öffnete sich die Watteschicht und ich konnte hinunterkurven. Nach dem

Überfliegen von Darjeeling nahm ich Kurs auf Baghdogra. Unten im Dunst mußte ich dann eine ganze Weile suchen, bis ich den Landeplatz schließlich fand. Nach dem Tanken packten wir alle zurückgelassenen Dinge wieder ein und flogen noch am Nachmittag zurück nach Kalkutta.

Mit heftigem Ohrensausen mußten wir für unser großes Erlebnis bezahlen. Wir taten das gern.

Die vielen Glückwünsche nach der Landung in Kalkutta konnte ich nur verstehen, wenn sie mir direkt ins Ohr gebrüllt wurden.

Den »Fliegenden Teppich« sah ich erst in Singapore wieder. Dick und Moye hatten diese Strecke schnell durchflogen, da Halliburton sie hinreichend von einer früheren Reise her kannte. Es gab hier keine besonderen Märchentrick-Möglichkeiten für sein geplantes Buch. Ich hatte inzwischen einen kleinen Bruch nahe bei Rangoon hinter mir. Nach einer Notlandung waren mir einige Burmesen beim Wiederstart direkt vor den Propeller gelaufen und ich hatte auf unebenes Gelände ausweichen müssen. Doch der gebrochene Schwanzsporn wurde schnell repariert. In Thailand verbrachte ich herrliche Tage bei liebenswerten Landsleuten. Das Siamesische Königspaar hatte mich empfangen.

Die Daddies und ich hatten einander viel zu berichten.

Doch diese letzten Tage waren von einer leisen Wehmut überschattet. Hier trennten sich unsere gemeinsamen himmlischen Wege.

Für mich war alles arrangiert, um nach Niederländisch-Indien (heute Indonesien) weiterzufliegen. Dick und Moye hatten sich bei den Kopfjägern in Borneo angesagt.

Alle Versuche mich zu überreden, weiter mit ihnen zusammen zu fliegen bis nach Amerika, waren vergebens. Warum auch? Es war eine so einmalig schöne Zeit gewesen, als unsere beiden Flugzeuge miteinander über die indische Wunderwelt flogen. Doch sie konnte nicht ewig andauern.

Irgendwann würden wir uns wieder am Himmel begegnen.
Wir drei Himmelswanderer kamen nie wieder zusammen.
Moye traf ich fast drei Jahre später in Amerika wieder. Ich kam von einem Flug zu den Mayas in Guatemala und Yucatan nach den Vereinigten Staaten. Auf dem Flugplatz von Los Angeles erwartete mich der Pilot des »Fliegenden Teppichs«. Er sah genau so aus wie damals in Indien. Ich traf seine Familie. Wir ritten in die kalifornischen Berge. Dort hatten seine Eltern eine Farm.

Auf meine Frage nach Dick sagte Moye: »Er ist in Europa. Diesmal folgt er den Spuren Hannibals. Er hat sich gerade einen Elefanten zugelegt und wandert mit ihm über die Alpen.« Nach der Reise auf dem »Fliegenden Teppich« nun auf dem Rücken eines Elefanten – echt Dick!

Ich sah Richard Halliburton niemals wieder.

Jahre später fuhr er – es sollte wieder eines seiner »glorious adventures« werden – mit einer chinesischen Dschunke über den Pazifischen Ozean. Von Hongkonk nach San Francisco. Es war Ende März 1939. Ein Taifun kreuzte den Weg des winzigen Segelbootes.

Der große Abenteurer Richard Halliburton hat diese letzte Reise irgendwo in den unendlichen Fluten des Stillen Ozeans beendet.

Sir Charles Kingsford-Smith
9. Februar 1897 in Brisbane, Australien
vermißt am 8. November 1935

25 Der Sidney-Airport trägt den Namen des größten australischen Fliegers

Kalkutta – Neujahr 1932.
Die indische Millionenstadt war in jenen Jahren ein Kreuzungspunkt der internationalen Sport- und Rekordfliegerei.
Es war faszinierend! Nur eine Woche hier auf dem Flugplatz Dum-Dum zu sitzen, erfüllte alle Wünsche eines jungen Fliegers.
Bei jeder Fahrt in die Stadt und durch das Land wurde er mit der Verwirklichung aller Märchenträume Indiens belohnt, die vor seinen Augen lebendige Gestalt annahmen.
Ich hatte einige Überholungsarbeiten an meinem Motor zu machen. Man sagte mir, Kingsford-Smith sei unterwegs nach hier. Diese Nachricht bedeutete für mich damals mindestens so viel, als wenn man einem jungen Sportler von heute in Aussicht stellen würden, er dürfe in kurzer Zeit drei Olympia-Goldmedaillengewinner und zwei Astronauten die Hände schütteln.
Kingsford-Smith hatte schon im Jahre 1928 den Pazifischen Ozean überflogen. Von Oakland in Kalifornien bis nach Brisbane in Australien, der Stadt, in der er geboren war.
Dazu hatte er 83 Flugstunden und neunzehn Minuten gebraucht.
Als Begleiter hatte er keinen Co-Piloten, sondern nur einen Navigator und einen Radio-Operateur gehabt.
Es ist fast unmöglich, den Menschen von heute klar zu machen, was diese fliegerische Tat damals bedeutete.
Wir Piloten wußten jedenfalls *alle*, daß dieser Australier der Erfolgreichste war, den es zu jener Zeit auf der Welt gab.
Während ich an meinen Zündkerzen herumschraubte, kam der Präsident des Bengal Flying-Clubs zu mir an die Maschine. Er hatte den Auftrag, den Größten unter den Großen zu empfangen.

Sir Charles Kingsford-Smith

»Wir sind erst richtig froh, wenn dieses Abenteuer mit der Weihnachtspost endgültig vorüber und ›Smithy‹ heil wieder in Australien ist«, meinte der junge Inder. »Wissen Sie überhaupt, was sich da schon alles auf dem Hinflug zugetragen hat?«

Nein – genaue Einzelheiten kannte ich nicht, hatte nur bei der Ankunft in Kalkutta gehört, das Flugzeug mit der Weihnachtspost für England habe weiter im Süden Bruch gemacht.

»Charly Ulm flog die Maschine von Sydney bis nach Alor-Star – Sie wissen doch, das liegt ungefähr fünfhundert Kilometer nördlich von Singapur.«

»Ungefähr«, sagte ich.

»Nach der Karte und der Streckenbeschreibung muß es da unten herum nichts als Berge und Urwald geben.«

Das war mit einer der Gründe, weshalb ich hier auf dem Flugplatz Dum-Dum, wo es recht gute Mechaniker gab, meinen Motor noch einmal auf Herz und Nieren durchsehen lassen wollte.

»Hoffentlich ist der Landeplatz dort inzwischen wieder in besserer Verfassung. Charly Ulm machte auf dem aufgeweichten Platz Bruch – Sie kennen sicher seinen Namen? Er hat viele Rekordflüge als zweiter Pilot mit Kingsford-Smith gemacht. Die Geschichte hat uns hier tagelang in Atem gehalten. Wir sind aus der Aufregung nicht herausgekommen.«

»Wenn ich mich nach den Überschriften, die ich gelesen habe, recht entsinne, so durfte ›Smithy‹ doch gar nicht fliegen. Hatte er nicht eine Verletzung oder so etwas?« Ich versuchte, mich an Einzelheiten zu erinnern, bekam sie aber nicht mehr zusammen.

»Nein, es waren keine Verletzungen. Er hatte sich bei seinem Weltrekordflug von Australien nach England eine schwere Monoxydvergiftung zugezogen. Damit er nicht in Versuchung kam, sich endgültig umzubringen, hatte ihm der Arzt auf längere Zeit den Flugzeugführerschein entzogen.«

»Ja – und nun fliegt er ohne seinen Ausweis hier in der Weltgeschichte umher?« Selbst damals, als in dieser Hinsicht die Bestimmungen noch wesentlich großzügiger gehandhabt wurden als heute, erschien mir das doch mehr als tollkühn. Keine Versicherung würde bei einem Bruch eintreten. Und das mit der wertvollen Weihnachtspost!

»Nein – bei aller Anerkennung dieses genialen Fliegers! Da hätten sogar wir ihn zurückhalten müssen. Die Zeiten sind leider auch hier in Kalkutta vorüber, als man solche Ausnahmen machen durfte«, lächelte der Inder.

»Für das Ansehen und die Entwicklung der Fliegerei in Australien stand unendlich viel auf dem Spiel. Die Weihnachtspost *mußte* einfach pünktlich in England ankommen! Als Kingsford-Smith von dem Bruch in Alor-Star hörte, hat er seinen Arzt so lange gebeten, ihm für den Flug mit einer Ersatzmaschine seinen Führerschein zurückzugeben, bis dieser schließlich nachgab.«

»Nun erscheint es ja so, als ob alles gut ausgeht – unberufen!« Mit dem letzten Wort machte ich noch eine kleine Reverenz vor dem Aberglauben, der uns Fliegern ein wenig erlaubt ist, besonders uns weiblichen.

»Sie haben recht – es sah diesmal so aus, als wenn der Teufel seine Hand im Spiel hätte«, nickte der Club-Präsident, »und das bei ›Smithy‹, der doch schon so viel tollere Sachen gemacht hat. Selbst die Ersatzmaschine hat in England auch noch eine Panne oder einen kleinen Bruch gehabt, obwohl sie mit der Weihnachtspost rechtzeitig eintraf – na, wir werden es erfahren. Jetzt müßte er bald hier sein. Lassen Sie doch von unserem Club-Monteur weitermachen, Miß Beinhorn. Es ist viel zu heiß zum Arbeiten für ein Mädchen. Wir werden etwas Kühles im Restaurant trinken und dann warten wir gemeinsam auf den Helden.«

Meine Kerzen sah ich mir aber doch selbst an.

Aus ihnen konnte man immer allerhand Schlüsse auf den Zustand und die Verbrennung des Motors ziehen. Schließlich war es ja meine Sicherheit, um die es hier ging. Die war mir jederzeit einige Stunden Arbeit in der Tropenhitze wert.

Sir Charles Kingsford-Smith

»Kommen Sie schnell«, rief der indische Flieger. »Er muß gleich landen!«
Ich überließ meinen Motor den Händen des sehr vertrauenerweckend wirkenden Helfers und lief zur Landebahn. Kurz darauf schwebte Kingsford-Smiths Maschine herein. Das war also der größte Flieger der damaligen Zeit! Ein schmales, gut geschnittenes Gesicht, rötlich blonde Haare, schlanke mittelgroße Gestalt. Man sah ihm die unendlichen Strapazen der vergangenen Tage an. Doch er war liebenswürdig und wirkte sehr bescheiden. Der Club-Präsident machte mich mit ihm bekannt. »Oh, yes – ich habe schon von Ihnen gehört, Miß Beinhorn. Wann dürfen wir Sie in Sydney erwarten?«
»Eigentlich wollte ich nur noch bis Java und Bali fliegen und dann umkehren«, antwortete ich. »Ehrlich gesagt hab ich etwas Angst vor dem vielen Wasser, das es noch bis dahin gibt.«
Während der Australier schon mit seinem Mechaniker die Motorhaube öffnete und seine Tankwünsche weitergab, war ich um seine Maschine herumgestrichen. Die war natürlich mit meiner winzigen »Klemm« nicht zu vergleichen. Smithy war schließlich auch ein voll ausgebildeter Militär- und Verkehrsflieger. Er zögerte auch nicht, die größten Flüge allein in einer einmotorigen Maschine zu machen wie vor einem Jahr, als er England – Port Darwin auf der »Kreuz-des-Südens-Junior« in neun Tagen und 22½ Stunden machte.
Der Flieger wandte sich uns wieder zu.
»May I say Elly?« fragte er. »Bei uns in Australien ist das unter Fliegerkameraden so üblich.«
»All right, Smithy, bei uns auch.«
Ich war stolz darauf, daß mich der Beste unter uns bei meinem Vornamen nannte.

Dieses Zusammensein war sehr kurz. Er hatte einen Kaffee getrunken und verabschiedete sich gleich darauf. »Seien Sie nicht böse – aber ich muß schlafengehen. Um drei Uhr morgen früh muß ich wieder aufstehen. Doch wir sehen uns ja bald in Sydney wieder. Ich verspreche, daß ich Ihnen zur Begrüßung entgegenfliegen werde!«

»So verführerisch dieses Angebot auch ist – ich weiß trotzdem nicht, ob ich den Flug über die Timorsee wagen werde. Doch wenn nicht in Australien, dann sicherlich auf Wiedersehen in Europa. Deutschland ist auch ein sehr schönes Land!« meinte ich zum Abschied.

Der arme Kingsford-Smith!
Dieser Flug mit der Weihnachtspost war wirklich vom Pech verfolgt wie bisher keine seiner fliegerischen Unternehmungen. Smithy war tatsächlich am nächsten Morgen um fünf Uhr schon wieder in der Luft. Aber wie wir dann aus den Nachrichten erfuhren, saß er dreißig Stunden später schon wieder für einige Tage auf dem total aufgeweichten primitiven Flugplatz der Insel Timor fest.

Irgendwann kam auch dieser Flug mal zu einem guten Ende. Doch hatte er ihm bestimmt soviel Mühe und Gefahren gebracht, wie kaum ein anderer zuvor.

Seine bisher härteste Erfahrung war sicherlich die Notlandung in den Kimberleys im Jahre 1929 mit Charly Ulm gewesen. Zwölf endlose Tage vergingen, bis man die Männer gefunden hatte nach diesem ersten mißglückten Rekordflugversuch mit dem Ziel England. Bei der Suche verloren Anderson und Hitchcock ihr Leben. Es wurde eine strenge öffentliche Untersuchung angesetzt, die schließlich ergab, daß Kingsford-Smith und Charly Ulm keine Schuld trugen.

Doch alles dies war nicht spurlos an Smithy vorübergegangen. Im Juni 1929 war den beiden Männern dann der Rekordflug nach England in zwölf Tagen und 18 Stunden gelungen.

Drei Monate später trafen wir uns wieder. Diesesmal am Himmel. In der Zwischenzeit hatte ich eine Menge von Abenteuern

26 In Fliegermontur – Aufnahme aus den Dreißiger Jahren

27 In seiner Maschine »Southern Cross« beim Start zu einem Rekordflug nach Australien vom Londoner Flughafen Croyden aus

erlebt. Sie fielen einem damals zu der wohl großartigsten Zeit der Sportfliegerei in den Schoß, wenn man sich – noch dazu allein – in die Weite der anderen Erdteile hinauswagte.

Ich hatte Rabindranath Tagore in Santiniketan besucht, den Mount Everest vom Flugzeug aus betrachtet, eine Notlandung mit leichtem Bruch in Burma überstanden und ich war dem Siamesischen Königspaar vorgestellt worden.

Den Äquator überflog ich zum erstenmal. Ein großer Raubfisch hatte im Ozean vor der Insel Bali einen meiner Begleiter unmittelbar neben mir getötet. So wechselten bedrückende Erlebnisse mit traumhaft schönen Eindrücken ab.

Nach gründlichem Überlegen hatte ich mich dann entschlossen, über die berüchtigte Timorsee nach Australien hinüberzufliegen. Ich kam gut über die gefährliche Etappe. Der anschließende Flug von Port Darwin über das zu jener Zeit unerschlossene Innere des fünften Kontinents bedeutete fliegerisch ein ebenso großes Wagnis wie die lange Wasserstrecke.

Hunderte von Kilometern zwischen den einzelnen Etappenzielen, die nur kleine Schaffarmen waren, neben denen man einen einfachen Landeplatz improvisiert hatte, lagen hinter mir. Beinahe war ich etwas traurig, als dann eines Tages die Buschromantik zu Ende war und ich mich Sydney näherte.

Es war der zweite April 1932.

Ich hatte die Anweisung bekommen, möglichst pünktlich um vier Uhr zu landen, da ein ganz »großer Bahnhof« vorgesehen war. Ich kam im ersten Flugzeug direkt aus Deutschland und noch dazu allein und als Mädchen! Man hatte mir eine lange Liste mit den Namen der hauptsächlichen Würdenträger aufgeschrieben, die zu meiner Begrüßung dort sein würden. Ich hatte sie während der letzten hundert Kilometer auswendig zu lernen versucht. Zu meiner Erleichterung wußte ich, daß unser Generalkonsul Dr. Buesing mir zur Seite stehen würde. Bedauerlich fand man, daß ich nur vierzehn Tage zu spät zur Eröffnung der weltberühmten Sydney-Hafenbrücke ankam.

Fünf Minuten vor vier sah ich den Flughafen Mascot vor mir liegen. Übergroße Pünktlichkeit ist schon immer eine meiner schlechten Eigenschaften gewesen, die mich meistens vor dem Empfangskomitee ankommen ließ. Bei einer Fliegerin rechnete man niemals mit einer präzisen Landezeit.

Doch »Smithy« war rechtzeitig in der Luft. Seine große Maschine hatte er bis an den Rand mit Mitgliedern des Deutschen Klubs vollgepackt, die mir – neben meiner »Klemm« herfliegend – begeistert zuwinkten. Alle anderen in Mascot stationierten Sportmaschinen kamen ebenfalls herangeschwebt, machten mir eine kleine Verbeugung und wackelten mit den Flächen.

Ich war unendlich glücklich – und so stolz, daß der damals größte Flieger der Welt mir die Ehre seiner Begrüßung in der Luft erwies. Nachdem ich gelandet war, schüttelte er mir nur kurz die Hand.

»Gut gemacht, kleines Fräulein!« sagte er herzlich. »Doch Sie entschuldigen, wenn ich mich vor dem Rummel, der jetzt über Sie hereinbrechen wird, verdrücke. Lassen Sie mich wissen, wenn Sie einmal eine wirklich ruhige Stunde haben – ich kenne meine Landsleute! Es wird nicht einfach sein.«

Unter den Tausenden von Menschen bei meiner Landung war auch ein junges Mädchen von siebzehn Jahren, das seit seinen Kinderjahren davon träumte, eines Tages fliegen zu lernen. Sie hieß dazu auch noch Nancy Bird. Meine Ankunft von Deutschland im Sportflugzeug gab ihr den entscheidenden Impuls. Ein Jahr später machte sie ihren ersten Schulflug bei Charles Kingsford-Smith, der inzwischen für seine Verdienste um die Fliegerei geadelt worden war.

Smithy – jetzt Sir Charles – änderte nach dieser Anerkennung nichts an seiner Lebensführung.

Er ging weiter mit mehreren Maschinen und Piloten auf die kleinen Plätze im Innern des Landes und brachte durch Flugtage und Passagierflüge die Mittel für seine Rekord- und Pionierflüge auf.

Nancy Bird wurde später eine der bedeutendsten Fliegerinnen Australiens. Sie ist die Initiatorin der Luftambulanz sowie eines Kinder-Gesundheitsdienstes für den Westen des Landes. Bis heute verbindet uns eine enge Freundschaft, die sich inzwischen auf unsere Kinder ausgedehnt hat. Nancy fliegt ebenfalls noch und nimmt an Wettbewerben teil.

Sie hat ein großartiges Buch geschrieben: »Born to fly«, in dem sie neben vielen heiteren Erlebnissen mit einiger Bitterkeit feststellt, wie wenig großzügig und wie verständnislos sich ihr geliebtes Heimatland gegenüber seinem unsterblichen Sohn Kingsford-Smith und seinen Kameraden der zwanziger und frühen dreißiger Jahre benommen hat.

Nancy schreibt: »Es muß nur jemand seinen Kopf über die Menge hinausrecken – schon wird er geohrfeigt, gleich, ob er ein Premierminister, ein bedeutender General, ein erfolgreicher Geschäftsmann oder ein Flieger ist. Um so mehr, wenn er zu den Pionieren gehört. Er war der größte Flieger aller Zeiten und wird es bleiben.«

Ich möchte mich ihrem Urteil anschließen.

Alle Flüge Smithys waren Luftlinien-Erkundungsflüge. Jeder Rekord war bis in das letzte Detail geplant und vorbereitet – und sie waren ausnahmslos Erfolge.

Nancy Bird schreibt weiter: »Es ist eine beschämende Tatsache, daß Kingsford-Smith, als dann die Luftlinien, die er als erster unter dem Einsatz seines Lebens erkundet hatte, in Betrieb genommen wurden, nicht einen einzigen Kontrakt von der Regierung bekommen hat.«

Nicht viel anders erging es Hermann Köhl, als er seinen Ost-West-Flug über den Atlantik geschafft hatte.

Der Lebenslauf des australischen Fliegers sieht in großen Zügen ungefähr so aus:

Während des Ersten Weltkrieges 1914–18 diente er als einer der wenigen auserwählten Australier im Royal Flying Corps.

Ab 1919 widmete er sich der Zivilfliegerei.
1927: Rekordflug mit Charly Ulm um Australien. 7539 Meilen (12 135 km) in zehn Tagen, fünfeinhalb Stunden.
1928 vom 31. Mai bis zum 9. Juni: Transpazifikflug, reine Flugzeit: 3 Tage, 11 Stunden und 19 Minuten.
Ebenfalls 1928: Erstes Überfliegen der Tasmanischen See zwischen Australien und Neuseeland und zurück.
1929: Weltrekordflug Sydney – England. Zwölf Tage, achtzehn Stunden.
1930: Atlantiküberquerung, 31 ½ Stunden.
Flug rund um die Welt. England – Australien Allein-Rekordflug, neun Tage, 22 ½ Stunden.
1931: Erster Luftpostflug nach England mit Allen und Hewitt.
1932: Luftpostflug mit G. U. Allen von England nach Australien.
1933: Weltrekord-Alleinflug England – Australien in sieben Tagen, 4 Stunden und 43 Minuten.
Im Jahre 1935 hat ein weiterer Flug von Kingsford-Smith Geschichte gemacht. Diesesmal allerdings aus anderen Gründen als der sonst schon selbstverständlichen planmäßigen Durchführung. Und der wahre Held dieses in der Geschichte der Fliegerei einmaligen Abenteuers hieß eigentlich P. G. Taylor, der schon auf dem West-Ost-Pazifikflug 1934 Smithys Copilot und Navigator gewesen war.
Mit der »Southern Cross« sollte der Rekord über die Tasmanische See nach Neuseeland gebrochen werden. Da die Startbahn auf Mascot nicht lang genug war für die großen Benzinmengen, deren Mitnahme für die 2615 km-Nonstopstrecke nötig war, wurde die Maschine auf den größeren Militär-Flugplatz Richmond überführt.
Eine große Anzahl von Luftpost-Säcken wurde an Bord genommen und über vierzig Hutschachteln mit den neuesten Modellen einer unternehmungslustigen Putzmacherin, die den Damen Neuseelands auf diese überzeugende Art in Rekordzeit den »letzten Schrei« anbieten wollte. Der Start kurz nach Mitter-

nacht verlief glatt und alles ging gut bis zum nächsten Morgen um sieben Uhr. Die Flieger waren weit von jeder Küste entfernt. Plötzlich sprang ein Stück vom Auspuff des mittleren Motors ab und riß ein dreißig Zentimeter großes Stück aus dem Propeller des daraufhin wild vibrierenden Steuerbord-Motors. Kingsford-Smith mußte ihn sofort abstellen. Die erhöhten Touren hatten einen riesigen Ölverbrauch zur Folge. Das Flugzeug verlor laufend an Höhe.

Die »Southern Cross« war der australischen Küste 160 Kilometer näher als der von Neuseeland. Smithy ließ alles Benzin ab außer dem Minimum, um nach Sydney zurückkehren zu können. Die Situation wurde von Minute zu Minute dramatischer. Alle Funkstationen von Sydney folgten entsetzt und atemlos der Entwicklung. Der Radio-Operateur fragte an, ob man Kingsford-Smith gestatten würde, die Säcke mit der Jubiläumspost abzuwerfen.

Sie waren nur noch dreißig Meter über der See, als die Genehmigung zum Abwurf der wertvollen Fracht eintraf. Den Postsäcken folgten die duftigen Hutmodelle und alles persönliche Gepäck sowie die entbehrlichen Kleidungsstücke der Besatzung.

Doch nach einem kurzen Steigen kam wieder die Stimme von John Stannage über den Äther: »Unser Backbordmotor hat kein Öl mehr und wird stehenbleiben – wir werden gleich ins Meer fallen!« Und dann plötzlich: »Wartet auf weitere Nachricht! Bill (Taylor) will versuchen, Öl aus dem Steuerbord-Motor zu holen.« Nach kühler Überlegung hatte Taylor sich entschlossen, das Risiko auf sich zu nehmen, diesen irrsinnig erscheinenden Versuch zu machen – sonst waren die Männer und das Flugzeug ohnehin verloren.

Bei einer Geschwindigkeit von nahezu 200 Studenkilometern rutschte Bill Taylor hin und zurück, und immer wieder hin und zurück über die Fläche, in der Hand eine Thermosflasche. Jedesmal mußte er über eine dünne Verstrebung auf das Rad hinuntersteigen, um unter dem ausgefallenen Motor die fettige Ablaß-

schraube aufzudrehen und halbliterweise das lebenswichtige Öl abzufüllen. Nach diesem höllischen Weg wurde es in den anderen noch laufenden Motor eingefüllt – nur ein um seine Mitte geschlungenes Seil sicherte ihn. Und was wäre passiert, wenn er von der Fläche oder der Strebe abgerutscht wäre?
Dieses Abenteuer übersteigt selbst das Vorstellungsvermögen eines Fliegers, der viele große Gefahren erlebt hat.
Sechsmal hin und her wanderte P. G. Taylor von einem Motor zum andern auf der fliegenden Maschine! An deren Steuer saß mit unbewegtem Gesicht und ruhiger Hand Charles Kingsford-Smith.
Durch diese einmalige Tat erreichten die Flieger den Heimathafen. Bill Taylor wurde mit dem Georgs-Kreuz ausgezeichnet und später geadelt.
In den folgenden Jahren machte er selbst als Pilot eine Anzahl von Rekord-Ozeanüberquerungen.

Sir Charles Kingsford-Smith war nie ein echter Freund einmotoriger Maschinen für die Langstreckenflüge gewesen.
Das Schicksal hatte sein Ende in einer solchen vorgesehen. Es ist, als ob er es geahnt hätte.
Das Jahr 1935 brachte ihm eine Kette von Mißerfolgen.
Nach dem dramatischen Neuseeland-Rekordversuch unternahm Sir Charles im Oktober einen neuen Angriffsversuch in der einmotorigen Lockheed »Lady Southern Cross« auf den bestehenden Rekord England – Australien.
Doch schon in Italien mußte er aufgeben und heimkehren.
Anfang November 1935 erschien er aufs neue zum Start in England. Obwohl er einen heftigen Grippeanfall hatte, entschloß er sich mit J. T. Pethybridge abzufliegen, da der Monsun täglich ausbrechen konnte.
Das hätte für Monate das Ende von Rekordplänen bedeutet.
Am 6. November begann dieser letzte Flug des Australiers.
Schon am 7. November verließen die beiden Piloten Allahabad in

Indien und es sah so aus, als ob sie den bestehenden Rekord weit unterbieten würden.

In Allahabad sah man die Flieger zum letzten Male lebend. Jimmy Melrose, der ebenfalls im Flugzeug nach Australien unterwegs war, behauptet, der »Lockheed-Altair« Smithys am 8. früh um 1.30 Uhr ungefähr 240 Kilometer südöstlich von Rangoon in der Luft begegnet zu sein. Das war das Letzte, was man von den Fliegern und der »Lady Southern Cross« hörte.

Monate später wurden muschelverkrustete Teile der Maschine an einer einsamen kleinen Insel im Indischen Ozean mit Namen Aye angetrieben. Man brachte sie nach Rangoon und dort wurden sie einwandfrei als zu Kingsford-Smiths Flugzeug gehörend identifiziert. Jahrelang zerbrach man sich die Köpfe, was die Ursache dieses Absturzes hatte sein können.

In der Familie von Sir Charles gab es einige ebenfalls namhafte Flieger.

Diese kamen zu der Überzeugung, daß schlechtes Wetter die Flieger gezwungen hatte, bis auf geringe Höhe über dem Meer herunterzugehen, um die Sicht zu behalten. Es gab auf den Admiralitätskarten keine eingezeichneten Höhen, während in Wirklichkeit ein einziger über 200 Meter hoher Felsen auf der Insel Aye emporragt, gegen den sie – im Umkreis von Hunderten von Kilometern gibt es keine solche Erhöhung! – mit der »Lady Southern Cross« gerannt sein müssen.

Ein gigantisches Grab für den einmaligen australischen Flieger und für seinen Begleiter. –

Alle diese Einzelheiten höre ich, als Nancy Bird mich 1939 zum erstenmal in Deutschland besuchte.

Später, als sie an einem amerikanischen Flugzeugrennen teilnahm, hatten die Reporter bald herausgebracht, daß sie eine Schülerin des in USA zur Legende gewordenen australischen Pionierfliegers war. So fiel vom Start weg einiges von Smithys Ruhm auch auf Nancy. »Wie war er eigentlich als Lehrer?« Diese

8 Sir Kingsford-Smith, der erfolgreichste Langstreckenflieger seiner Zeit

Frage hatte mich schon immer interessiert. »Obwohl er sehr freundlich und kameradschaftlich mir gegenüber war, als ich ihn in Kalkutta und später in Sydney traf, so hatte ich doch nicht das Gefühl, daß er besonders viel von fliegenden Frauen hielt. Oder täusche ich mich da?«
»Das hast du ganz richtig empfunden«, bestätigte Nancy. »Mir hat es Smithy gleich zur Einführung gesagt, als ich in Mascot auftauchte. Er meinte, Frauen gehören nicht an das Steuer eines Flugzeugs. Er fand es darum auch unpassend für ein Mädchen, weil die Fliegerei damals mit einem riesigen Reklamerummel verbunden war – und das gefiel ihm nicht für ein weibliches Wesen. Doch er war viel zu fair und großzügig, mich irgendwie darunter leiden zu lassen, nachdem ich mich einmal entschlossen hatte, fliegen zu lernen. Aber in erster Linie war er ›a man's man‹ – so sehr die Frauen ihn auch bewunderten und seine Gesellschaft suchten. Seine Kameraden und Mitarbeiter liebten ihn. Er war zweimal verheiratet. Der zweiten Ehe mit Mary Powell entstammt ein Sohn.«
»Und als Lehrer – war er ein begabter Pädagoge?«
Nancy lächelte.
»Ja und nein. Bestimmt nicht für meine ersten Versuche bei ihm am Doppelsteuer. Kannst du dir Einstein oder Jehudi Menuhin als idealen Lehrer für einen blutigen Anfänger vorstellen? Darum war es nur gut, daß ich nach dem ersten Mitfühlen seiner begnadeten Hände am Steuer einen anderen Lehrer bekam, als er wieder auf einen seiner Rekordflüge ging. Später lernte ich dann unendlich viel von ihm, als ich begreifen konnte, mit welcher Virtuosität er sein Flugzeug am Himmel entlangführte. Ich bin stolz darauf, daß ich seine Schülerin war.«
Seit Jahren trägt der internationale frühere Mascot-Airport von Sydney den Namen des größten australischen Fliegers: Kingsford-Smith.

Henri Guillaumet

29. Mai 1902
gefallen am 27. November 1940

29 »Er war ein Held. Kein Tier hätte das je ausgehalten!«

Einmal waren wir einander am Himmel begegnet. Er kannte meinen Namen und ich den seinen – so wie man eben damals unter den nicht sehr zahlreichen Fliegern voneinander wußte, die in Afrika oder Südamerika, in Indien und in Australien umherflogen. Man kannte auch die Namen der Piloten der KLM, der Lufthansa und der Aéropostale.

Unter ihnen gab es einige, die damals noch nicht in der Anonymität verschwunden waren, wie das heute bei Tausenden von Starts und Landungen täglich auf dem Kennedy-Airport von New York und deren zahllosen in Frankfurt Rhein/Main zwangsläufig der Fall ist.

Es rankte sich irgendeine Legende um manche von ihnen, die jedem jungen Sportflieger, der auf die große Strecke ging, bald mitgeteilt wurde.

Als Guillaumet über der Saharaküste an mir vorbeiflog, kannte ich seine Geschichte noch nicht. Er kam mir auf seiner Streckenmaschine der »Aéropostale« entgegen. Nach der Landung fragte man mich: »Haben Sie Guillaumet gesehen?«

»Ich denke, das muß er gewesen sein, halbwegs zwischen Villa Cisneros und Port Etienne – oder war sonst noch eine Mehrmotorige auf dem Kurs?«

»Nein – das war Henri!«

Mir sagte das damals nichts besonderes.

Ein Jahr und einige Monate später überflog ich in den Hochanden die Stelle, die Henri Guillaumet zum Schicksal geworden war.

Nicht zu seinem endgültigen.

Und das war ein großes Wunder.

Es machte Guillaumet zu dem Menschen, der den Satz prägte: »Das, was ich ausgehalten habe – kein Tier hätte das je aushalten können!« Diese Worte wurden später durch seinen Fliegerkameraden von der »Latécoère«, Antoine de Saint-Exupéry, für die Zukunft festgehalten.

Wer kann heute wissen, wie lange man sich noch für diese ersten Flüge und für die Menschen, die sie durchführten, interessieren wird?
Doch es ist gut möglich, sogar wahrscheinlich, daß die Taten dieser Flieger nicht vergessen werden. Sie waren unglaublich farbige Persönlichkeiten. Es war ihnen damals so viel Entscheidendes selbst überlassen. Die Behörden hatten nur einen Bruchteil der Bedeutung, die ihnen heute zukommt. Alles war neu und unbekannt, die Gefahren sowie die Erfolge. Die Streckenpiloten jener Jahre hatten mit jubelnder Begeisterung – aber auch mit dem nötigen Ernst und dem Wissen um die Gefahr und Verantwortung zugegriffen, als man ihnen den Himmel und die Wolken, die Wüste und den Urwald als Arbeitsstätte überließ.
Doch zurück zu Guillaumet, der einer der ersten war. Ihm wies das Schicksal einen Platz zu, der ihm für alle Zeiten reserviert sein wird.
Am 29. Mai – ein Zwilling – wurde Henri im Jahre 1902 in Bouy an der Marne geboren. Nach der Beendigung des Ersten Weltkriegs begann er als Militärflieger. 1925 nahm er seinen Abschied und ging als einer der ersten Piloten zur »Latécoère«, später »Aéropostale« genannt. Er begann seinen Dienst auf der Strecke Casablanca – Dakar.
Damals wurden große Kämpfe zwischen den verschiedenen Luftfahrtgesellschaften der fliegenden Nationen ausgetragen. Jeder Pilot war ein Soldat für seine Linie. Mit dem allerhöchsten Einsatz an Wagemut wurde gekämpft, doch man hörte bei diesen Fehden kaum jemals etwas von unfairen Waffen.

Die älteren gaben den neu hinzukommenden jungen Piloten ihre Erfahrungen weiter – sie kämpften ja gemeinsam für ihre Linie! Im Jahre 1926, als der später weltberühmte Antoine de Saint-Exupéry seine Strecke bei der »Latécoère« bekam, beschreibt er, erfüllt von tiefer Dankbarkeit, wie ihm Guillaumet vor seinem ersten Start das Land Spanien erschloß, so, wie es niemand anders als ein Pilot sehen und erleben kann. Das war eine Geographiestunde, wie sie nur von Flieger zu Flieger möglich ist.

Der dunkelhaarige viel kleinere Henri hatte sich mit hochgerollten Hemdsärmeln seinem einsdreiundneunzig großen Kameraden gegenüber unter die Lampe gesetzt.

An die eigentlichen großen Gefahren der kommenden Flüge verschwendete er gerade zwei Sätze. »Natürlich wirst du Schwierigkeiten mit Sturm und Nebel und mit Schnee haben – doch dann denke an die anderen, die vor dir damit fertig wurden. Das kannst du genau so gut.«

Das stärkte das Selbstvertrauen des jungen Fliegers. Wenn der »Alte« auch zwei Jahre später auf die Welt gekommen war als Saint-Exupéry, so hatte jener ihm doch unendlich viel Streckenerfahrung voraus.

Durch Guillaumet lernte der frisch ernannte Streckenpilot eine neue Welt kennen und beobachten und sie entsprechend ihrer Bedeutung für seine Voraussetzungen als Pilot zu beurteilen.

Sie sprachen über Flüsse und Bauernhöfe an der Strecke und über einen tröstlichen Notlandeplatz, aus dessen verdeckter Hügelseite aber mit dreißig kriegerischen Hammeln gerechnet werden mußte, wenn man ihn benutzen wollte.

In jener Nacht ahnte keiner der Männer, unter welchen Umständen sie einander vier Jahre später im Juni 1930 in den Hochanden Südamerikas wieder begegnen sollten.

Es war ein außergewöhnlicher Anlaß, als ich im Juni 1932 wieder auf die Spuren von Henri Guillaumet stieß.

Henri Guillaumet

Ich war von Deutschland mit einer »Argus-Klemm« nach Australien geflogen. Dort mußte ich mein Flugzeug verladen. Am Panama-Kanal hatte ich die Maschine wieder aufmontiert und war dann an der Westküste von Südamerika bis nach Santiago de Chile hinuntergeflogen. Es ist in diesem Rahmen nicht sinnvoll, alle die Schwierigkeiten zu schildern, die mir dieser Flug dorthin gebracht hatte. Zu jener Zeit war Südamerika noch so gut wie gar nicht für kleine Landflugzeuge erschlossen. Die Verkehrsmaschinen beflogen den größten Teil der Strecke mit Wasserflugzeugen.

Was hatte ich alles unterwegs erlebt!

Selbst einen peruanischen Orden hatte ich bekommen. Doch die schwerste Etappe lag noch vor mir – der Flug über die Anden nach Argentinien. Vorbei an dem 7020 Meter hohen Aconcagua und seinen eisigen Nachbarbergen. Meinen Motor hatte ich vollkommen überholt und nach dem Wiederzusammenbau einige Probeflüge gemacht.

Bei einem der mir zu Ehren gegebenen Empfänge saß mir ein junger chilenischer Offizier gegenüber. Im Laufe unserer Unterhaltung, die sich natürlich auch um meinen geplanten Überflug der Cordillere drehte, stellte es sich heraus, daß der junge Pilot diesen Versuch mit dem Verlust eines Beines hatte bezahlen müssen. Die nirgends auf der ganzen Welt so wie hier gefürchteten Fallwinde hatten ihn zu einer Bruchlandung gezwungen.

»Sie kennen doch sicher Guillaumet?« fragte der chilenische Offizier. »Wir sind uns bisher nur in der Luft begegnet – warum?«

»Sie kennen seine Geschichte nicht – die Landung auf dem Diamantsee am 13. Juni vor zwei Jahren?« Ungläubiges Staunen lag auf den Zügen des jungen Fliegers. »Und dann wollen Sie allein mit der winzigen Maschine über die Anden fliegen? Ich werden Ihnen seine Geschichte erzählen – vielleicht überlegen Sie es sich dann doch noch!«

Ich sah ihn nachdenklich an. Der Dreizehnte stand unmittelbar bevor. Es war gut möglich, daß auch mein Flug über die Berge auf den Dreizehnten fallen würde. Ich hatte keine Angst vor dieser Zahl – eher das Gegenteil. Ich mochte sie und hatte schon mehrfach besonders schwierige Situationen unterwegs an diesem Tag des Monats gut überstanden.

»Erzählen Sie«, forderte ich mein Gegenüber auf.

»Außer den Franzosen flogen damals die Amerikaner mit der Post über die Anden«, begann er seine Geschichte. »Ein Schneesturm hatte zwei Tage und zwei Nächte lang den Osthang der Cordillere mit fünf Metern Schnee zugedeckt. Eine riesige Wolkenfront hatte die ›Pan-Air‹ der Amerikaner zum Umkehren veranlaßt.

Henri Guillaumet erklärte sich bereit, mit seiner Post zu starten. Er kannte die Anden so gut wie kaum ein anderer Flieger. Mit ihrer grandiosen Schönheit – mit ihren tödlichen Gefahren.

Er flog sofort etwas nach Süden und fand, was er gesucht hatte – ein Loch in den Wolken, durch das er sich bis auf 6500 Meter hinaufschraubte. Die Welt lag in Watte verpackt unter seinen Flächen. Ein paar 5000 Meter hohe Berge ragten aus der Wolkenschicht hervor.«

»Nun hätte ihm doch eigentlich nichts mehr passieren können«, unterbrach ich den chilenischen Flieger. »Hatte er eine Motorpanne?«

»Nein, der Motor lief einwandfrei. Es ist immer wieder dasselbe – genau wie bei meinem Überflug. Die Fallwinde. Manchmal geht ein Flug so glatt, daß uns der Pilot für dumme Aufschneider hält. Doch die meisten erleben die Hölle – besonders während der Wintermonate. Guillaumet versank einfach in den Wolken. Sein Motor lief auf vollen Touren.

Der Pilot wandte die oft geübten Tricks an, um seine Höhe zu halten. Dieses Mal half alles Gelernte nichts.

In den Wolken tobten die Böen. Er konnte nur das Steuer loslassen und sich am Sitz festhalten, um nicht aus der Maschine hinauszufliegen. Die Scheiben beschlugen, kein Instrument war mehr zu erkennen. Er konnte später nicht sagen, wie lange es gedauert hatte, bis er plötzlich dunkle Umrisse unter sich sah. Guillaumet konnte jetzt das Flugzeug abfangen und sah, daß er bis auf ungefähr viertausend Meter durch die Wolkendecke hinabgetaumelt war.«

»Sie verstehen sich gut darauf, mir Angst zu machen«, konnte ich nicht umhin zuzugeben. Mir graute bei dem Gedanken, so etwas selbst erleben zu müssen. Es war mir gut bekannt, daß die Piloten der »Latécoère« zu den erfahrensten und schneidigsten der ganzen Welt gehörten.

»Es war der Diamantsee, über dem er sich wiederfand. Er kannte ihn gut von früheren Flügen. Er liegt in einem Felskessel, dessen eine Wand bis zu 6900 Metern aufsteigt.

Es schneite weiter in dichten Flocken. Der Franzose konnte nicht riskieren, gegen die Felswände zu jagen. So kreiste er zwei Stunden lang in dreißig Meter Höhe über dem gefrorenen und schon tief verschneiten Spiegel des Sees.

Als ihm der Brennstoff ausging, mußte er landen und überschlug sich dabei. Doch er war nicht verletzt. Der Sturm war so heftig, daß er den kräftigen Flieger einfach umwarf, als er ein paar Schritte zu machen versuchte«.

Mein chilenischer Fliegerkamerad zog seine Brieftasche heraus und entnahm ihr ein Foto.

»Das habe ich Ihnen mitgebracht – denn ich möchte Sie warnen. Tun Sie es nicht!« Ein verspannter Doppeldecker lag auf dem Rücken im Schnee.

»Nun spannen Sie mich nicht auf die Folter«, ermunterte ich ihn, weiter zu erzählen. Denn schließlich wußte ich, daß Guillaumet noch am Leben war. Immerhin war es tröstend, daß die Anden nun schon zwei ihrer Opfer wieder herausgegeben hatten. Mein Gegenüber und Guillaumet. Einige Flieger waren allerdings nach ihrem Start über die Cordillere nicht mehr zurückgekehrt. Doch es gab auch Tage, an denen ein Überflug glatt verlaufen war.

»Guillaumet baute sich eine Art Iglu und hüllte sich in die Postsäcke. Zwei Tage und Nächte lang hielt der Schneesturm an. Die Maschine war inzwischen mehrere Meter tief eingeschneit. Als das Wetter besser wurde, mußte der Flieger einsehen, daß er nicht darauf hoffen konnte, von suchenden Flugzeugen aus der Luft entdeckt zu werden.«

»Waren denn damals überhaupt Maschinen da, um nach dem Vermißten zu suchen?« fragte ich.

»Guillaumet war schon seit fünfzig Stunden überfällig, als Saint-Exupéry auf die Nachricht hin vom südlichen Patagonien nach Mendoza geflogen kam. Dort war außer ihm der Flieger Deley mit einer Maschine. Fünf Tage lang durchsuchten die beiden Piloten das eisstarrende Gebirge.

Ohne Ergebnis.

Saint-Exupéry schrieb später, sie hätten bei dieser Suche das Gefühl gehabt, hundert Geschwader würden wohl auch in hundert Jahren diese gewaltige Gebirgsmasse nicht durchforschen können.

Sie gaben die Hoffnung auf.

Alle Menschen, die mit der winterlichen Cordillere vertraut waren, nahmen mit Sicherheit an, daß Guillaumet – vorausgesetzt, daß er die Landung überhaupt überlebt hatte, die Nacht danach nicht lebend überstanden haben könne. Vierzig Grad Kälte waren dort oben im Winter keine Seltenheit.«

Der chilenische Flieger war durch seine eigene Erzählung so ergriffen, daß ich ihn schon bitten wollte, sie zu beenden. Doch er und Guillaumet hatten den Absturz in den Anden überlebt. Also mußte es auch in seinem Bericht zu einem guten Ende kommen. »Nun erzählen Sie bitte, wie er sich gerettet hat«, erinnerte ich ihn.

»Ja, – als der Sturm sich gelegt hatte, war er losmarschiert. Ohne irgend etwas an bergsteigerischer Ausrüstung lief er fünf Tage und vier Nächte über Höhen von 4500 Metern und mehr – immer nach Osten, wo die argentinische Tiefebene liegen mußte. Er hatte keine Lebensmittel bei sich, nur ein wenig Bordverpflegung, etwas Schokolade und Rum. Doch das war bald verzehrt. Seine Füße, seine Hände und seine Knie bluteten, der harte Frost biß in die Wunden. Er stürzte und er stand wieder auf. Er kletterte Felswände hinauf, die ihn nach unsagbarer Anstrengung nicht weiterführten. Er mußte wieder mit mindestens so großer Mühe und Gefahr zurück in die Tiefe. Nach jedem Sturz, wenn er sich wenigstens für einen Augenblick ausruhen wollte, um sein Herz zu beruhigen, drohte die Kälte ihn zu versteinern. Seine Muskeln waren nach jedem kurzen Verschnaufen für lange Zeit nicht zu gebrauchen.«

»Was muß das für ein Mann gewesen sein!« Ich war erfüllt von tiefster Bewunderung. So waren die Männer von der »Linie!« Einer wußte vom anderen, daß er bis zum letzten Atemzug kämpfen würde um dieses wunderbare Leben, um das Wiedersehen mit den Kameraden und nicht zuletzt um die Kurier-Post.

»Wer nie ungeschützt diese mörderische Kälte erlebt hat«, nahm der Flieger seinen Bericht wieder auf, »wird gar nicht imstande sein, sich auch nur ungefähr in Guillaumets Gefühlswelt während dieser Tage hineinzuversetzen. Ich kann es. Ich habe es selbst erlebt – wenn auch nur einen Bruchteil dessen, was er aushalten mußte.

Das Schlimmste ist, daß bei großer Kälte auch der Lebenswille des vitalsten Menschen auf den Tiefstpunkt absinkt. Er denkt, er reagiert langsamer. Nur seine Leiden packen ihn mit größerer Schärfe als unter gemäßigten Witterungsbedingungen.«

»Man muß sich nur die bei schönstem Frostwetter weinend auf ihrem Schlitten sitzenden kleinen Kinder bei uns zu Hause vorstellen«, warf ich ein. »Selbst bei wenigen Graden Kälte und etwas Ostwind schluchzen sie ihren Schmerz hinaus. Dabei sind sie eingehüllt bis an die Nasenspitze.«

Der Chilene nickte.

»Von Stunde zu Stunde – und das durch Tage hindurch – ließ der Selbsterhaltungstrieb des notgelandeten Fliegers nach.

Jeder Sturz, jedes vergebliche Erklettern eines Hügels, von dem er sich die rettende Aussicht erhoffte, vergrößerten seinen Wunsch, sich einfach in den Schnee zu legen und damit in kurzer Zeit allen Leiden ein Ende zu bereiten. Er hat uns das später in allen Einzelheiten selbst geschildert. Er sagte, das Schwierigste sei gewesen, sein Denken auszuschalten oder zumindest es auf primitive alltägliche Dinge, wie die Erinnerungen, umzuschalten. Es war Henri klar, nachdem er schon mehrere Tage lang marschiert war, daß nur ein Wunder ihn noch retten konnte. Niemand unten von den Kameraden konnte damit rechnen, daß er noch am Leben war. Und Wunder sind sehr selten.«

Flüchtig kam mir der Gedanke, ob dies wohl die passende Unterhaltung mit einem jungen Mädchen war, das zwei Tage später dasselbe Wagnis in einer noch viel schwächeren Maschine unternehmen wollte. Doch die Geschichte des Fliegers Guillaumet war so einmalig, daß ich für diesen lebendigen Bericht des Chilenen trotzdem dankbar war. Er wollte mich nach Möglickeit von meinem Andenüberflug abhalten. Dazu schien ihm diese Geschichte als das geeignetste Mittel.

»Irgendwann kam dann doch der Augenblick, an dem sein herrlicher Mut und seine Energie aufgebraucht waren. Es ging einfach nicht mehr weiter. Er hatte sich lang auf einem steilen Schneehang ausgestreckt und genoß dieses Ausruhen und Lockern aller Muskeln so sehr, daß er fast den Übergang in die Bewußtlosigkeit des Erfrierens verpaßte. Doch nur beinahe.

Unmittelbar vor dem Einschlummern muß es gewesen sein, als das Bild seiner Frau vor seinem inneren Auge erschien.

Das riß ihn hoch von seinem Schneefeld.

Es war, als ob sie einen Ruf über den Ozean bis zu den eisigen Bergen zu ihm geschickt hätte. Es wurde ihm plötzlich klar, daß die nächste Schneeschmelze seinen Körper in eine der unzähligen Felsspalten schwemmen würde. Das würde zur Folge haben, daß seine Familie frühestens in vier Jahren, wenn er als vermißter Flieger für tot erklärt worden war, die Versicherungssumme ausgezahlt bekommen würde. Er hatte solche Fälle bei verschollenen Ozeanfliegern schon miterlebt.

Er sah in einiger Enfernung einen Felsen. Wenn er diesen erreichte, so würde man spätestens im Frühjahr seine Leiche finden. Seine Frau wäre dann versorgt.«

»Und fand er schließlich Menschen?« Ich sehnte das gute Ende herbei.

»Noch lange nicht. Er hatte noch einige Tage und Nächte zu marschieren, bis er am Ende seines Martyriums angelangt war. Jetzt verließ ihn sein Gedächtnis. An jedem Rastplatz ließ er irgend etwas zurück, was für ihn lebenswichtig war. Einen Handschuh, die Uhr, den Kompaß – immer mußte er wieder umkehren. Und alle paar Stunden mußte er das, was noch an Schuhen an seinen Füßen hing, weiter aufschneiden, um die angeschwollenen Füße mit Schnee einzureiben.«

»Jetzt kann ich verstehen, daß sein ersten Wort war, als man ihn endlich fand: ›Kein Tier hätte das ausgehalten, was ich getan habe!‹

Jedes Tier hätte durch einfaches Aufgeben diesen Qualen lange ein Ende gemacht!«

»Ja, wahrscheinlich! – Er ist nicht einmal, sondern unzählige Male auf diesem Marsch so gut wie gestorben. Und selbst das Ende seines Leidensweges war nicht einfach. Wieder hatte er, wenn schon eigentlich ohne Hoffnung, eine Anhöhe erklommen – da sah er plötzlich eine Hütte vor sich. Er sagte mir selbst, er konnte einfach nicht an ihr wirkliches Vorhandensein glauben – nach diesen Tagen! Doch sie war dort und sie blieb dort. Als er sich ihr näherte – einem menschlichen Wesen wohl nur noch sehr entfernt ähnlich –, entflohen die primitiven Bergbewohner. Sie glaubten, einen bösen Geist auf sich zuwanken zu sehen. Doch bald kehrte ihre Überlegung zurück und sie erinnerten sich, daß man auch zu ihnen Läufer geschickt hatte, die nach Spuren des verschwundenen Flugzeugs und seines Piloten suchen sollten.«

»War es nicht sein Kamerad Saint-Exupéry, der ihn dann als erster Europäer auffand?« Zu jener Zeit war der Flieger der großen Öffentlichkeit noch unbekannt.

»Ja – so war es. Nach tagelanger vergeblicher Suche saß dieser gerade in einer Wirtschaft in Mendoza am Osthang der Anden, als plötzlich jemand die Tür aufriß und rief: ›Guillaumet lebt!‹ Minuten später war Saint-Exupéry in seinem Flugzeug und landete neben einer Straße, als er aus der Luft den Wagen entdeckte, der Guillaumet wieder der Zivilisation entgegenführte.

Alle, die damals dabei waren, erzählten, Guillaumet habe wie ein Gespenst ausgesehen. Sein Körper sei ganz ausgetrocknet und zusammengeschrumpft gewesen. Seine Hände und seine Füße wiesen starke Erfrierungen auf.

Das weiche Bett, in das er Stunden später gelegt wurde, als sein Kamerad von der ›Latécoère‹ ihn nach Mendoza geflogen hatte, wurde ihm erst nach Tagen zu einer Wohltat. Zuerst konnte sein gemarterter Körper gar nichts damit anfangen.«

»Stimmt es, daß er auch die Kurierpost gerettet hatte?« erkundigte ich mich.

»Ja – es stimmt. Das ist das größte Wunder von allen und bezeichnend für den Geist, der damals bei der ›Linie‹ herrschte. Mit einigen Tagen Verspätung erreichte die Luftpost ihre Empfänger. Nicht ein Stück war verlorengegangen.«

»Hat man eigentlich das Flugzeug auch wiedergefunden?«

»Nicht nur gefunden«, erzählte der junge Fliegeroffizier, »es fliegt sogar wieder auf der Strecke – manchmal sogar mit Guillaumet am Steuer. An der Seite des Rumpfes hat man ein kleines Schild angebracht zur Erinnerung an die Landung auf dem Diamantsee.«

»Das ist wohl die unglaublichste Geschichte, die ich bisher über ein Fliegerabenteuer gehört habe«, mußte ich zugeben.

»Als es Frühjahr geworden war, schickte die ›Latécoère‹ eine Expedition, außerdem Ersatzteile und Maultiere in die Berge.

Das Flugzeug wurde repariert und zu Tal geflogen. Inzwischen hatte sich Guillaumet von seinen Erfrierungen erholt und durfte bald wieder Dienst machen – Sie sehen, das Leben und die Fliegerei geht weiter. Bei mir auch. Ich darf einige Flugzeugtypen mit meiner Prothese fliegen. Doch ein Mädchen sollte es nicht mit den Anden aufnehmen.«

Sicherlich meinte es mein Gegenüber nur gut mit mir. Doch inzwischen gab es für mich kein Zurück mehr. Die »Panair« hatte mir ein Sauerstoffgerät einbauen lassen. Mein Gepäck war schon mit der Luftlinie nach Buenos Aires unterwegs. Mein Motor war überholt worden und ich hatte eine Reihe von Probeflügen gemacht.

Ich muß gestehen, daß die Geschichte Guillaumets mich bis in den Schlaf verfolgte. Es wäre vielleicht besser gewesen, ich hätte sie erst später erfahren.

Vielleicht gehört das mit zu dem Preis, den ich für das Erlebnis des Fluges über die Anden bezahlen mußte – neben den Stürmen, neben den beklemmenden Abwinden, die mich ein paarmal wie in einem Fahrstuhl tausend Meter hinabrissen und neben der grausamen Kälte in der kleinen offenen Maschine. Doch das war alles nichts, verglichen zu dem, was Guillaumet erlebt hatte.

Ich machte bei meinem Flug einen kleinen Umweg nach Süden und warf einen Blick auf den Schicksalssee des französischen Fliegers. Es fröstelte mich.

Man würde es für fair vom Schicksal halten, wenn Henri Guillaumet nach diesem grausamen Abenteuer ein langes und glückhaft erfülltes Leben zuteil geworden wäre.
Glücklich war es wohl und voller Erfolg.
Doch nicht lang.
1934 überflog er den Südatlantik und wiederholte dann für seine Luftlinie, die »Air-France«, diesen Flug zweiundachtzigmal.

Später folgten zwölf Nord-Atlantiküberquerungen. Im Dezember 1937 stellte er eine Reihe von internationalen Rekorden auf. Bald danach begann der Krieg.

Und dieser Mann, den nichts hatte besiegen können, kein Ozean, keine Eisberge und keine Wüste – der wurde das Opfer eines Luftkampfes. Doch es sind keine Einzelheiten seines Endes bekannt.

Am 27. November 1940 saß er am Steuer einer mehrmotorigen »Farman« über dem Mittelmeer, unterwegs nach Beirut.

Man vermutet, daß Henri Guillaumet im Verlauf eines englisch-italienischen Luftkampfes abgeschossen wurde und in den Fluten des Mittelländischen Meeres seine letzte Ruhe fand. Er war damals gerade achtunddreißig Jahre alt.

Hermann Göring
*12. Januar 1893
† 15. Oktober 1946

30 Der Kommandeur des legendären »Jagdgeschwaders Manfred Freiherr von Richthofen«, 1918

„**G**öring wird Sie heute mittag im Luftfahrtministerium empfangen", wurde mir am Telefon mitgeteilt. »Dann können Sie ihm Ihren Wunsch vortragen – er hat die Entscheidung darüber.«

Ja, das mußte also sein.

Ich hatte keinerlei Beziehungen zu den Machthabern der damaligen Zeit – wollte auch keine haben. Ich hatte zu diesem Besuch kein gutes Vorgefühl. Göring war zu diesem Zeitpunkt General der Luftwaffe und soweit ich wußte, wenig oder gar nicht an der Sportfliegerei interessiert.

»Na ja«, sagte Udet, als ich ihm von dem bevorstehenden Termin am Telefon erzählte, »dann sag dem Dicken einen schönen Gruß von mir.«

Von ihm wußte ich allerlei über die Vorgeschichte Görings, seinem alten Kriegskameraden, der ihn inzwischen zum Oberst ernannt hatte. Göring stammte aus einer angesehenen Familie. Sein Vater, Dr. Heinrich Ernst Göring, war zur Zeit seiner Geburt Generalkonsul in Haiti. Seine Mutter, des Vaters zweite Ehefrau, ließ das Baby, 6 Wochen nach seiner Geburt, bei deutschen Freunden zurück und fuhr zu ihrem Mann. Hermann sah seine Mutter erst nach 3 Jahren wieder. Sein Vater war der erste Reichskommissar in Deutsch-Südwestafrika gewesen und hatte sich um die dortigen deutschen Handelsbeziehungen sehr verdient gemacht.

Ein Freund aus der afrikanischen Zeit von Dr. H. E. Göring, Dr. Epenstein, später Ritter von Epenstein, ein reicher Junggeselle, war Patenonkel des Kindes Hermann und seiner Geschwi-

31 Mit dem Pour le mérite im Juli 1918

32 Bei den deutschen Kunstflugmeisterschaften 1933 mit Willy Stohr und Theo Croneis (rechts)

ster. Den Titel hatte er sich durch geschickte Schenkungen erworben. Er war Besitzer einiger Schlösser im süddeutschen Raum, darunter das Schloß Veldenstein, das er der Familie Göring als Wohnsitz anbot. Görings Mutter lebte dann dort als die Geliebte von Dr. Epenstein, mit der stillschweigenden Duldung ihres ältlichen Ehemannes.

Eine Geschichte, die eigentlich gar nicht in das Muster der Nationalsozialisten hineinpaßte – doch vielleicht eine Erklärung für die außergewöhnliche Prunksucht des späteren Luftmarschalls war.

Ich wartete im Innenhof des Luftfahrtministeriums. Im Vorzimmer des Ministers wurde ich von einem jungen Hauptmann der Luftwaffe begrüßt, der mir sofort bekannt vorkam.

»Sind Sie nicht...?« frage ich, angenehm überrascht.

»Ja natürlich, ich erinnere mich sehr gern an unsere gemeinsame Zeit bei Ritter von Greim auf der Fliegerschule in Würzburg, wo wir beide 1929 unseren Kunstflugschein erworben haben«, entgegnete er, wie mir schien auch erfreut. Und jetzt war er Adjutant bei Göring! Ich nahm es als ein gutes Vorzeichen.

»Ist der Löwe bei ihm drinnen?« fragte ich besorgt. Ich wußte aus der Presse, daß Göring als Geschenk vom Leipziger Zoo einen jungen Löwen bekommen hatte, der sich nun auch in seinen Amtsräumen aufhalten durfte.

»Ich denke schon«, meinte der Hauptmann.

»Ist er denn so zahm? Er ist doch schon aus dem Babyalter heraus.«

»Doch, doch. Nur würde ich nicht raten, mit ihm zu spielen. Kürzlich war die Prinzessin zu W. hier zu einem Empfang. Sie kraulte ihn freundlich, und der Löwe erwiderte ihren Annäherungsversuch mit einem zarten Prankenschlag auf ihre Rückseite – mit dem Erfolg, daß ihre Garderobe bis auf die Haut herunterhing«, lachte er. »Er hatte es ja nicht böse gemeint.«

Das waren ja heitere Aussichten. Ich hatte, wie ich glaubte, dem Anlaß entsprechend, ein sehr schickes Kostüm an mit breitem

Ärmelbesatz und einem Kragen aus Leopardenfell, das ich in Süd-Westafrika geschenkt bekommen hatte. Ob das dem Löwen gefallen würde? »Fräulein Beinhorn zum Minister«, tönte es über den Lautsprecher. »Nur keine Angst – es wird schon gutgehen«, tröstete mich mein früherer Fliegerkamerad.

Da saß – oder besser thronte er, der zur Zeit mächtigste Mann der deutschen Fliegerei, in einem prächtigen Sessel vor einem pompösen Schreibtisch. In Generalsuniform mit breiten weißen Streifen an der Hose. Der Löwe war nicht im Raum. Göring stand nicht auf. »Setzen Sie sich. Mein Freund Bruno Loerzer hat mich gebeten, mir Ihren Wunsch anzuhören.«
Ich schluckte und sagte, um seine sicher kostbare Zeit möglichst kurz in Anspruch zu nehmen, ohne lange Vorrede: »Ich möchte gern mit einer ›KL 32‹ mit Siemensmotor allein von Dakar nach Südamerika fliegen. Und dazu brauche ich Ihre Genehmigung.«
Göring sah mich überrascht an. »Was veranlaßt Sie zu der Annahme, daß Sie das überhaupt können?«
»Na ja – ich bin doch auch allein über alle Erdteile geflogen – und der Flug über die Timorsee nach Australien dauerte immerhin schon 8 Stunden. Und außerdem habe ich einiges dazugelernt«, verteidigte ich meinen Vorschlag.
Göring war offensichtlich überrascht. Er schien keine Ahnung von meiner fliegerischen Vorgeschichte zu haben. »1932 habe ich den Hindenburg-Pokal bekommen.« Das war seinerzeit die höchste Auszeichnung in der deutschen Sportfliegerei. »Bitte geben Sie mir die Erlaubnis!«
Der »Eiserne«, wie er bei uns genannt wurde, sah mich nachdenklich an. »Ich muß Sie enttäuschen. Sie dürfen mit Ihrer ›Klemm‹ nicht über den Süd-Atlantik fliegen. Wenn Sie ins Wasser fallen, würde mir das, nachdem ich Sie jetzt kenne, leid tun. Aber noch wichtiger wäre der Schaden, den Sie damit unserem eben entstehenden Projekt, einer deutschen Luftlinie

nach Südamerika, zufügen würden. Das müssen Sie doch einsehen, Sie kleine Fliegerin«, sagte er beinahe tröstend.
Am liebsten hätte ich losgeheult. Wieviel Zeit hatte ich schon auf die Vorbereitungen verwendet, und nun dieses kurze, aber unmißverständliche »Nein«.
Da saß er mir gegenüber, der Fliegerheld des Ersten Weltkrieges mit 22 Abschüssen und dem Orden »Pour le mérite«, letzter Kommandant des legendären »Jagdgeschwaders Richthofen« nach v. Richthofens Tod. Wie konnte ein Mensch mit diesen Voraussetzungen nur ein führender Nationalsozialist werden? Man flüsterte darüber, er sei Morphinist seit einer schweren, schmerzhaften Verwundung, die er beim Marsch auf die Feldherrnhalle im Jahre 1923 erlitten hatte. Er war jetzt übermäßig dick und aufgedunsen. Doch den Gesichtszügen sah man immer noch eine gute Abstammung an.
Was blieb mir anderes übrig, als mich zu verabschieden. Ich stand auf: »Moment mal, Fräulein Beinhorn, haben Sie nicht einen anderen Wunsch, den ich Ihnen erfüllen kann?« schlug Göring vor.
Ich überlegte kurz. »Doch – schon. Ich würde gern Blindflug lernen. Für weibliche Wesen gibt es dazu keine Möglichkeit in Deutschland.«
Die Antwort kam sehr schnell: »Genehmigt – und zwar bei meinem persönlichen Piloten Flugkapitän Hucke. Ich wünsche Ihnen weiterhin alles Gute!«
Diesmal stand Göring auf. Inzwischen hatte sein Adjutant ein großes Bild des Ministers mit prächtiger Uniform hereingebracht, das Göring in seinen ausladenden Schriftzügen mit einer Widmung versah.

Nie wieder habe ich Göring getroffen. Damals ahnte die Bevölkerung noch nichts von seinen späteren Untaten. Seine Bemerkung »wer Jude ist, bestimme ich«, war in aller Ohr. Kaum ein Mensch glaubte zu jener Zeit an einen Krieg und Görings Ausspruch aus dem Jahre 1939: »Wenn je ein feindliches Bombenflugzeug über

33 Mit Charles Lindbergh und dessen Frau bei einem Empfang im Juli 1936

34 Ein Geschenk des Leipziger Zoos

deutsches Gebiet fliegt, dann könnt ihr mich Meier nennen«, war noch Zukunftsdrohung.

Das Bild hängte ich nicht auf – aber merkwürdigerweise hat es alle Wirren überstanden und ist bis heute erhalten geblieben.

Der Blindflugkurs bei »Hänschen« Hucke war ein Erfolg. Doch habe ich das Erlernte bald wieder vergessen, da ich keine Gelegenheit zur regelmäßigen Übung und keine eigene entsprechend ausgerüstete Maschine zur Verfügung hatte.

Später habe ich noch manchmal an diese Begegnung mit dem »Fliegerkameraden« Hermann Göring gedacht, aber nicht mit besonders freundlichen Gedanken. Aus einem der erfolgreichsten Jagdflieger des Ersten Weltkrieges war ein Massenverbrecher, ein Schreckgespenst für viele Menschen geworden, in- und außerhalb Deutschlands. In der Rückschau charakterisierte ihn der damalige französische Botschafter François-Poncet: »Er war geschickt, schlau, kaltblütig, mutig und von eisernem Willen. Skrupel kannte er nicht. Und er war ein Zyniker. Obwohl er großherzige Regungen und Ritterlichkeit kannte, konnte er von unerbittlicher Grausamkeit sein.«

Amelia Earhart
24. Juli 1898
verschollen am 3. Juli 1937

35 So hätte ich sie nie erkannt!

Am 20. Mai 1932 hatte die erste Frau im Alleinflug den Atlantik überquert. Die amerikanische Fliegerin Amelia Earhart war damals 33 Jahre alt.
Sie war nicht schön im üblichen weiblichen Sinne, doch sie fotografierte sich außergewöhnlich günstig. Sie hatte ein intelligentes sympathisches Gesicht mit Sommersprossen und kurzgeschnittenes welliges Haar, war überdurchschnittlich groß und sehr gut gewachsen.
Sie gehörte zu den Menschen, deren Gesicht und Erscheinung sich sofort einprägen.
Sie flog meistens in langen Jodhpurs und in einem wildledernen Lumberjack. Hinzu kam, daß sie eine verblüffende Ähnlichkeit mit Charles Lindbergh hatte, der seit seinem Soloflug New York – Paris das Idol der Amerikaner war. Denselben Platz auf dem weiblichen Thron nahm »Miß Lindy« nach ihrem Ozeanflug ein.

Das erste, was ich von Amelia sah, das über die Zeitungsberichte hinausging, war ein lebensgroßes auf Pappe aufgezogenes Foto, welches frei im Raum der Mayfair-Wohnung eines englischen Fliegers stand. Es beherrschte die Bibliothek vollständig.
Der Inhaber dieses über zwei Stockwerke gehenden Appartements war der Sohn und Mitdirektor eines großen Konzerns – nennen wir ihn Lindsay. Junggeselle. Sehr begütert. Irgendwie schockierte dieses im Raum eingefangene Bildnis der Ozeanfliegerin mit den mandelförmigen ausdrucksvollen Augen und dem eigenwilligen kurzen blonden Haar. Niemand von den Gästen stellte Fragen – alle bemühten sich, darüber hinwegzusehen.

Jeder von uns wußte, daß Amelia die Frau des amerikanischen Verlegers George Palmer Putnam war.
Wir waren eine kleine Gruppe von deutschen Sportfliegern. Der königlich britische Aeroclub hatte uns zu einem internationalen Fliegerwochenende in England mit seinen üblichen Empfängen und Einladungen aufgefordert.
Später hatten die Gäste von Lindsays Cocktailparty sich auf die verschiedenen Räume verteilt. Wir saßen zu dreien mit dem Hausherrn oben in der Bibliothek. Doch wir Anwesenden waren Schattenfiguren geworden. Der Geist der abwesenden Ozeanbezwingerin herrschte über uns.
Lindsay trank einen Schluck Scotch aus einem uralten wertvollen Glas und sah nachdenklich auf die Pappfigur, die so unglaublich lebendig wirkte.
»Ich werde die Fahrt durch Frankreich nach Amelias Landung in Irland niemals vergessen«, sagte er wie zu sich selbst.
Niemand von uns unterbrach ihn.
»Ich war selbstverständlich Mitglied in allen Komitées, die sich um den Empfang von Amelia kümmerten. Wir stellten ihr offizielles Programm zusammen. Der amerikanische Botschafter ist ein guter Freund von mir. So ergab es sich, daß ich sehr oft an diesen Tagen zu Amelias engster Umgebung gehörte – welch eine Frau! Ein Kind, eine stahlharte Fliegerin, und dabei war sie doch eine richtige Frau!« Lindsay war Kriegsflieger gewesen und besaß jetzt ein eigenes Sportflugzeug, in dem er zur Jagd bis nach Afrika und Indien geflogen war. Er konnte aus eigener Erfahrung beurteilen, was es heißt, allein in der Nacht über dem Ozean zu sein.
»So hart – und doch . . .«, fuhr er fort, »ich muß es euch erzählen – vielleicht könnt ihr das begreifen. Elly vielleicht am ehesten . . .«
Ein Diener servierte frisch gefüllte Gläser.
»Amelia war wie ein glückseliges Kind, als sie den grausamen Atlantik hinter sich hatte. Sie hat mir das Blatt ihres Barographen gezeigt. Da gab es an einer Stelle während der Nachtstun-

den ein Abrutschen der Nadel um 3000 Fuß. ›Niemals werde ich das vergessen‹, hatte sie mir eines Abends nach einem großen Bankett in der Botschaft erzählt, ›meine Flächen waren ganz plötzlich vereist und ich kam ins Trudeln. Gut tausend Meter war ich hoch. Instinktiv machte ich schon bei der ersten Umdrehung alles, was man tun muß, um ein trudelndes Flugzeug abzufangen. Doch es ging abwärts und abwärts.

Als die Maschine wieder auf Steuerdruck reagierte, konnte ich sie gerade über den weißen Schaumkronen der Wellen abfangen – die wärmere Luftschicht hatte das Eis abgelöst. Ich übertreibe nicht, Lindsay – hier ist alles genau aufgezeichnet. Es war grauenhaft!‹«

Ein kurzes Lächeln von Lindsay – aber es war kein freies Auflachen. Wir anderen drei standen vollkommen im Banne seines Berichts.

»Es war für mich, für uns alle, die wir um Amelia sein durften, wie ein großes Geschenk, diese bewußte Glückseligkeit mitzuerleben, mit der sie jeden Augenblick auskostete. Ihr dankbares Genießen jeder Stunde dieser Tage teilte sich uns allen wie ein Wunder mit.

Und dann, nach einigen Tagen, kam ihr Mann von USA nach England. Es war vorgesehen, daß der Verleger mit seiner inzwischen weltberühmten Frau einige Tage auf dem europäischen Festland verbringen sollte. Ich war eingeladen worden, das Paar für einen Teil dieser Reise bis nach Paris zu begleiten. Amelia, deren Leben bisher immer von wenig Luxus und vielen Pflichten ausgefüllt gewesen war, freute sich wie ein ganz junges Mädchen auf die französische Hauptstadt. Sie saß uns beiden Männern im Abteil gegenüber und machte Pläne über Pläne.

›Ein langes Kleid werde ich mir kaufen – und ob sie dort wohl etwas mit meinen struppigen Haaren anfangen können? Aus Spaß werde ich mal zu dem berühmten ‚Figaro' gehen!‹

›. . . und im Louvre! Manche Säle kenne ich fast auswendig, ohne sie bisher je gesehen zu haben!‹ Sie schüttelte ihren Lockenkopf

vor Begeisterung. ›Ihr werdet euch wundern, was für eine erstklassige Führerin ich sein werde!‹« Lindsay sah an uns vorbei auf das Großfoto der Fliegerin, deren Augen den Beschauer durchdringend anblickten.
»Plötzlich sagte G. P. Putnam ganz ruhig aus seiner Ecke neben mir: ›Aber Amelia, wir bleiben nicht in Paris. We are going to Rome!‹ ›Bitte, G. P. – ich möchte doch so gern in Paris bleiben. Ich mag jetzt nicht nach Rom fahren – bitte!‹ Obwohl kein unfreundliches oder lautes Wort gefallen war, hätte ich mich während dieser Unterhaltung am liebsten in Nichts aufgelöst«, fuhr der englische Flieger fort. »Ich mochte auch nicht fortgehen, es hätte so ausgesehen, als ob ich dieses Hin und Her als beginnenden Streit angesehen hätte. Doch ich brauchte nicht lange zu überlegen. Nach einigen weiteren Sätzen über Paris und Rom und Rom und Paris sagte Amelias Mann plötzlich: ›Ach bitte, Lindsay, würdest du mich für einen Augenblick mit meiner Frau allein lassen?‹ Könnt ihr euch vorstellen, wie peinlich mir das vor Amelia war?«
Jeder von uns konnte das sehr gut. Wir hatten alle schon kürzer oder länger in britischen Ländern gelebt.
»Ich ging in den Speisewagen«, erzählte Lindsay weiter, »und aß eine Kleinigkeit. Dann kehrte ich wieder in unser Abteil zurück. Der Zug raste jetzt durch Nordfrankreich. Amelia saß aufrecht in ihrer Fensterecke und betrachtete die vorüberfliegende Landschaft. Als ich die Schiebetür wieder schloß und mich auf meinen Platz neben ihren Mann setzte, sah sie mich eine Weile ernsthaft an. Dann blitzte es nur kurz in ihren Augen auf, ›. . . we are going to Rome‹ war alles, was dann noch zu diesem Thema gesagt wurde.«

So hatte meine erste Begegnung mit Amelia Earhart ausgesehen. Die echte persönliche fand im Winter 1934 über und in Los Angeles statt. Ich flog ihr mit meiner »Klemm« – mit der ich auf einem Flug über alle mittelamerikanischen Staaten und die USA unterwegs war – ein Stück entgegen und machte ihr in der Luft eine tiefe Verbeugung. Ich flog so nahe an sie heran, daß ich ihren unverkennbaren »Miß-Lindy«-Kopf mit den Ponies am Kabinenfenster genau erkennen konnte. Nach der Landung ging ich nicht zu ihr. Ich wußte, daß ich sie am nächsten Tag im ganz kleinen Kreise im Haus von gemeinsamen Fliegerfreunden treffen würde. Sie hatte mit ihrer Mutter deren kleines Haus bezogen, um größere Überholungsarbeiten an ihrem Flugzeug durchführen zu lassen.

Wir unterhielten uns schon mit ihrem Gastgeber und einer anderen mit Amelia befreundeten Fliegerin, als mit Schwung ein riesiges zweisitziges Kabriolett in die Garage fuhr. Wir sahen von der Terrasse aus, wie die weltberühmte Fliegerin ihre Kappe vom Kopf streifte und die Haare durcheinanderschüttelte. Genau so sah sie auf allen Fotos und Filmen aus. Man mußte sie sofort erkennen. Sie war nicht zu verwechseln.

Eine Minute später saß Amelia mit angezogenen Knien auf dem Erdboden, die Wange an meinen Sessel gelehnt und zu mir hinaufblickend.

»So you are Elly!« sagte sie ruhig und freundlich. »I know all about you.« Sie sagte das so selbstverständlich und überzeugend. Ich zweifelte keine Sekunde daran, daß sie wirklich allerlei über mich wußte, obwohl ich mir, verglichen mit ihr, wie eine unbedeutende Taschenausgabe einer Fliegerin vorkam.

Diese Frau war in ihrer absoluten Natürlichkeit, in ihrer Schlichtheit eines der faszinierendsten Menschenkinder, das mir je begegnet war. Im Geist verglich ich diese lebendige Fliegerin mit dem aufgeklebten Foto in Lindsays Bibliothek. Sie sah genau so aus, wenn sie auch heute ein Kleid und nicht die langen Reithosen anhatte. Man mußte nicht ein Mann sein, um von dieser Frau hingerissen zu sein. Ihre Augen waren grau und sie hatte starke Lippen. Ich glaube, es kam niemand jemals bewußt dazu, zu analysieren, ob diese Frau eigentlich schön oder hübsch war. Sie war eben A. E., wie sie sich selbst gern nannte.

Wir unterhielten uns einige Stunden lang. Ich fand es geradezu rührend, daß Amelia meine Fragen immer wieder unterbrach, um sich von meinen Flügen erzählen zu lassen. Mir erschien es fast schade um die Zeit.

Ich hatte einiges über die Lebensdaten der Fliegerin gelesen. Das alles wurde nun durch ihre persönlichen Auskünfte abgerundet. Ihre Heimat war Atchinson – Kansas, ihr Vater war dort Anwalt einer Eisenbahngesellschaft. Später, als die Familie in Chicago wohnte, besuchte die Tochter die Columbia Universität in New York, danach die in Süd-Kalifornien. Sie beherrschte fünf Sprachen, studierte Biologie. Später lernte sie auch fotografieren und wäre wohl Lehrerin geblieben, wenn nicht das Flugzeug nachhaltig ihren Lebensweg gekreuzt hätte, als sie im Ersten Weltkrieg als Hilfsschwester in Toronto tätig war. In jeder freien Minute ging sie zum Flugplatz, machte bald nach zehn Flugstunden ihren ersten Alleinflug und stellte in den folgenden Jahren einige inneramerikanische Rekorde auf.

Doch das waren nur die ersten zögernden Schritte auf ihrem Weg zur Ozeanfliegerin.

Im Jahre 1928 fragte ein New Yorker Verleger bei ihr an, ob sie Lust habe, Wilmer Stutz und Lou Gordon auf einem Atlantikflug zu begleiten. Es wurde die elfte Ozeanüberquerung und Amelia war die erste Frau, die – wenn auch nicht als Pilotin – den Atlantik überflog. Vier Jahre später flog sie allein über den Ozean und wurde die berühmteste Frau der Welt zu ihrer Zeit.

»Rauchst du, Amelia?« fragte ich das zu meinen Füßen sitzende Weltwunder.

»Nein, Elly, ich trinke auch nicht. Das wird doch sicher deine nächste Frage sein?« Sie lachte. »Mein stärkstes Getränk ist Buttermilch. Doch habe ich nichts dagegen, wenn meine Freunde sich einen kräftigen Schluck genehmigen.«

Irgendwie kam unser Gespräch auf Spanien und Südamerika.

»Weißt du«, sinnierte Amelia, »ich habe mir oft überlegt, wie es möglich ist, daß so viele Menschen Freude an Stierkämpfen haben – auch viele meiner Freunde. Du vielleicht auch? Ich könnte mir nie eine Corrida anschauen. Auch die Jagd auf lebendige Tiere ist mir für mich selbst unverständlich.«

»Ich habe im vorigen Jahr in Südwestafrikaa einige Antilopen und auch einen Leoparden geschossen«, bekannte ich. Es wäre mir wie Feigheit vorgekommen, das nicht zu sagen. Um die Fliegerin Amelia herum war der Raum wie eine Kristallkugel, durch die man bis in die Seelenfalten ihrer Umgebung hineinschauen konnte. Doch es war eine angenehme, nicht bedrückende Klarheit, die diese Frau einem abverlangte.

Sie fragte nur: »War es gefährlich?« Sie machte keinen Versuch, mir die Jagd für die Zukunft auszureden oder mir überhaupt eine Stellungnahme abzunötigen.

Eine ganz seltene Frau. Die beste Repräsentantin für die Vereinigten Staaten, die man sich überhaupt vorstellen konnte. In Europa hatte man einen ganz anderen Begriff von jungen US-Bürgern, als es Amelia und Charles Lindbergh waren.

Für die Jahre nach dem ersten Ozeanflug mit Stutz und Gordon war Putnam ihr Berater und Freund geblieben. 1931 bat er sie, seine Frau zu werden. Amelia war damals 33 Jahre alt.

Sie war ein sehr eigenwilliger Mensch mit festen Vorstellungen und Zielen für ihre eigenen Aufgaben und für die der Frauen überhaupt. Es war für sie kein leichter Entschluß, ihre Freiheit aufzugeben. Doch Putnam, selbst zweimaliger Führer von Expeditionen in die Arktis, hatte wohl Verständnis für eine solche Frau, die ihm am Tage der Trauung einen Brief übergab, in dem unter anderem folgendes stand: »Lieber G. P., da sind ein paar Dinge, die ich niederschreiben möchte, ehe wir verheiratet sind. Ich muß dir noch einmal sagen, wie widerstrebend ich diesen Schritt tue. Dadurch zerschlage ich mir Aussichten für meine Arbeit, die mir soviel bedeutet. Bitte laß mir immer ein Plätzchen, wohin ich ab und zu gehen kann, um ich selbst zu sein. Ich kann nicht dafür einstehen, daß ich das Eingesperrtsein in einen Käfig ertragen werde – mag er auch noch so attraktiv sein.«

G. P. Putnam war das Risiko eingegangen, eine solche Frau auf

36 Vor ihrem Flug nach Neufundland

37 Amelias Maschine auf dem Flughafen Teterboro

ihrem weiteren Lebensweg zu begleiten. Nach ihrem Ozeanflug hatte sie sich seinen Wünschen gefügt: »We are going to Rome«, hörte ich Lindsay noch einmal sagen und sah das Riesenfoto von London vor mir.

Steil war Amelias Erfolgsweg nach oben gegangen.

Nach dem Ozeanflug stellte sie bei der Überquerung des amerikanischen Kontinents einen neuen Geschwindigkeitsrekord auf. Sie flog non-stop von New York nach Mexico-City und sie überquerte den östlichen Teil des Pazifischen Ozeans zwischen Hawaii und Kalifornien.

Sie wurde mit der Ritterschaft der Ehrenlegion und mit dem Distinguished Flying Cross, der höchsten amerikanischen vom Kongreß verliehenen fliegerischen Auszeichnung geehrt.

Alle nur möglichen Anerkennungen regneten auf »Miß Lindy« herab. Doch sie – von Jugend auf eine starke Persönlichkeit – nahm alles dies freundlich zur Kenntnis und blieb unverändert.

Sie gründete die weltberühmten »Ninety-Nines«, den Zusammenschluß fliegender Frauen in den USA, die damals 99, heute rund 2000 Mitglieder und Vertretungen in 19 Ländern in allen Erdteilen haben.

Im Jahre 1937 bekam Amelia eine neue 2-motorige Lockheed-Electra-Maschine im Werte von 80 000 Dollar geschenkt. Dieses Flugzeug war mit allen nur denkbaren Instrumenten der damaligen Zeit ausgerüstet und wurde allgemein das »fliegende Laboratorium« genannt.

Die Fliegerin war nun fast vierzig Jahre alt und hatte beschlossen, die Reihe ihrer großen Taten mit einem Flug um die Welt abzuschließen. Sie war sich absolut über die großen Gefahren des geplanten Unternehmens im klaren. Sie wußte, daß es viele Stunden geben würde, während denen nicht mit einer zuverlässigen Funkverbindung gerechnet werden konnte. Stunden, in denen Stürme über den endlosen Wassermassen der Ozeane sie irgendwohin verschlagen konnten. Das Benzin würde bei star-

38 Nach ihrem Flug über den amerikanischen Kontinent

39 Mit ihrer Lockheed Electra – hier über der San Francisco Bay – flog Amelia in die Ewigkeit

kem Gegenwind oder fehlerhafter Navigation nicht ausreichen. Ein kleiner Fehler bedeutete auf den Riesenetappen, die vorgesehen waren, Hunderte von Kilometern Abweichung vom Ziel.

Wenn man sie fragte, warum sie – nach allem, was sie bisher erreicht hatte – nun wieder in diese Hölle hineinfliegen wolle, gab sie nur die einfache Antwort: »Ich werden diesen Flug versuchen, weil ich ihn machen muß.«

Dagegen war eben nichts zu sagen.

A. E. wußte, daß ihre Chancen, diesen Flug zu vollenden, recht gering waren, wenn sie allein flog. Nach langem Überlegen entschloß sie sich, den besten Navigator der Pan-American-Airways mitzunehmen, welcher ein gutes Dutzend erfolgreicher Pazifikflüge hinter sich gebracht hatte.

Nach einem ersten Start von Kalifornien nach Honolulu mußte der Weiterflug aufgegeben werden, da die »Electra« beim Start, wahrscheinlich durch einen defekten Stoßdämpfer, zu Bruch ging.

Während Tausende von Litern Benzin aus den zerbrochenen Tanks über das Wrack strömten, erwarteten Amelia und ihre Begleiter (sie hatte bei diesem ersten Startversuch zwei) atemlos die fällige Explosion. Es war ein Wunder, daß sie ihnen erspart blieb. Alle drei Insassen der »Lockheed-Electra« blieben unverletzt, Fred Noonan faltete sogar noch ordentlich seine Karten zusammen und sagte: »Well, wenn wir noch einmal starten sollten, so werden wir sie brauchen.«

Die Reparatur dauerte fast zwei Monate.

Während dieser Zeit hatten sich die Wetteraussichten für die riesige Strecke rund um den Erdball verändert und nun erschien es ratsam, die zuerst vorgesehene Flugrichtung von Osten nach Westen herumzudrehen.

Das bedeutete eine gigantische Neuorganisation und unvorstellbare Kosten. Ersatzteile waren an die entferntesten Plätze des Globus dirigiert worden, ebenso der Betriebsstoff. Man hatte eine Motorüberholung in Karachi vorgesehen, und am Tage der ersten Landung in Honolulu war der dafür ausgewählte Mechaniker nach Indien abgeflogen. Als er dort landete, berichtete man ihm von der Bruchlandung in Honolulu und er mußte – natürlich auf Amelias Kosten – wieder heimfliegen. Wenn sie auch finanzielle Unterstützung von allen Seiten hatte, so war doch diese unendliche zusätzliche Arbeit recht dreprimierend. Doch A. E. und Noonan begannen wieder ganz von vorne und beklagten sich kaum.

Alle Genehmigungen mußten neu eingeholt werden, die Strecke neu berechnet, die Benzinmengen entsprechend den neuen Etappen umdirigiert werden. Viele andere Arbeiten kamen hinzu – zum Beispiel die Erledigung gigantischer Postmengen. Tausende fühlten sich nach dem ersten Fehlstart veranlaßt, A. E. ihre Meinung wissen zu lassen.

Einer der Vorteile der neuen Route war, daß Amelia dieses Mal die ersten paar tausend Kilometer über Land fliegen und so ihrer Maschine den letzten Check mit der Möglichkeit zu Notlandungen in ihrem Heimatland geben konnte.

Wieder stand der Start unter keinem guten Stern.

Am 21. Mai hob Amelia mit Noonan, mit Mr. Putnam und einem Mechaniker an Bord in Oakland–Kalifornien ab zu ihrem Flug um die Welt. Amelias Gatte und der Mechaniker sollten in Miami – Florida aussteigen. Beim Wiederstart nach dem ersten Stop in Tuscon – Arizona geriet durch Zurückfeuern einer der Wasp-Motoren in Brand. Wieder gab es Sekunden entsetzlicher Angst, ob das Flugzeug brennen würde.

Wie durch ein Wunder ging es noch einmal gut. Nur einige unbedeutende Reparaturen waren nötig und am nächsten Morgen konnte wieder gestartet werden – direkt in einen heftigen Sandsturm hinein, den die »Electra« aber bald unter sich ließ. Mit Zwischenlandungen in New Orleans und Tampa kamen Amelia und ihre Begleiter am Sonntagnachmittag in Miami an. Hier wurden in aller Ruhe die letzten Durchsichten vorgenommen. Am 1. Juni 1937 um 5.56 Uhr verließ die NR 16020 – das war die Zulassungsnummer der »Lockheed-Elektra«– den Boden der Vereinigten Staaten.

Das große Abenteuer in die Ewigkeit hatte begonnen.
Ob Amelia geahnt hat, daß dies ihr letzter Flug sein würde? Während der Junitage flogen Amelia und Fred Noonan über Puerto Rico nach Brasilien. Von Natal aus überquerten sie den Süd-Atlantik bis nach St. Louis an der westafrikanischen Küste, dort landeten sie abends am 7. Juni.
In ihren eigenen Bordnotizen, die jeweils sofort nach USA geschickt wurden, schreibt Amelia: »Es ist nicht mehr als fair, wenn ich zugebe, daß wir eigentlich in Dakar hatten landen wollen, beinahe dreihundert Kilometer südlich von St. Louis. Es ist mein Fehler. Als wir zuerst die afrikanische Küste sichteten, sagte Noonan, ich solle nach Süden abbiegen. Dann wären wir eine halbe Stunde später in Dakar gelandet. Ich beschloß aber, nach Norden abzudrehen. Nach achtzig Kilometern Flug an der Küste entlang lag St. Louis, Senegal, unter uns. So war es vernünftiger, hier zu landen, als vor der schnellen Dunkelheit unser ursprüngliches Ziel Dakar durch Umkehren anzusteuern.«
Es gab viele Stimmen, die meinten, daß schon diese bedenkliche Abweichung um Hunderte von Kilometern bei der, verglichen zu den kommenden Pazifiketappen, kurzen Strecke von Natal nach Afrika, eine ernste Warnung hätte sein sollen. Viele Kritiker schoben dieses Versagen trotz Amelias Ehrenerklärung auf den Navigator Noonan – es gab die wildesten Vermutungen. Alles das wird nie geklärt werden.
Am 8. Juni flogen die Weltreisenden hinunter nach Dakar, blieben für zwei Nächte, da eine Benzinuhr nicht genau angezeigt hatte und dort nachgesehen werden konnte.
Bei einem großen Empfang des Aeroclubs und der Militärfliegerei mußte Amelia beschämt gestehen, daß sie nur Hosen und Hemdblusen an Bord hatte, nicht ein einziges Kleid.

Die »Electra« bekam nach einer gründlichen inneren Revision das Gesicht und die Flächen von fleißigen Afrikanern geschrubbt und geputzt, bevor sie am nächsten Morgen auf die Märchenbuch-Route über Gao am Südrand der Wüste Sahara, Fort Lami, Karthum nach Assab auf die mehrtägige Reise quer über Zentral-Afrika startete.

Am 14. Juni war das Rote Meer erreicht. Von Assab aus ging es am 15. Juni weiter auf die über 3000 Kilometer lange Etappe an Arabiens Küste entlang über den Persischen Golf nach Karachi in Vorderindien. Man teilte A. E. mit, daß bisher noch nie ein Flugzeug diese gewaltige Strecke non-stop zurückgelegt habe.

In Karachi erwartete Amelia über den halben Globus hinweg eine Telefonanmeldung ihres Mannes.

Fröhlich versicherte sie ihm, daß bis auf winzige technische Beanstandungen alles in bester Ordnung sei, daß sie sich sehr gut mit Fred Noonan eingeschaukelt habe und jeden Tag genösse.

»Well, dear – eines Tages werden wir diesen Flug gemeinsam wiederholen. Bald komme ich dir wieder näher. Vielleicht kann ich dir schon morgen unsere vermutliche Ankunft in Howland telegrafieren. Auf Wiedersehen bald!«

Howland Island. Das war die große dunkle Drohung dieses Fluges. – Doch bis dahin war es noch ein weiter Weg.

Am 17. Juni flog die »Electra« quer über Vorderindien nach Bengalens Hauptstadt Kalkutta. Unterwegs hatten Amelia und ihr Navigator eine gefährliche Begegnung mit schwarzen Adlern. In über 2000 Metern Höhe entging die Fliegerin mit knapper Not einem Zusammenstoß.

Und dann trafen sie auf den Monsun mit seiner unerträglichen feuchten Hitze, seinen riesigen Gewittern und den unvorstellbaren Regenmengen.

Alle diese Schwierigkeiten waren Folgen der Verspätung durch den ersten Fehlstart und die Reparatur des Bruches in Honululu. Der Flugplatz Dum-Dum von Kalkutta war völlig aufgeweicht. Die Meteorologen sagten weitere schwere Monsunregen voraus und die Weltflieger beschlossen, am nächsten Morgen weiterzufliegen. Sie wußten, welches Risiko mit dem Start verbunden war.

Es ging gerade noch gut. Amelia schreibt in ihren Bordnotizen: ». . . . es erschien uns eine Ewigkeit bis die ›Electra‹ am äußersten Ende des Platzes widerwillig den seifigen Boden verließ. Zwischen uns und den Bäumen am Platzende war ein Zwischenraum, der nur Zentimeter betragen konnte.«

Die nächste Etappe war Akyab.

Sie hatten jetzt die einzelnen Strecken so kurz wie möglich eingeteilt, um ihre Brennstoffzuladung leicht zu halten. Denn der Monsun dauerte an. Auf dem Weg nach Rangoon mußten die Weltflieger trotz aller ihrer Instrumente umkehren. Sintfluten prasselten auf sie hernieder. Fred Noonan meinte: »Zwei Stunden und sechs Minuten, um nirgendwohin zu fliegen.« Amelia bemerkte: ». . . gut, daß wir ein einziehbares Fahrgestell haben – sonst hätten wir die Bäume und die Wellen gestreift.«

Es war ein teuflischer Flug.

Rangoon, Bangkok, Singapur.

Den Monsun hatten sie hinter sich. Das Wetter war wieder gut. An jedem Morgen standen sie um 3 Uhr auf und fielen nach ihrer Tagesetappe, dem Vorbereiten des Flugzeugs für den nächsten Tag und einem kurzen Abendessen todmüde ins Bett.

Amelia klagte: »Bei unseren höchst unerfreulichen Lebensgewohnheiten gehörte Mut dazu, uns in ein Privathaus einzuladen – wir wären so gern angenehmere Besucher gewesen!«

Am 24. Juni gab es wieder eine unfreiwillige Rückkehr nach Bandoeng auf Java, das die Flieger morgens endgültig verlassen zu haben glaubten. Früh um 3.45 Uhr hatten sie schon die Motoren warmlaufen lassen, als sich herausstellte, daß ein wichtiges Instrument nicht arbeitete. Die Reparatur zog sich bis zum Nachmittag hin. Dann starteten sie, um, schon über Soerabaya hinausgeflogen, festzustellen, daß sie doch noch einmal nach ihren Navigationsinstrumenten sehen lassen mußten. Dazu war Bandoeng am besten geeignet.

Niemand hat in das Innere von Amelia Earhart hineingeschaut, ob langsam eine große Angst in ihr hinaufstieg. Sie tat das einzige, was man in diesem Fall tun konnte: sie kehrte um, opferte drei volle Tage. Der reibungslose Flug nach Koepang und die lange Wasserstrecke über die Timorsee nach Port Darwin an der Nordküste Australiens bewies, daß die »Electra« wieder fit war, ehe es auf die riesigen Pazifiketappen ging.

Bis hierher konnte ich den Fliegern im Geiste genau folgen, weil ich im Jahre 1932 selbst alle diese verschiedenen Etappen allein in meiner »Klemm« geflogen hatte. Von Port Darwin aus trennten sich unsere Wege. Ich flog damals weiter nach Sydney, Amelia und Noonan nach Neuguinea. Zuvor wurde »klar Schiff« gemacht. Das letzte bißchen entbehrliches Gewicht wurde hinausbefördert, selbst die beiden Fallschirme. Über dem endlosen Pazifik konnte ihnen auch kein Fallschirm helfen.

Am 30. Juni flogen sie in sieben Stunden und dreiundvierzig Minuten von Port Darwin nach Lae auf Neuguinea. Getupft mit Inselchen, die wie steinige Finger aus dem Meer hinaufragten, lag das erste Stück des Stillen Ozeans unter ihnen. Ihre Navigation stimmte einwandfrei und die beiden Flieger hatten allen Grund, zuversichtlich den beiden letzten Etappen entgegenzusehen.

Die Startbahn auf dem Flugplatz in Lae war beinahe tausend Meter lang und zu allen Jahreszeiten in festem Zustand – dafür hatten die Direktoren der Goldminen Sorge getragen. Ohne die Fliegerei würde das Gold dort heute noch friedlich in den Hügeln schlummern.

Amelia und Fred Noonan hatten bisher eine Strecke von fast 36 000 Kilometern hinter sich. Weitere 11 000 lagen noch vor ihnen. Die nächste Etappe war allein 4114 Kilometer lang. Sie war die schwierigste des ganzen Unternehmens. Niemals vorher hatte sie ein Flugzeug überflogen.

Es war nicht die unheimliche Länge der Strecke. Es war in der Hauptsache die Winzigkeit des anzusteuernden Ziels, das diese Etappe zu der gefährlichsten des ganzen Fluges machte. Howland ist eine winzige Koralleninsel mitten im Stillen Ozean, knapp einen Kilometer breit und drei Kilometer lang. Ihr höchster Punkt liegt ganze viereinhalb Meter über dem Wasser. Das ist weniger als ein Stecknadelkopf verglichen zu den endlosen Wassermassen ringsumher.

Eine geringe Abweichung vom Kurs durch nicht zu errechnenden Wind bedeutete eine Versetzung von anderthalb Kilometern auf 100 Kilometer. Das heißt bei der Länge der Strecke mehr als sechzig Kilometer Kursdifferenz für jeden winzigen Grad. Und wie wenig weit war solch ein winziges flaches Inselchen überhaupt zu sehen, besonders bei ungünstigem Sonnenstand!

An Bord waren 3000 Liter Benzin für die zusammen 1100 PS leistenden Wasp-Motoren und 265 Liter Öl. Darüber hinaus gab es nur Notverpflegung, Trinkwasser, ein Schlauchboot für zwei Personen, Schwimmwesten, Signalraketen, ein Blinkgerät und eine Leuchtpistole, sowie kaum mehr als eine Zahnbürste für den persönlichen Komfort.

Die zwei Nächte auf Lae müssen eine unvorstellbare Nervenprobe für Amelia und Noonan gewesen sein. Aus Vernunftgründen mußten sie ihren Wunsch, am 1. Juli zu starten, für einen Tag zurückstellen, da drohende Wolken und ungünstige Winde auf dieser Etappe das Wagnis noch vergrößert hätten. Am Abend vor dem endgültigen Start schauten die Flieger hinaus über den unendlichen Ozean nach dem Osten. Noch war es möglich, ihr Ziel, Kalifornien bis zum 4. Juli, dem amerikanischen Unabhängigkeitstag zu erreichen. Am Freitag, dem 2. Juli 1937 um zehn Uhr vormittags hob die schwerbeladene »Electra« fünfzig Meter vor dem Ende der Startbahn ab. Amelia, die eine karierte Sportbluse und lange Hosen trug, hatte vorher allen Anwesenden freundlich und anscheinend ohne Nervosität zugewinkt. Sie war beinahe 40 Jahre alt. Doch sie wirkte mit ihrer schlanken sportlichen Erscheinung viel jünger.

Die gefährlichste Strecke ihres Lebens hatte begonnen.

Die in den Wolkenbänken verschwindende Maschine mit Amelia Earhart und Fred Noonan an Bord war das letzte, was Menschen von ihnen sahen.

Die Vereinigten Staaten hatten für ihre berühmteste Mitbürgerin ein Küstenwachschiff, die »Itasca«, bis nach Howland geschickt, um der »Electra« durch Funkpeilzeichen den Anflug zu erleichtern.

Die Männer an Bord und das ganze amerikanische Volk wurden auf eine harte Probe gestellt, bis endlich – nach endlosen Stunden des vergeblichen Wartens Amelias Stimme in der Nacht vom 2. zum 3. Juli zum erstenmal von weit herkommend die Stille durchbrach: »... wolkig und bedeckt – Gegenwinde.« Sofort hämmerte die »Itasca« das Peilzeichen a-a-a hinaus nach welchem »KHAQQ«, Amelias Rufzeichen, ihren Standort bestimmen sollte.

Um 3.45 Uhr kam die nächste Meldung über Sprechfunk: »Bedeckter Himmel – bin wieder empfangsbereit zu verabredeten Zeiten.«

Zweimaliges Bitten von »Itasca«, auf Tastenverkehr umzuschalten, wurde nicht erfüllt. Im Funkraum des Küstenwachschiffes war man der Ansicht, daß die Funkgeräte der »Electra« nicht einwandfrei funktionierten.

Die Unruhe an Bord der »Itasca« stieg. Ein strahlender Morgen löste die Nacht ab und nach sechs Uhr schickte der Kommandant einige Matrosen auf die Insel Howland, um die Vögel auf der Landebahn aufzuscheuchen und sich zur Hilfeleistung bereit zu machen.

Diese Hilfe wurde nie gebraucht.
Noch dreimal ertönte Amelias Stimme über den Funk.
Um 7.42 Uhr mit aufgeregter hoher Stimme: »Wir müssen über ihnen sein. Können Sie aber nicht sehen. Benzin geht zu Ende, reicht nur noch für 30 Minuten. Fliegen in 300 Metern Höhe. Konnten Sie nicht über Funk erreichen.«
Um 7.58 Uhr die lautstärkste von allen Durchgaben: »... wir kreisen, können Sie aber nicht sehen, senden Sie weiter.«
Der Empfang war nicht ausreichend, um eine einwandfreie Peilung vornehmen zu können.
Achtzehn Stunden waren seit dem Abflug vergangen. Offenbar hatten die Flieger ihr Zielgebiet erreicht, die winzige Insel aber verfehlt. Da gab es noch in sechzig Kilometer Entfernung die Baker-Insel, die Amelia sehen konnte, falls sie südlich an Howland vorbeigeflogen war.
Kapitän Thompson ließ die »Itasca« zum Auslaufen fertig machen.
Um 8.45 Uhr wurde Amelia Earharts Stimme zum letztenmal gehört. »Wir sind auf Standlinie 157-337... wiederholen diese Durchsage auf 6210 Kiloherz. Wir pendeln nord- und südwärts.« Die Stimme wurde immer schwächer und verstummte, nachdem vorher die Worte sich überstürzt hatten. Und schon dampfte die »Itasca« los zur Suche im ersten nördlichen Planquadrat, das der Kommandant nach seiner Beurteilung der Situation vorbereitet hatte.

Sofort begann die größte und aufwendigste Suchaktion aller Zeiten. Amelias Mann drang bis zu Präsident Roosevelt vor, um jede mögliche Hilfeleistung zu erreichen. Er war überzeugt, daß das Flugzeug lange Zeit mit den leeren Tanks treiben könne. Außerdem waren Amelia und Noonan mit einer kompletten Notausrüstung für eine Wasserlandung versehen.
Noch am gleichen Vormittag startete ein Langstreckenflugboot von Pearl Harbour und das dort liegende Schlachtschiff »Colo-

rado«. Von San Diego lief der Flugzeugträger »Lexington« aus. Er hatte 76 Flugzeuge an Deck. Diese Suchaktion hatte ein Ausmaß, das dem Leben der Amelia Earhart entsprach. Die »Itasca« suchte tagelang. Bald kamen die Katapultflugzeuge der »Colorado« hinzu, die im Tiefflug über alle die winzigen Koralleninseln in jenem Teil des Pazifik fegten. Ab 12. Juli suchten die 76 Trägerflugzeuge der »Lexington« planmäßig 270 000 Quadratkilometer der immer noch ruhigen See ab. Nichts wurde gefunden.

An dem Tag, als Amelia ihr Ziel Howland verfehlte, war ich mit meinem Mann, dem Rennfahrer Bernd Rosemeyer, in Amerika. Er fuhr dort sein letztes Training für den Großen Preis der USA, den er am 5. Juli 1937 für Deutschland gewann. So war ich doch etwas abgelenkt, obwohl die Nachricht, daß Amelia verschollen war, uns allen tiefen Eindruck machte.

Viel stärker habe ich diese letzte Etappe mitgelebt, während ich diesen Bericht darüber schreibe. Zufällig sah ich an einem dieser Tage einen Film des französischen Tiefseeforschers Cousteau »Welt ohne Sonne«. Tagelang verfolgte mich das Bild dieses großartigen unheimlichen Sarges in den Tiefen des Ozeans. Irgendwie sah ich A. E. dort unten, wo noch alles so ist, wie am Tage der Schöpfung, wo noch die natürliche Ordnung aller Dinge volle Gültigkeit hat, wo es kein Verkehrschaos und keinen Lärm, keine Unruhe und nichts Unwürdiges gibt.

Jahrzehntelang tauchten immer wieder Gerüchte auf, die sich mit dem ungeklärten Schicksal der Fliegerin beschäftigten. Wochenlang wollten Kurzwellenamateure Nachrichten von ihr empfangen haben. Dann hieß es, die Japaner hätten sie gefangengenommen, da sie und Noonan zu viel von den geheimen japanischen Luftstützpunkten gesehen hätten. Die Marine mußte sogar ein Dementi herausgeben, daß Amelia nicht im Sonderauftrag der Marine geflogen sei. Man hörte auch Stimmen, der

Navigator sei seiner Aufgabe nicht mehr gewachsen gewesen. Er habe zu trinken begonnen und schon das Verfliegen auf der Atlantikstrecke sei ein Beweis dafür gewesen. Nach 23 Jahren führten zwei Insulaner von Saipan amerikanische Reporter zu den Trümmern eines Flugzeuges, die offensichtlich von einer »Electra« stammten. Damals seien ein Mann und eine Frau an den Strand gekommen, nachdem das Flugzeug ins Meer gestürzt sei. Die japanischen Patrouillen hätten sie mitgenommen – später sei die Frau gestorben und der Pilot erschossen worden. –

Viele, viele Fragen – keine Antwort.

Auch meine Phantasie beschäftigte sich noch Jahre später mit dem Schicksal der Amelia Earhart.

Nach dem Zweiten Weltkrieg, als man nicht reisen konnte, als es keine Post gab und man endlich einmal Zeit hatte und Ruhe, schrieb ich ein Exposé für ein Hörspiel über Amelias letzten Flug. Ich ließ die Fliegerin in der Nähe einer kleinen Koralleninsel notlanden. Ein Nervenfieber hielt ihren Geist für Monate von der Wirklichkeit fern. Sanfte Eingeborene pflegten sie wieder gesund. Doch ihr Bewußtsein fand nie mehr den Weg zurück in die Vergangenheit. Ich ließ ihr Leben ausklingen in ein erfülltes Dasein auf einer paradiesischen Insel mit liebenswürdigen Menschen, die sie verehrten wie eine Göttin.

Amerika hat seine größte Fliegerin nicht vergessen.

Am 24. Juli 1963, Amelias Geburtstag, flogen sieben der Gründungsmitglieder der Ninety-Nines, die seit 1929 ständig fliegerisch tätig waren, zu Ehren ihrer ersten Präsidentin, Briefe mit der 8-cent-Luftpostmarke, die A. Es Bild trägt, nach allen Stätten der USA, die in Amelias fliegerischer Laufbahn eine Rolle spielten. Sie waren in Atchinson, ihrem Geburtsort, gestartet. Internationale Luftlinien brachten diese Sondermarken noch am Ausgabetag über die Ozeane. Ich habe auch einen dieser Umschläge mit der Amelia-Briefmarke bekommen.

So, wie sie darauf aussieht, so wie ich sie zuerst auf dem

10 So kannte man sie: »Miss Lindy«

Riesenfoto in London sah, so wie sie in Los Angeles an meinem Sessel gelehnt auf dem Boden saß, möchte ich Amelia im Gedächtnis behalten. Wohl keine Frau hat so viel für die Entwicklung der Fliegerei und für die Festigung der Stellung der Frau geleistet.

Vor ihrem letzten Flug hinterließ sie einen Brief an G. P. Putnam mit der Bitte, ihn nur zu öffnen, falls sie nicht zurückkehren sollte. Darin schrieb Amelia Earhart: »Du sollst wissen, daß ich mir über die Gefahr völlig im klaren bin. Ich werde es wagen – weil ich es wagen muß. Frauen müssen versuchen, etwas zu vollbringen, so wie Männer es versucht haben. Scheitern sie, dann soll ihr Scheitern nur ein Ansporn sein für andere.«

Antoine de Saint-Exupéry

* 29. Juni 1900
vermißt seit 31. Juli 1944

41 »Saint-Ex« kurz vor seinem Flug am 31. Juli 1944, von dem er nicht mehr zurückkehrte

Es muß etwas Eigenartiges in der Luft gelegen haben an dem Tage, an dem ich »Saint-Ex«, wie er in Fliegerkreisen genannt wurde, begegnete.

Oftmals im Laufe der vergangenen Jahre habe ich darüber nachgedacht, ob es nur an meiner Ungeduld und an meiner falsch ausgerichteten Phantasie gelegen hat, daß dieses Zusammentreffen so ganz anders verlief, als ich es mir vorgestellt hatte.

Doch es gibt wohl im Leben eines jeden Menschen Augenblicke, in denen er etwas Großartiges oder Wichtiges verpaßt oder es einfach nicht richtig begreift.

Manchmal empfindet man diese Unfähigkeit, die Bedeutung eines Ereignisses aufzunehmen, im gleichen Moment. Und man leidet darunter. Doch kann man nichts daran ändern.

Als Beispiel: Ich bekomme die Nachricht, daß ein mir sehr nahestehender Mensch verunglückt ist und unsagbar leiden muß. Zu gleicher Zeit ist aber eins meiner Kinder krank, ich habe nächtelang nicht genug geschlafen. Außerdem ist meine Haushaltshilfe zur Hochzeit des Bruders gefahren und die Heizung ist kaputt – im Januar.

Meine Gefühle sind schon so strapaziert, wenn die traurige Nachricht über den Freund mich erreicht, daß ich sie bald vergesse und mich vorerst einmal mit den dringendsten Problemen hier in meiner unmittelbaren Nähe auseinandersetze. Gelegentlich kehren meine Gedanken zu dem leidenden Freund zurück. Ich schäme mich, daß mir sein Schmerz nicht so nahe geht, wie es ihm bei unserer Bindung zukommt – doch es geht einfach nicht anders. Ich bringe kein zusätzliches Gefühl mehr auf.

Es mag sein, daß einige unerfreuliche Ereignisse diesen Tag im Frühjahr 1939 schon vor dem Abend gezeichnet hatten, an dem der Fliegerdichter in Berlin war.

In der Luft waren wir Jahre vorher zweimal aneinander vorbeigeflogen. Beide Male über der Küste der Sahara. Zwischen Cap Juby und Villa Cisneros.
Ich erfuhr es jedesmal nach der Landung. Doch das sagte mir damals nichts Besonderes. Der Pilot und Stationsleiter der »Aéropostale« von Cap Juby, Antoine de Saint-Exupéry, war zu Beginn der dreißiger Jahre der Allgemeinheit noch unbekannt.
Seine Kollegen Mermoz und Guillaumet hingegen hatten durch das Bestehen gefährlicher Abenteuer das Interesse der Menschen außerhalb des Kameradenkreises der französischen Verkehrspiloten erregt. Von Saint-Ex wurde damals noch nicht gesprochen. So flogen wir aneinander vorbei, wie sich manchmal Flieger über allen Erdteilen begegneten.
Inzwischen war viel Zeit vergangen, als eines Tages eine Einladung auf meinem Schreibtisch lag: der Reichsaußenminister bittet zu einem Empfang für den französischen Piloten und Schriftsteller Saint-Exupéry im »Haus der Flieger« in Berlin.
Im Laufe der letzten Jahre war Saint-Ex ein weltberühmter Mann geworden. Sein »Vol de Nuit«, die Geschichte des Nacht-Post-Flugdienstes über die Anden, war in viele Sprachen übersetzt worden und hatte Hunderttausende von Lesern gefunden.
Sein »Terre des Hommes«, von den Amerikanern in »Wind, Sand und Sterne« übersetzt (der Titel wurde später für die deutsche Ausgabe übernommen) war ein Welterfolg geworden. Es war Saint-Exupéry gelungen, das Erlebnis des einsamen Fliegers über der Wüste, über dem Meer und über der Cordillere jedermann so eindringlich nahezubringen, daß auch der Farmer und die Näherin oder auch der unruhige Teenager erspürte, was in der Seele eines empfindungsbereiten Piloten

vorging, während er Stunde um Stunde allein am Steuerknüppel über die Endlosigkeit hinwegflog.

Wahrscheinlich liebte ich diese Bücher mehr als alle Leser, die selbst nicht fliegen konnten. Ich kannte alle Straßen am Himmel, die der Fliegerdichter entlanggewandert war.

Manches Mal war ich unterwegs den Tränen nahe gewesen, wenn nach einer solchen erlebnistiefen Strecke irgendein Pilot nach der Landung seine dummen Sprüche über seine Flugeindrücke an mich hinredete.

Und dann gab es endlich diesen *Dichter* des Fliegens.

Er hatte echt und ohne Pathos alles auf das Papier gebracht, was ein Mensch über seine Flüge überhaupt erzählen kann. Das ist sicher noch nicht das Letzte. Doch es gibt für jeden Flieger wohl eine Grenze, über die hinaus er dann nicht mehr schreiben oder auch nur sprechen kann. Ich würde meinen, diese Grenze hat auch Saint-Exupéry, dessen Metier es wurde, Fliegerbücher zu schreiben, eingehalten. Und das macht ihn so liebenswert.

Ich glaube, eine arme kleine Waise kann sich nicht mehr auf die Weihnachtsbescherung und auf das Christkind freuen als ich mich in jenen Tagen auf den Empfang in Berlin.

Ich war so sicher: etwas würde mir aus den Worten oder aus den Augen dieses Fliegers entgegenschwingen, was *nur* für uns Bevorzugte existierte, die eine einsame Vollmondnacht in der Sahara erlebt haben, die von den Abwinden 5000 Meter hoch über den Anden wie in einem Fahrstuhl hinabgerissen wurden. Ich hätte das schönste Konzert, die Einladung eines Königs oder einen großen Ball mit Freuden für diesen Abend aufgegeben.

Absichtlich hatte ich mich mit niemandem aus meinem Freundeskreis verabredet, um gemeinsam zu diesem Empfang zu gehen. Ich wollte nicht abgelenkt sein oder Rücksicht nehmen müssen.

Inzwischen bin ich viele Jahrzehnte älter geworden.

Ich habe begriffen, daß die Auserwählten, denen es vergönnt ist, etwas zu schaffen, das die Gegenwart überdauert, in ihrem Alltag andere Menschen sind, als wir sie uns nach ihren Werken vorstellen. Zu jener Zeit war ich schnell und kompromißlos mit meinem Urteil, und alles andere als tolerant gegenüber meinen wenigen Helden.

Dieses Treffen mit Antoine de Saint-Exupéry war für mich eine grausame Enttäuschung.

Es hat Jahre gedauert, bis die Erinnerung an jene Begegnung von dem zeitlos edlen Antlitz des großen Dichterfliegers überdeckt wurde, bis ich meine tiefe Enttäuschung überwunden hatte, daß meine Idealvorstellung von Saint-Ex so ganz anders war als die Wirklichkeit damals bei dem Empfang in Berlin.

Es ist mir nicht allein so ergangen.

Menschen mit wesentlich mehr Erfahrung im Umgang mit Künstlern, Fliegern und Schriftstellern haben ganz ähnlich über ihre ersten Eindrücke von Antoine de Saint-Exupéry berichtet. Doch das bedeutet mir keine Genugtuung.

Ich verzeihe mir nicht, daß ich nicht einen sichereren Instinkt für den Menschen *hinter* der Fassade hatte, der einige Jahre später der Welt den »kleinen Prinzen« schenkte.

Riesig – über ein Meter und neunzig – groß, stand Saint-Exupéry neben Herrn von Ribbentrop, der ihn mit den einzelnen Gästen bekannt machte. Er hatte ein fleischiges Gesicht von fahler Hautfarbe und eine eigentlich lustige, etwas nach oben gerichtete Nase – bei einem Kind hätte man »Stubsnase« gesagt. Im Mundwinkel hing eine Zigarette, die er nur selten zwischen die Finger nahm. Seine Augen waren müde und ohne Glanz.

Er machte einen ausgesprochen gelangweilten Eindruck.

Es mag sein, daß ihm diese ganze Schau, die da seinetwegen im »Haus der Flieger« im nationalsozialistischen Berlin aufgezogen worden war, unbehaglich war. Es ist wahrscheinlich, daß ich am Rand der Sahara oder in Paris einen völlig anderen Saint-Exupéry getroffen hätte. Doch ich traf nun einmal gerade diesen. Er entsprach weit eher meiner Vorstellung von einem

französischen Lebemann, als der des verehrten Dichters. Unsere Unterhaltung dauerte keine zehn Minuten. Und das erschien mir schon zuviel.
Der Außenminister hatte bei der Vorstellung erwähnt, daß auch ich in der Sahara notgelandet und über die Anden geflogen sei... und... und...
Saint-Exupéry machte auf mich den Eindruck, als ob er Hunderte von Kilometern weit weg sei. Auf irgendeinem anderen Stern. Oder im Banne einer halben Narkose. Oder war er einfach krank an diesem Tage.
Vielleicht hat er damals alle uns Deutsche gehaßt. Aber dann hätte er ja gar nicht zu kommen brauchen. Jedenfalls habe ich in diesen zehn Minuten vergeblich nach einem Zipfelchen von dem Menschen gesucht, der so wunderbare Worte über das Fliegen schreiben konnte. Lange, sehr lange ging mir diese Enttäuschung nach.
Es war das erste Mal, daß einer der »Großen« aus der Fliegerei, denen ich begegnete, *nicht* einfach und klar und gerade war. Und eigentlich auch fröhlich! Fast alle bedeutenden Flieger, die ich kannte, waren in der Regel heiter und von positiver Ausstrahlung. Selbst die, welche dann später einmal selbst ihrem Leben ein Ende machten.
Doch es gibt so vieles in dem kurzen Erdendasein dieses Mannes, was vielleicht den Eindruck, den ich von ihm hatte oder zumindest sein Auftreten von damals, verstehen läßt.
Mit meinem niedersächsischen Dickschädel habe ich jahrelang um dieses verpfuschte Andenken an den Dichter des »petit prince« und des Fluges über der Wüste und den Anden gerungen. Ich glaube, heute begreife ich vieles, was ich damals gar nicht verstehen und einsehen wollte.

Ebenso wie bei Amelia Earhart sind die letzten Stunden dieses Mannes in Dunkel gehüllt.
Doch betrachten wir einmal das Leben dieses Menschen, der auf

zwei so gegensätzlichen Ebenen wie der härtesten Fliegerei und der zartesten Dichtung und Philosophie in gleicher Weise zu Hause war, von seinen Kinderjahren an.
Am 29. Juni 1900 wurde Antoine de Saint-Exupéry als eines von fünf Kindern eines alten südfranzösischen Adelsgeschlechtes in Lyon geboren.
Sein Vater starb, als er vier Jahre alt war. Bald danach zog seine Mutter mit ihren drei Töchten sowie Antoine und dessen Bruder, der früh starb, auf das in stiller Abgeschiedenheit liegende Schloß La Môle. Eindrücke dieser schönen Kinderzeit kehren später in verschiedenen Büchern Saint-Exupérys wieder.
Als Antoine fünf Jahre alt ist, bekommen die Kinder eine österreichische Erzieherin, die sie abends vor dem Schlafengehen in die Grimmsche Märchenwelt einführt. Dieser Lebensabschnitt mit Paula Hentschel hinterläßt tiefe Eindrücke in dem empfindsamen Gemüt des hochbegabten Kindes.
Mit sechs Jahren schreibt er die ersten Verse. Gleichzeitig interessiert er sich für alle ihm einigermaßen verständlichen Probleme. Er zeichnet und bald beginnt er auch Geige zu spielen. Er zähmt Turteltauben. Später ist Mozart sein Lieblingskomponist.
Dieses versponnene Kinderleben, das uns wie aus einem Märchenbuch entnommen erscheint, geht zu Ende, als der junge Antoine in die Schule gehen muß. Nebenbei beginnt er zu malen. Auch viele technische Zeichnungen entstehen auf seinem Skizzenblock. Mit 8 Jahren rüstet er sein Fahrrad mit einem riesigen Segel aus und versucht damit nach wilder Fahrt einen Gleitflug.
Zwei Jahre später kommt er auf das Internat Sainte-Croix in Le Mans.
Der junge französische Graf (er machte von diesem ihm zustehenden Titel später niemals Gebrauch) ist sehr begabt. Doch das zeichnet sich nur teilweise in seinen Zeugnissen ab. Er

arbeitet nach seinem eigenen Geschmack für die verschiedenen Fächer. Fremdsprachen interessieren ihn nicht, ebensowenig Geschichte. Dagegen werden die Aufsätze in seiner Muttersprache schon während seiner ersten Schuljahre als Beispiele vorgelesen. Trotz seiner vielen musischen Interessen hat er einen respektierten Platz unter seinen Mitschülern. Er ist groß und sehr stark und er zögert nicht von seiner Kraft Gebrauch zu machen, besonders wenn es darum geht, Schwächere zu beschützen.

Die letzten drei Jahre seiner Schulzeit verbringt er mit seinem Bruder, der nicht mehr lange zu leben hat, im Internat Saint Jean in Fribourg in der Schweiz.

Als er zwanzig Jahre alt ist, kommt der Südfranzose nach Paris an die École Bousset und danach an das Licée Saint Louis. Er hat den Wunsch, höhere Mathematik zu studieren und dann zur Marine zu gehen. Doch er besteht die Aufnahmeprüfung für die Marineschule nicht. Er schreibt sich auf der Kunstakademie ein, um Architekt zu werden.

Inzwischen hat das Schicksal die große Wende seines Lebens für ihn vorbereitet.

Mit zwanzig Jahren muß er seine Militärdienstzeit ableisten. Er meldet sich zur Fliegerei.

Er kommt zu einem Fliegerregiment, das in Straßburg stationiert ist – doch, welcher Hohn! – er wird nicht dem fliegenden Personal zugeteilt, sondern darf nur Bodendienst machen. Während er voll Sehnsucht den startenden Flugzeugen nachschaut, setzt ihm der Kasernenhofdrill schwer zu.

Doch Saint-Exupéry hat jetzt seinen Weg erkannt.

Er läßt sich privat von einem Fluglehrer unterrichten und holt dann die militärischen Prüfungen nach. Ende 1922 wird er als Leutnant der Reserve entlassen.

Es dauert noch einmal vier Jahre, während denen er sich in den verschiedensten Berufen, unter anderem als Vertreter für Saurer-Lastwagen versucht, bis es ihm gelingt, bei der französischen Luftverkehrsgesellschaft Latécoère fest angestellt zu werden. Bald darf er auf der Linie Toulouse–Casablanca, und später bis nach Dakar fliegen. 1927 kommt er für achtzehn Monate als Stationsleiter und Pilot nach Cap Juby – heute Tarfaya. Das ist eine Festung an der Westküste der Sahara. Dort war nur ein Fort, auf dem verbannte spanische Royalisten als Offiziere saßen. Es gab auf Hunderte von Kilometern keine weiße Frau. Von den Mauern des Forts nur wenig entfernt lagen in den Sand gekauert die schwarzen Zelte der Mauren. 800 Kilometer nach Norden gab es nichts. Nichts – nur die Wüste. Das Gleiche 700 Kilometer weit nach Süden. Bis nach Villa Cisneros. Das Schicksal hat es mir nicht beschert, daß ich Saint-Exupéry in Cap Juby begegnete. Als ich 1931 zum erstenmal dort landete, war er schon auf einem anderen Posten in Südamerika. Ein unfreundliches Zusammentreffen von Umständen hat es zwar gewollt, daß wir auf einer meiner Wüstenetappen auf kurze Entfernung aneinander vorbeiflogen. Doch ich erfuhr es erst bei meiner Landung, als Saint-Exupéry schon nach Casablanca weitergeflogen war.

Ich nehme an, daß diese Begegnung anders ausgefallen wäre als die, welche acht Jahre später in Berlin stattfand. Außerdem war Saint-Exupéry damals für die Öffentlichkeit noch ganz unbekannt als Schriftsteller. Und das wäre für eine Begegnung unter Fliegern nur förderlich gewesen.

Zu jener Zeit war es ein gern geübter Sport der Mauren, tieffliegende Maschinen abzuschießen. Die notgelandeten Besatzungen gaben sie dann nur nach zähen Verhandlungen gegen enorm hohes Lösegeld wieder frei. Saint-Exupéry hat während seines Cap-Juby-Kommandos mehrfach erfolgreiche Verhandlungen dieser Art mit den dortigen Stammeschefs geführt.

In den Monaten der Einsamkeit der Sahara schrieb er auf

einer Tür, die er über zwei Benzinfässer gelegt hatte, sein erstes Buch über die Fliegerei: Südkurier. Dieses Buch wird ein Erfolg. Am meisten freut ihn daran, daß die Verkaufsziffern des Buches ihm recht geben.
Seine Kameraden, diese zum Teil viel rauheren Ritter der Luft, haben seine literarischen Bemühungen häufig belächelt.
Hier in der Wüste schleift und poliert die tagelange Ereignislosigkeit den Geist und die Seele des hochbegabten jungen Menschen auf Hochglanz.
Seine zahlreichen außerordentlichen Begabungen vertiefen sich. Er kann alle seine Gedanken zu Ende denken.
Da er sich für Kunst und Malerei, für Technik und Politik – und natürlich für alles, was mit dem Fliegen und den fliegerischen Entwicklungsmöglichkeiten zusammenhängt, interessiert, schafft diese erzwungene Ruhe gerade Linien innerhalb seiner geistigen Entwicklung.
In diese Zeit fällt das Erlebnis, wie er einen notgelandeten Kollegen bei den Mauren auslöst. Nachdem er mit seinem Flugzeug lange die Wüste abgesucht hatte, sah er von weitem eine Kamelkarawane und bald danach das Flugzeug. Sein Kamerad legte sich mit ausgestreckten Armen auf den Sandboden, um dem Retter das Landekreuz zu ersetzen.
Später sagte Saint-Ex über diese Zeit: »Wenn einem die Wüste zuerst nur still und ganz einsam erscheint, so tut sie das, weil sie sich einem flüchtigen Ein-Tagesliebhaber nicht erschließt.«
Daran ist so viel Wahres!

Der Flieger war gar nicht so glücklich, als er von Cap Juby als Etappenchef nach Buenos Aires gerufen wurde. Zwar war das eine Beförderung. Doch er hatte sich in die Sahara verliebt und ihre Werte für seine weitere menschliche Entwicklung klar erkannt.
Dort in Südamerika gab es andere Kämpfe. Bisher war der Sand der Feind gewesen, jetzt waren es die bis 7000 Meter hohen

Berge der Anden und ihre gefährlichen Luftströmungen. Selbst heute können sie für einen hoch fliegenden Düsenjäger die Ursache sein, daß dieser sich recht plötzlich unterhalb der Gipfel der Berge wiederfindet.

Zwei nachhaltige Erlebnisse bestimmen die Jahre Saint-Exupérys in Südamerika.

Das erste ist die Rettung seines Kameraden Guillaumet im Juni 1930 nach dessen Notlandung auf dem Diamantsee in 4300 Metern Höhe. Über die Einzelheiten berichtete ich Näheres an anderer Stelle.

Er fliegt viele, viele Male zu Inspektionen oder zur Erkundung neuer Strecken über die eisigen abweisenden Anden. Ihm selbst passiert nichts Ernsthaftes bei diesen Flügen.

Das zweite für sein Leben bestimmende Ereignis ist das Zusammentreffen mit Consuelo Gomez Carillo. Diese argentinische Malerin und Bildhauerin ist die junge Witwe eines begüterten Herausgebers spanischer Zeitungen. Nachdem sie ihre Lufttaufe in einer »Laté 25« von Saint-Ex empfangen hat, machte er ihr nach der Landung einen Heiratsantrag. Consuelo verzichtet auf das große Vermögen ihres ersten Mannes. Im Jahre 1931 heiratet sie den Dichter-Flieger.

Obwohl viele Frauen im weiteren Leben Saint-Exupérys vorübergehende Rollen spielen, verbindet ihn bis an sein Lebensende ein tiefes Gefühl mit Consuelo. Dieses kommt unvergeßlich zum Ausdruck in einem Gebet, das er für sie in den letzten Tagen seines Daseins geschrieben hat.

Doch vorerst geht sein Leben der großen Abenteuer weiter. Während seiner Argentinienzeit als Direktor der Aéropostale richtet er die Fluglinie nach Patagonien ein. Er fliegt mehr als dreißigmal über die Cordillere.

Bald nach seiner Heirat kehrt er nach Europa zurück.

Sein »Vol de Nuit« erscheint 1931.

Das Buch wird mit dem »Prix Fémina« ausgezeichnet. Antoine

de Saint-Exupéry ist damit ein anerkannter Schriftsteller geworden.
Trotzdem sind diese nächsten Jahre nicht einfach. In vieler Hinsicht ist Saint-Ex über das Alltagsleben des aktiven Piloten hinausgewachsen. Und doch: Er muß weiterfliegen. Ich weiß nicht, ob er als Flieger überdurchschnittliche Qualitäten besessen hat. Es ist auch gar nicht wichtig. Was er der ganzen Menschheit dadurch gegeben hat, daß er sie die Wüste und den Durst, das Wasser und die hohen Berge erleben ließ – war das Entscheidende.
Er wird Einflieger bei Latécoère. Danach geht er zur Air-France, welche die in Liquidation gegangene »Aéropostale« übernommen hat. Während seiner Pilotenzeit in Marseille-Marignane leidet er sehr unter mancher Verständnislosigkeit, da er die alten Kameraden von der »Aéropostale« nicht im Stich lassen mag.
Er fliegt wieder als einfacher Pilot auf der Strecke Marseille –Algier. Damals waren seine Vermögensverhältnisse nicht günstig.
Er hatte drückende Schulden.
Er entschließt sich, einen neuen Geschwindigkeitsrekord auf der Strecke Paris–Saigon aufzustellen, für den ein Preis von 150 000 Francs ausgeschrieben ist. Dazu muß er den alten Rekord von siebenundneunzig Stunden unterbieten. Er startet – es ist Ende 1935 – zusammen mit seinem Bordmonteur Prévost in einer »Simoun Caudron« mit einem 240 PS-Motor. Diese Maschine war damals eine der meistgekauften französischen Reise- und Sportmaschinen.
Er erringt diesen Preis nicht.
Er muß dieses Unternehmen beinahe mit seinem Leben bezahlen. In der Nacht über der Libyschen Wüste liegen die Wolken fast auf dem Boden auf. Er kann nur unter ihnen bleiben. Mit 270 Stundenkilometer berührt die Maschine den Sand und geht zu Bruch.

Saint-Ex und Prévost haben einen halben Liter Wein und etwas Kaffee aus dem zerstörten Flugzeug gerettet. Während drei glühenden Tagen schleppen sie sich beinahe 200 Kilometer weit durch die Wüste und werden – völlig am Ende ihrer Kräfte und halb verdurstet – am Neujahrsabend 1936 von einem Beduinen gerettet.

Dieses Erlebnis beschreibt er später in seinem Buch »Terre des Hommes«. Ich bin selbst am Rand der Sahara notgelandet. Schon nach einer Stunde konnte ich bei Hitze und trockener Glut von sicherlich fünfzig Grad im Schatten nicht mehr schlucken. Meine Lippen waren aufgerissen. Später habe ich dann Sumpfwasser gefunden. Gierig habe ich es getrunken, ohne Rücksicht auf die damit verbundene gesundheitliche Gefahr. Jeder Flieger hätte das in einer solchen Lage ohne Zögern getan.

Ich habe also eine ungefähre Vorstellung, was diese Männer durchgemacht haben, während sie sich tage- und nächtelang durch die Wüste schleppten.

Saint-Exupéry hat in seinen Büchern das Geschehen als solches immer nur angedeutet. Er hat sich nie mit sachlichen Details aufgehalten. Doch die Wirkung seiner Worte ist viel tiefer und anhaltender, als sie je einer von uns andern erreicht hat. Dazu mußte der Vater des »kleinen Prinzen« geboren werden. Doch der »petit prince« schlummerte vorerst noch auf einem andern Stern.

Drei Jahre später hatte Saint-Ex einen anderen schweren Unfall, dessen Folgen für seine Zukunft eine ernste körperliche Behinderung zurückließen.

Wieder startete er zu einem neuen Langstreckenflug.

Jetzt hatte er nicht mehr nötig, sich um Geldpreise zu bewerben. Er war inzwischen durch die Tantiemen seiner Bücher ein reicher Mann geworden und hatte vor einem Jahr seiner Frau Consuelo in der Nähe von Paris das Schloß de la Feuilleraie gekauft.

Dieses Mal wollte er von New York nach Feuerland fliegen.

In Guatemala hatte man ihm mehr Benzin in seine Tanks getan, als er für die vorgesehene Etappe hatte haben wollen. Mit der überladenen Maschine raste er am Ende der Startbahn in Hindernisse und wurde schwer verletzt. Nur die Tatsache – eigentlich war es ein Wunder – daß ein Vetter seiner Frau dort als Arzt gerade Versuche mit damals noch beinahe unbekannten Sulfonamiden machte, rettete ihm das Leben. Doch er behielt für den Rest seiner Tage eine starke Behinderung der linken Schulter zurück.

Solche Erfahrungen lehrten ihn, über den Alltag zu lächeln. Dieser Mann wurde wirklich in den Feuern aller Erdteile geschmiedet. Wir können uns vorstellen, wie seine Frau und seine Mutter, wie seine Freunde und seine Verwandten um ihn gezittert haben. Sicherlich haben sie sich Jahre hindurch glühend gewünscht: wenn er doch aufhören würde zu fliegen! Aber vielleicht hatten sie auch die Größe zu sagen: er muß seinen Weg zu Ende gehen.

Nach all diesen Erlebnissen kam Saint-Exupéry nach Berlin.

Zu jener Zeit kannte ich alle diese Einzelheiten über sein Leben und seine Entwicklung nicht. Ich wußte nur, daß er Stationschef in der Sahara und Pilot über den Anden gewesen war. Seine Bücher hatten mich begeistert. Mit großer Aufmerksamkeit habe ich später gelesen, was der Verleger Karl Rauch in seiner Biographie über Saint-Ex schreibt, als dieser ihn in Leipzig besucht hatte, bevor er in die deutsche Hauptstadt fuhr. Doch dieses Büchlein erschien erst im Jahre 1951.

Ich traf Saint-Ex im März 1939. Es war ungefähr ein Jahr nach dem Unfall meines Mannes Bernd Rosemeyer. Kurz darauf startete ich zu einem Flug nach Indien und Siam.

Karl Rauch schreibt, wie sich Saint-Exupéry auf der einen Seite sehr auf den Besuch in der deutschen Hauptstadt gefreut hat, die ihm einige seiner Freunde als von sehr sympathischen Menschen bewohnt, geschildert hatten. Auf der anderen Seite lag für ihn

als Südfranzosen die Grenze der abendländischen Kultur am Rhein. Im günstigsten Fall war er bereit, in Berlin den östlichsten Grenzort europäischen Denkens zu sehen, wo sich eines Tages das Schicksal unserer Generation entscheiden würde. Wie recht hatte er!
Doch lesen Sie Karl Rauch selbst. Dies erwähne ich nur, um den Rahmen für den mir so herzlich unsympathischen Saint-Ex zu geben, wie ich ihn dann einige Tage später auf dem Empfang des Reichsaußenministers traf. Heute verstehe ich, wie sehr ihn damals das zackige Drum und Dran dieses perfekt organisierten Empfanges für den prominenten Gast angewidert haben muß. Und das hat er sehr deutlich gezeigt.
Doch das ist alles mehr oder weniger vergessen. Heute macht es mir fast Mühe, den Eindruck von damals überhaupt noch so wiederzugeben, wie der Flieger auf mich im Augenblick unserer Begegnung gewirkt hat.
Im gleichen Jahr war »Wind, Sand, Sterne« erschienen, dessen französischer Titel »Terre des Hommes« mir zumindest ebensogut erscheint, obwohl auch mir jene »Welt der Männer« mit gehört hat.
Für dieses Buch bekam Saint-Ex den großen Preis der Académie française. In Amerika wurde es das »Buch des Monats«.

Von nun an gibt es eigentlich nur noch Superlative im Leben des fliegenden Dichters.
Doch wieder einmal schlägt das Schicksal hart zu. Der Zweite Weltkrieg beginnt. Schon im September 1939 wird er als Reserve-Offizier eingezogen und kommt zu seiner alten Gruppe als Aufklärungsflieger. 1940, nach der Besetzung Frankreichs durch die Deutschen, gelingt es ihm, über Portugal nach USA zu entkommen.
Mit den alliierten Truppen kehrt er nach Nordafrika zurück und stößt dort wieder zu seiner Gruppe. Hier fliegt er als Major seine Einsätze über Sizilien und Frankreich.

Seinen Vorgesetzten sagt seine Kampffliegerei nicht besonders zu. Er hat es erreicht, daß er eine sehr schnelle Aufklärungsmaschine, die »Lockheed-Lightning P 38« fliegen darf. Er ist jetzt in seinem 44. Lebensjahr. Das ist nicht gerade das ideale Alter, um solche Flugzeuge zu fliegen. Doch wer will ihm seinen glühenden Wunsch, dem Vaterland auf seine Weise zu dienen, abschlagen?
Man zerbricht sich den Kopf über eine Lösung dieses Problems. Man beschließt, ihn zum Geheimnisträger zu machen. Man wird ihm die Invasionspläne anvertrauen. Das ist eine ungeheure Auszeichnung für einen Reserve-Offizier. Doch damit ist die Verpflichtung verbunden, nicht mehr im Einsatz zu fliegen. Dort würde jederzeit die Möglichkeit bestehen, den Deutschen in die Hände zu fallen. Die Folge könnte eine Gehirnwäsche sein. Darauf darf man es nicht ankommen lassen.
Das muß selbst ein Antoine de Saint-Exupéry einsehen!

Doch im Hintergrund lächelt das Schicksal über diese kleinlichen Menschenmethoden, die den Flieger Saint-Ex an dem einzigen ihm gemäßen Abgang von diesem Planeten hindern wollen. Es hat andere Pläne mit seinem geliebten Kind.
In den wenigen Stunden, die noch übrig sind, startet Saint-Ex mit der »P 38« von Borgo auf Korsika zu seinem letzten Flug. Es ist zwischen acht und neun Uhr morgens am 31. Juli 1944. Er hat mehrere Kameras bei sich, um bestimmte Gebiete aufzunehmen. Im Rhônetal. Dort, wo er seine Kindheit verbracht hat.

Diesem Start sind einige merkwürdige Ereignisse vorausgegangen. General Mast hat den Hauptmann Gavoille gebeten, alles zu tun, damit dem Kommandanten Saint-Exupéry möglichst nichts passieren kann. Das Ende des Krieges ist abzusehen. Beide Offiziere lieben und verehren den Autor von »Wind, Sand und Sterne«.
Gavoille wacht über ihn wie eine Mutter über ihr Kind. Er

kontrolliert jede Kleinigkeit am Flugzeug von Saint-Ex. Er läßt ihm vor jedem Einsatz die Motoren anwärmen – prüft den Druck der Sauerstoffbehälter – er denkt an alles. Er hilft ihm, seine Fliegerkombination, die Stiefel anziehen, er stützt ihn, wenn er in die Kabine steigt.

Er hat Grund, sich um seinen Vorgesetzten Sorge zu machen. Am 29. Juni, an seinem vierundvierzigsten Geburtstag, ist Saint-Ex eigentlich nur wie durch ein Wunder vom Einsatz zurückgekommen. Ein Motor hatte Panne. So ist er in ganz niedriger Höhe zuerst über Genua und Turin, wo deutsche Flieger stationiert sind, und dann durch das Potal zurückgeflogen. Seine Navigation hatte nicht gestimmt. Dadurch, daß er vergessen hatte, die automatischen Kameras abzustellen, konnte man seinen Weg verfolgen.

Gavoille konnte sich diese heile Rückkehr nur so erklären, daß die Deutschen bei der so niedrig und langsam fliegenden Maschine nicht annahmen, es könnte sich um ein feindliches Flugzeug handeln.

Seine vorsichtigen Versuche, von Saint-Ex eine Erklärung für dieses Vorkommnis zu erhalten, mißlangen. Der Flieger gab zu, er habe ein paarmal den Kopf eingezogen in Erwartung kommenden Beschusses – doch es sei keiner erfolgt.

Am 24. Juli fliegt Saint-Exupéry nach Tunis. Das heißt, er wird in einem winzigen unbequemen Sitz hinter dem Piloten mitgenommen. Der Sohn des Hauptmanns Gavoille wird getauft. Die Frau des Generals Mast und Saint-Ex sind Paten.

Er ist glücklich, hier in Tunis zu sein. Er hat den alten Freunden seiner Gruppe Geschenke mitgebracht. Sie alle wissen, daß ein heftiger Kummer an ihrem Kameraden zehrt.

De Gaulle, der Chef des freien Frankreichs, lehnt es ab, Saint-Exupéry zu empfangen. Der Soldat und der Künstler finden nicht zueinander. Welten liegen zwischen ihren Anschauungen und ihrer Lebensweise. Und doch sind beide glühende Patrioten. Die Freunde wissen, wie sehr Saint-Ex unter dieser Nichtachtung des höchsten Repräsentanten Frankreichs leidet. Aber sie können daran nichts ändern – es wäre Sache de Gaulles gewesen, die Hand auszustrecken.

Das Glück, wieder einmal unter guten, ihn verehrenden Freunden zu sein, löst dem Flieger die Zunge. Im weiteren Verlauf der Tauffeier weist er daraufhin, daß er nicht mehr lange leben werde. Er wolle auch gar nicht. Da seien so viele Dinge, mit denen er sich nicht abfinden könne. »Eines Tages«, so sagt er der Generalin Mast, »werde ich vom Einsatz nicht zurückkommen, und man wird mich nicht mehr wiedersehen...«

Tief bewegt von diesen Vorausahnungen bittet Madame Mast ihren Mann, alles nur Mögliche zu veranlassen, daß dieser Mensch am Leben bleibt. Wie lange kann denn der Krieg noch dauern? Er muß doch zu ersetzen sein! Der Generalresident von Tunis nimmt den Capitaine Gavoille an die Seite. Er weiß von dem Geburtstagsflug über die deutschen Stellungen. Er weiß auch, daß dieser Krieg nur noch eine begrenzte Zeit dauern kann – man muß einen Weg finden, Saint-Exupéry daran zu hindern, sinnlos sein Leben zu opfern. Für die amerikanischen Kameraden, bei denen seine Beobachtungsgruppe 2/33 fliegt, ist das Höchstalter dreißig Jahre.

Wenn man ihn zum Geheimnisträger der bevorstehenden Invasion macht, darf er nicht mehr im Einsatz fliegen.

Saint-Ex und Gavoille sind nach Korsika zurückgekehrt. Eines Abends sieht Gavoille spät noch Licht unter der Zimmertür von Saint-Ex. Er geht zu ihm. Der Major liegt angezogen auf seinem Bett und raucht. Er arbeitet nicht, wie es sonst seine Gewohnheit ist, an seinem Manuskript. Im Laufe des Gespräches bittet ihn Gavoille, keine weiteren Einsätze zu fliegen. Saint-Exupéry antwortet ihm ruhig, er könne den Gedanken, aufzugeben, nicht ertragen. Er müsse bis zum letzten Augenblick kämpfen. Er würde in diesem Kampf bleiben. Er fürchte das Ende nicht. Er könne sich nicht mit den nationalen Schwierigkeiten und mit denen der ganzen Welt abfinden.

42 Der Autor des »Petit Prince«

43 Der Flieger-Dichter bei einem seiner Einsätze

Plötzlich sprang er auf. Er schüttelte die Aschenspuren von seinem Lumberjack, ergriff einen kleinen Koffer, in dem er seine Manuskripte verwahrte und gab ihn seinem Besucher.

Er nannte ihm die Geheimnummer des Zahlenschlosses und bat Gavoille, den Koffer nach seinem Tode einem ihm befreundeten Menschen zu übergeben. Er konnte den letzten Satz nicht beenden, weil ihm die Tränen kamen.

Der Capitaine nahm den Koffer.

Zu einer Antwort kam es nicht. Auch er war so tief bewegt, daß er nicht sprechen konnte.

Der nächste Flug ist für Saint-Exupéry auf den 31. Juli 1944 angesetzt. Alle Berichte über diese letzten Tage sind in einem Gedenkbuch von sechs Männern gesammelt worden. Jules Roy, ebenfalls ein Schriftsteller, der in der Résistance zu den engsten Kameraden Saint-Exupérys gehörte, hat alles an Material zusammengetragen, was aufzufinden war. Doch das letzte Geheimnis, das über dem Verschwinden des Dichters liegt, wird wohl nie entschleiert werden.

Am Abend des 30. Juli ist Saint-Ex fortgewesen. Es hat sich nie feststellen lassen, wo er diesen Abend verbracht hat.

Als seine Kameraden von einer Gedenkfeier für einen abgeschossenen Piloten nach Mitternacht heimkommen, ist das Zimmer Saint-Exupérys leer.

Sie beschließen, daß ein anderer, Hauptmann Siegler, am nächsten Morgen seinen Flug übernehmen soll.

Doch um sieben Uhr kommt Saint-Ex zum Frühstück.

Lächelnd tritt Siegler zurück und legt sich wieder schlafen.

Auf dem Flugplatz Borgo kümmert sich anstelle des abwesenden Gavoille der Leutnant Duriez um die Startvorbereitungen für die »P 38«.

Saint-Exupéry hat vier Kameras an Bord. Am linken Bein ist eine zusätzliche Sauerstoffflasche befestigt. Für den Fall, daß der Pilot mit dem Fallschirm die Maschine in großer Höhe verlassen muß, ermöglicht sie ihm die Atmung, bis er wieder normale Luftdruckverhältnisse erreicht hat. Man hatte sich immer über den enormen Sauerstoffverbrauch Saint-Exupérys gewundert. War es seine außergewöhnliche Größe? War es sein Atemrhythmus? Nachgewiesenermaßen hat er immer schon sehr früh begonnen, die Behälter zu öffnen. Oder war es für ihn eine Art Doping? Auf der Fläche stehend, beobachtete Duriez, wie Saint-Ex alle Instrumente kontrollierte, auch das Radio und die Kameras.

Dann fragt der Pilot Saint-Exupéry über Sprechfunk, ob er zum Start rollen darf.
»D. K. number six. You can taxi and take off«, kommt die Antwort. Duriez schließt die Haube und springt von der Fläche. Er gibt ein Zeichen, daß die Bremsklötze fort sind und die »Lightning« rollt zum Start.
Zwischen acht und neun Uhr früh – die Minute ließ sich nicht mehr feststellen – ist die »P 38« zum Flug über das von den Deutschen besetzte Frankreich gestartet.
Plötzlich fällt Duriez ein, daß er das Kontroll-Instrument für das Aufladen der Generatoren nicht überprüft hat. Doch nach zwanzig Minuten ist er beruhigt. Im Fall einer Panne hätte Saint-Ex inzwischen zur Basis zurückgekehrt sein müssen.

Ruhe kehrt auf dem Flugplatz Borgo ein.
Es gibt nicht mehr viel deutsche Jagdfliegerei. Bei der späteren Durchsicht aller Berichte wurde festgestellt, daß an diesem 31. Juli keine Luftkämpfe stattgefunden haben. Jahre danach meldet ein deutscher Pilot, Hermann Korth, er habe in seinen Tagebuchaufzeichnungen Hinweise auf den Abschuß einer »Lightning« gefunden. Doch bei genauer Prüfung stellt sich heraus, daß er sich im Datum geirrt hat.
Um 13 Uhr erwartet man den Flieger zurück.
Um 14.30 Uhr weiß man: er kann nicht mehr in der Luft sein. Sein Benzinvorrat ist verbraucht.

Am Abend des 31. Juli wird der Major Antoine de Saint-Exupéry offiziell als vermißt gemeldet.
Und doch glauben alle seine Kameraden an eine Rettung.
Bisher ist er immer wieder zurückgekommen. Aus der Wüste, aus den Gletschern der Anden und von seinen Ozeanüberquerungen.
Diesmal kommt er nicht zurück.
Man findet nie eine Spur von ihm.
Es ist, als ob das All seinen großen fliegenden Sohn zurückgenommen hat, als seine Zeit auf dieser Erde abgelaufen war.
Für uns ist unendlich viel von ihm zurückgeblieben.
Seine unvergeßlichen Worte. Sie haben den Menschen das Fliegen in seiner unendlichen Schönheit begreiflich gemacht.
Zurück blieb auch seine Lebensgefährtin Consuelo. Und das Gebet, das er für sie schrieb, als er über dem Mittelmeer seine Kriegseinsätze flog. Darin heißt es:
»Herr, es ist nicht der Mühe wert, Dich sehr zu bemühen. Laß mich einfach so, wie ich bin. Ich scheine in den kleinen Dingen eitel zu sein, in den großen aber bin ich fähig, alles zu geben, auch mein Leben. Oft scheine ich in den kleinen Dingen unrein zu sein, doch froh bin ich nur in der Reinheit. –
Herr, mache mich immer mehr jener ähnlich, die mein Mann in mir sieht! Herr, behüte meinen Mann, weil er mich wahrhaft liebt und weil ich ohne ihn zu sehr verwaist wäre. Aber mache, Herr, daß er als erster von uns beiden stirbt, weil er zwar sehr stark zu sein scheint, sich aber immer allzusehr ängstigt, wenn er mich im Hause keinen Lärm machen hört! Herr, erspare ihm bitte vor allem die Angst! Gib, daß ich in seinem Hause dauernd Lärm mache – auch auf die Gefahr hin, daß ich von Zeit zu Zeit etwas zerschlagen muß! Hilf mir, Herr, treu zu bleiben und jene alle gar nicht zu sehen, die er verachtet und ablehnt! Das würde ihm Unglück bringen, denn er hat ja nun sein ganzes Leben auf mich gebaut.
Behüte, Herr, unser Haus! Amen.«

Jaqueline Auriol
5. November 1917

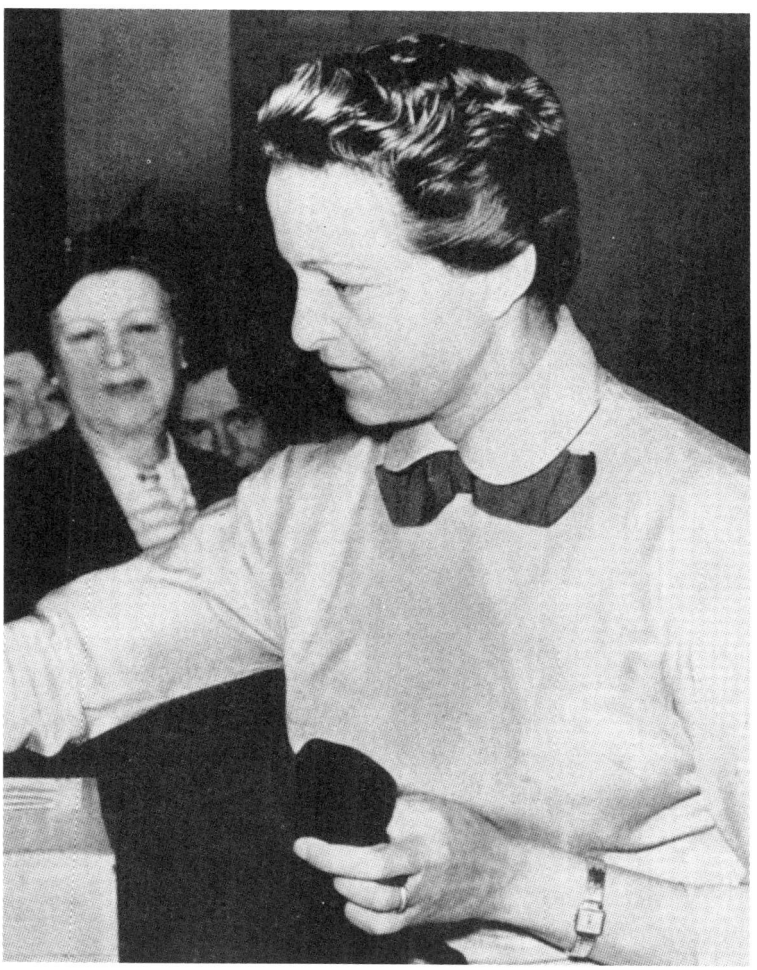

44 Nach sage und schreibe 32 Operationen: schön wie zuvor

Inmitten meiner Trophäensammlung steht ein Globus. Quer über die bunte Weltkugel verläuft ein Namenszug in einer großen eigenwilligen Handschrift: *Jaqueline Auriol!* Er beginnt mit dem »J« südlich von Ceylon und endet mit dem »L« mitten auf Hawaii. Er benötigt die Strecke über zwei Erdteile – wie ein Symbol.

Ich begegnete der damals schnellsten Frau unserer Zeit beim Westdeutschen Rundfunk. Anläßlich einer großen öffentlichen Veranstaltung in Köln im Jahre 1956 wurden jeweils zwei möglichst gegensätzliche Vertreter eines Sportes, einer Kunstsparte oder eines besonders ausgefallenen Berufes einander gegenübergestellt. Die Sendung hieß: »Kinder, wie die Zeit vergeht...« Es war Sache des Conferenciers, die Gegensätze zwischen den beiden Partnern möglichst eindrucksvoll für die Hörer am Rundfunk, aber auch für die Zuschauer im großen Sendesaal herauszuarbeiten.

In der Mehrzahl der Zusammenstellungen von Künstlern oder Sportlern waren die beiden ausgesuchten Personen durch mindestens ein Menschenalter voneinander getrennt.

Meine weiblichen Leser werden jetzt fragen: Aber hat Sie denn der Titel der Sendung nicht gestört?

Ich hatte zuerst den gleichen Gedanken. Welche Frau, die nicht mindestens die Siebzig erreicht hat, läßt sich gewissermaßen als ein Stück aus der Mottenkiste vorstellen, um so mehr, wenn sie selbst mitten im aktiven Fliegerleben steht?

Doch das störte mich in dieser vorgeschlagenen Zusammenstel-

lung überhaupt nicht. Erstens interessierte es mich brennend, die weltberühmte Rekordfliegerin zu treffen. Zweitens wußte ich, daß der Altersunterschied zwischen uns gar nicht so gewaltig sein konnte, denn Jaqueline Auriol hatte zwei Söhne, von denen der eine schon selber flog.
Als ich am frühen Vormittag nach Köln hinüberflog, dachte ich nicht darüber nach, was ich für meinen Teil an dieser Sendung beizusteuern gedachte. Das war doch so sonnenklar und einfach. Man konnte sich zwischen zwei Fliegerinnen keinen größeren Gegensatz vorstellen als diese Frau, die gerade als erste ihres Geschlechtes die Schallmauer durchbrochen hatte und mich, die Langstreckenenthusiastin, die schon vor fünfundzwanzig Jahren allein und meistens als erster Pilot überhaupt die primitivsten Plätze aller fünf Erdteile mit winzigen 40 PS angesteuert hatte.
Meine Gedanken beschäftigten sich fortgesetzt mit dieser Französin, deren Karriere erst da begonnen hatte, wo sie bei den meisten Fliegern jäh zu enden pflegt, nämlich bei einem entsetzlichen Unfall, der die junge Frau als ein menschliches Wrack zurückließ. Im Augenblick des Absturzes über der Seine im Juli 1949 hatte die damals einunddreißigjährige Fliegerin nicht einmal selbst am Steuer gesessen. Sie war nur Co-Pilotin.
Zwei Jahre vorher hatte sie zusammen mit ihrem Mann, dem Sohn des Präsidenten der französischen Republik, fliegen gelernt. Sie erwarb anschließend den Kunstflugschein, da sich bei ihr bald eine auffallende fliegerische Begabung herausstellte. Ihre hoffnungsvolle Laufbahn schien beendet zu sein, als man die schwerverletzte Fliegerin, deren Gesicht – außer Brüchen und Wunden am ganzen Körper – vollständig zerstört war, an Land gebracht hatte. Sie hatte hundert Meter schwimmen müssen, um nicht zu ertrinken, bis jemand zu ihrer Rettung kam. Und das mit all ihren Verletzungen.
In den folgenden Jahren hatte sie zweiunddreißig Operationen über sich ergehen lassen müssen, die nötig waren, um ihr wieder ein Gesicht zu schaffen. Über ein Jahr lang hatte sie fest gelegen,

während des größten Teils dieser Zeit nur flüssig durch ein Röhrchen ernährt.
Die erste Frage, als sie nach dem Unfall wieder klar denken konnte, war gewesen: *Werde ich wieder fliegen können?*
Das war vor sieben Jahren gewesen.
Inzwischen hatte Jaqueline Auriol mit einer »Mystere IV« den absoluten Geschwindigkeits-Weltrekord für Frauen errungen und die Schallmauer durchbrochen.
Unter meinen Flächen zog gemütlich das Rheintal vorbei. Mit bescheidenen 180 Stundenkilometern flog ich dem Treffen mit der schnellsten Frau der Welt entgegen. Ich beneidete sie nicht um ihre Geschwindigkeit.

Eine gute Stunde später saß mir – auf die Minute pünktlich – diese Fliegerin gegenüber, die nach ihrem Absturz kein Antlitz mehr hatte. Von sich selbst hatte sie gesagt, ihr Glück sei gewesen, daß zwar die Haut ihres Körpers an vielen Stellen zerrissen gewesen sei, doch nicht die ihres Gesichtes. Sie verglich das mit einem Beutel voller Nüsse, die man zerschlagen hatte: Die Nüsse waren kaputt, doch die Umhüllung war ganz geblieben.
Es war unmöglich beim ersten Zusammentreffen mit dieser Frau überhaupt daran zu denken, daß ihr gegenwärtiges Gesicht wahrscheinlich ein kunstvolles Werk weltberühmter Chirurgen war – dazu strahlte sie viel zu viel Persönlichkeit aus.
Diese ebenmäßig interessanten Züge, belebt von blau-grünen Augen und eingerahmt von weich fallenden aschblonden Haaren, wirkten so selbstverständlich und vollkommen natürlich, daß man sich einfach nicht vorstellen konnte, daß dort jemals etwas anderes gewesen war.

Man konnte diese am 5. November 1917 in Challans-Vendée geborene Reederstochter, die mit einundzwanzig Jahren Paul Auriol, den einzigen Sohn des damaligen Justizministers und

späteren Präsidenten Frankreichs von 1947 bis 1954, heiratete, beinahe schön nennen.
Sie wirkte elegant-sportlich in ihrem hellgelben Cachemere-Twinset und dem geraden Rock aus edelstem Rodier-Material. Als Schmuck trug sie nur einen zweifachen Trauring nach amerikanischer Art und eine wertvolle Perlenkette.
In ihrer Begleitung waren der französische Luftattaché und ein Dolmetscher der französischen Botschaft in Bonn. Sie bewegte sich mit der selbstverständlichsten Sicherheit einer Auriol-Schwiegertochter und – einer Pariserin!
Wenn ich nicht gewußt hätte, wer diese Frau war, so wäre ich nie im Leben darauf gekommen, eine Fliegerin in ihr zu vermuten. Sie war so ganz anders, als alle ihre Kolleginnen in den fünf Erdteilen. Als rein private Sportlerin hätte ich sie mir noch eben vorstellen können – doch als die schnellste Frau der Welt? – Nein!

Kurz zuvor hatte ich beim »Flugtag der Nationen« auf dem Butzweiler Hof, einem Flugplatz von Köln, die Ansage für das Fernsehen gemacht. Jaqueline Auriol war mit ihrer »Mirage« unter den Teilnehmern gewesen. Leider hatten die schnellsten Maschinen nicht auf dem »Butzweiler Hof« starten und landen dürfen, weil die Betonpiste dort nicht lang genug war. So hatte ich die Rekordfliegerin nur über die Bildschirme der verschiedenen Fernsehkameras gesehen, doch nicht direkt neben mir auf dem Flugplatz.
Als sie damals ihre Kabine über dem Pilotensitz öffnete und auf die Fläche ihrer Maschine ausstieg, nachdem sie ihre Vorführung abgeschlossen hatte, wirkte sie genau so kühl und elegant wie jetzt hier im Kölner Funkhaus. Alles in allem eine angenehme Frau, die sehr erfreulich anzusehen war.
Es war nur natürlich, daß sie ganz anders wirkte, als wir anderen Fliegerinnen. Solche Rekorde, wie sie von ihr und ihrer Dauerkonkurrentin Jaqueline Cochran in USA immer abwechselnd

erflogen und wieder gebrochen wurden, waren nur mit ungeheuren Mitteln zu erringen. Viele der Pilotinnen, die ich kannte, hätte es wahrscheinlich auch gar nicht interessiert, in wenigen Minuten einen bestimmten Kurs mit einer Rekordgeschwindigkeit in einer besonders präparierten Maschine, die dem Militär oder der Industrie gehörte, zu durchrasen. Das alles wäre auch gar nicht besonders bemerkenswert gewesen, wenn dieses vor Jahren fast zerstörte Menschenkind nicht so sehr darum gekämpft und dafür gearbeitet hätte.

In den langen Monaten ihrer Krankenhausaufenthalte hatte sie alles Theoretische studiert, was sie für ihren späteren Beruf als Einfliegerin und Testpilotin wissen mußte, darunter Aerodynamik, Algebra, Trigonometrie und Meteorologie – alles das, was sie brauchen würde, um eine Düsenmaschine zu fliegen.

Wir saßen beieinander, um ungefähr den Verlauf der Sendung am Abend durchzusprechen. Außer uns gab es noch einen alten und einen ganz jungen Weltreisenden. Zwei bekannte Schauspielerinnen sollten die gleiche Szene aus »Nora« von Ibsen sprechen. Die ältere der beiden war beinahe achtzig, die junge etwas über zwanzig Jahre alt. Dann gab es da noch zwei Tanzmeister, der eine über siebzig, der junge keine dreißig Jahre alt. Und zwei Schönheitsköniginnen. Unsere Rollen waren schnell verteilt.

»Ich werde Sie auf Ihre verschiedenen Notlandungen überall in der Welt ansprechen und auf die wenigen PS Ihrer Motoren«, bereitete mich unser Interviewer vor. »So bekommen wir am besten den Hintergrund für die Rekorde von Madame Auriol!«

Jaqueline sprach nicht deutsch. Ich bin nicht sicher, ob ihr Botschaftsdolmetscher Flieger war – ich hatte nicht den Eindruck. So ging schon während der Vorbesprechung viel von dem echten Gehalt ihrer Antworten verloren. Es kribbelte mir auf der Zunge, einzugreifen und ihre sehr gescheiten und witzigen Antworten lebendiger zu übersetzen – doch ich durfte nicht, um

den Interpreten nicht zu verletzen, der extra für diese Aufgabe vorgesehen war.
Zum Glück war diese Generalprobe bald zu Ende und es blieb noch einige Zeit zur Unterhaltung. Doch die anwesenden Reporter waren nicht geneigt, sich diese Gelegenheit entgehen zu lassen.
Es störte mich nicht besonders. Sie nahmen mir die meisten Fragen ab, die ich mich wahrscheinlich geniert hätte, an Frau Auriol selbst zu richten. Das Bombardement begann unverzüglich.
Natürlich war den Zeitungsmännern der Unfall und seine Folgen viel wichtiger als die Weltrekorde. Was konnte man schon aus einem Flug von ein paar Minuten machen? Außerdem wurde jeder Rekord nach einiger Zeit unterboten – das haben Bestleistungen so an sich.
»Waren Sie nach dem Absturz bei Bewußtsein?«
»Ja, ich habe auch lange Zeit gar keine Schmerzen empfunden – der Schock war so stark. Mit einem Schädelbruch, einem gebrochenen Bein, zehn kaputten Rippen, einem Muskelriß am Arm und zerschmettertem Schlüsselbein mußte ich hundert Meter schwimmen, ehe jemand zu meiner Rettung kam – sonst wäre ich in der Strömung ertrunken.«
Ein Schatten flog über das klare Gesicht der Frau.
Selbst die hartgesottenen Reporter zögerten, bis sich dann doch einer von ihnen zur nächsten Frage entschloß.
»Wann haben Sie wieder daran gedacht, weiterzufliegen?«
Ein strahlendes Lächeln vertrieb den ernsten Zug. Jetzt sah Jaqueline Auriol aus wie ein ganz junges Mädchen.
»Schon während mich der Krankenwagen ins Hospital brachte, hatte ich nur diesen einen Gedanken. Und die Schwester, die mich auf der Bahre in den Operationssaal rollte, wußte nicht, was sie auf meine immer wiederholte Frage antworten sollte: ›Wann glauben Sie, werde ich wieder fliegen können?‹«
»Meine erste Operation fand sofort statt, um die blutenden

Fleischwunden zu versorgen, nur mit lokaler Betäubung – das Leiden kam erst sehr viel später«, fuhr sie nachdenklich fort.
»Monatelang war ich verpflastert und in Binden gehüllt wie eine Mumie, mein herausgerissenes Auge befand sich auf der Höhe meiner Wange.«
Die Menschen in der Runde waren tief ergriffen von der Schilderung dieses Leidens. Niemand war so taktlos, nach Spuren von Narben in dem klaren Gesicht der Fliegerin zu forschen.
»Wie sind Sie mit den sicherlich auftretenden Depressionen fertig geworden?« fragte der Chefredakteur einer großen deutschen Zeitung.
»Besser als man sich wahrscheinlich vorstellen kann. Ich stürzte mich in das Studium aller Fächer, die ich für die theoretischen Prüfungen der höchsten Führerscheinklassen für Flugzeuge brauchen würde.«
»Und sahen Sie auch einmal in den Spiegel?«
»Natürlich – ich bin doch eine Frau!« antwortete die schöne Jaqueline Auriol. »Die Natur war gütig. Zuerst konnte ich so gut wie nichts sehen, und das bißchen sah ich auch noch doppelt. Nach und nach wurde mir klar, daß mein kommendes Leben, so entstellt wie ich war, völlig verschieden sein würde von dem, das ich vorher gelebt hatte.«
Mir war unklar, wie diese Frau liebenswürdig lächelnd über diese Dinge berichten konnte, als wenn sie eine fremde Person angingen.
»Eines Tages bemerkte ich eine Besserung – doch dann gab es wieder neue Operationen, Wunden und Narben. Häufig ging es zwei Schritte zurück, wenn ich gerade wieder einen vorwärts gemacht hatte. Drei Jahre dauerte es, bis mir in zweiunddreißig Operationen ein völlig neues Gesicht aufgebaut wurde – eine Meisterleistung verschiedener Chirurgen! Ja – und da Sie gerade nach dem Spiegel fragten: Es hat volle zwölf Jahre gedauert, bis ich endlich ganz vertraut mit meinem Spiegelbild geworden bin. Doch jetzt weiß ich mit Sicherheit, daß *ich* es bin, die mir da

entgegenschaut. Doch wie wäre es, wenn wir noch ein bißchen über das Fliegen sprechen würden?«

»Natürlich – Ihr Weltrekord? Dürfen wir Ihnen gratulieren und Ihnen unsere größte Bewunderung ausdrücken«, machte sich einer zum Sprecher der versammelten Reporter.

Die Federn jagten über die Blöcke. 1951, noch während die kosmetischen Operationen andauerten, flog Jaqueline Auriol am 13. Mai in einem »Vampire«-Düsenjäger ihren ersten Geschwindigkeitsrekord mit 818,18 Stundenkilometern. Dafür wurde sie zur Ritterin der Ehrenlegion ernannt und bekam ein Jahr später im Weißen Haus von Präsident Truman die Harmon-Trophäe verliehen. Im Dezember 1952 flog sie auf einer »Mistral 76« einen neuen Weltrekord für Frauen mit 856 km/h. Im Juli 1955 folgte ein weiterer auf der »Mystere IV« mit 1200 Stundenkilometern. Doch das waren nur die Anfänge ihrer ganz großen fliegerischen Karriere.

»Genügt das für heute?« lächelte sie ihre Zuhörer an. Und an mich: »Bitte nicht böse sein, doch ich möchte jetzt gern in mein Hotel gehen – morgen muß ich ziemlich früh starten. Wir sehen uns ja abends wieder.«

Sie ergriff den Arm des französischen Luftattachés.

»Einen Augenblick, Madame«, entschuldigte sich dieser. »Ich muß Frau Beinhorn noch Grüße ausrichten von General Jouhod. Er hat mich seit langem beauftragt, Ihre Adresse ausfindig zu machen – erinnern Sie sich noch an den jüngsten Leutnant der Esquadrille in Bamako im französischen Sudan, bevor Sie in der Sahara verlorengingen?«

Und ob ich mich erinnerte.

Das war 1931 während meines ersten Afrikafluges mit der 40 PS Salmson-Klemm gewesen. Ich war Ehrengast der Staffel, was den jüngsten Leutnant, der für das Kasino verantwortlich war, nicht daran hinderte, mir diesen Posten für die Tage meines Aufenthaltes dort mitten in Afrika anzuhängen.

»Wo ist Jouhod jetzt?«

»Er war bis vor einigen Monaten Kommandeur von Lahr.«
Ich hatte also zwei Jahre in Freiburg, vierzig Kilometer entfernt von dem Fliegerkameraden von vor über fünfundzwanzig Jahren gewohnt, ohne es zu ahnen.
»Und wo ist er jetzt? Es würde mir so Spaß machen, ihn wiederzusehen.«
»Vor ein paar Wochen ist er in seine Heimat nach Algerien zurückgekehrt«, sagte der Oberst. »Doch ich werde ihm Ihre Grüße ausrichten – er wird sehr enttäuscht sein.«
Damals ahnte keiner von uns, welche politische tragische Rolle der junge Leutnant von Bamako einige Jahre später im Kampf der OAS spielen würde.

Niemals zuvor – und auch nicht hinterher – habe ich eine so gut angezogene Fliegerin gesehen. Madame Auriol würde von mir mit dem Prädikat »Eins« ausgezeichnet werden, obwohl auch meine amerikanischen Kolleginnen auf diesem Gebiet bemerkenswerte Überraschungen zu bieten haben.
Doch was uns die Wahl-Pariserin an dem Abend in Köln vorführte, schlug alles, was man bisher an einer Fliegerin gesehen hatte. Noch dazu an einer Testpilotin. Das ist in unserem Sport oder Beruf – wie man es nennen will – das härteste Brot, was gebacken wird.
Sie trug ein ganz streng geschnittenes Hemdblusenkleid aus teuerstem, ganz leichtem französischen Brokat, darüber einen weißen, ganz weichen Nappaledermantel (das war lange bevor Mäntel aus glänzendem Leder modern wurden) mit einem braunen Nerzkragen im Reversstil. Nichts auf dem Kopf, nur die wunderschönen aschblonden Haare.
Irgendwann im Laufe des Vormittags sagte sie: »Nach meinem Unfall hatte ich das Gefühl, die Fliegerei hätte einiges an mir gutzumachen und das Leben wohl auch.«
Das war inzwischen offensichtlich geschehen, zumindest so weit man das vom Äußeren her beurteilen konnte.

45 Nach ihrem Rekordflug

46 Vor ihrer »Mistral 76«, mit der sie einen neuen Weltrekord aufstellte

Die Sendung war auch für uns Mitwirkende interessant. Solange wir nicht selbst an der Reihe waren, konnten wir aus der Kulisse oder durch die Regieloge zuschauen.

Hochdramatisch war der Auftritt der alten und der jungen Schauspielerin. Die alte Dame war annähernd 60 Jahre älter als ihre junge, sehr hübsch anzusehende Kollegin, die schon einen recht bekannten Namen hatte. Fast tat mir die alte Schauspielerin leid, als sie auf die Bretter trat, um noch einmal wie vor vierzig Jahren die große Szene der jungen Nora zu sprechen. Doch dann kam es ganz anders, als man erwartet hatte.

Vor unseren hingerissenen Blicken verwandelte sich Hedwig Wangel in eine ganz junge Frau. In den nächsten zehn Minuten lebten wir mit ihr deren Leben und Probleme. Donnernder Beifall belohnte sie für diese großartige – wenn auch wohl nicht unserm Gefühl für moderne Schauspielkunst entsprechende Leistung. Mit Tränen in den Augen gratulierte ihr die junge Kollegin.

Als sie dann selbst die gleiche Szene in einer ganz anderen Auffassung sprach, gab sie sicher nicht ihr Bestes. Der Beifall war auch nur freundlich, nicht zu vergleichen mit den Stürmen, die Hedwig Wangels Auftritt hervorgerufen hatte.

Hinter der Kulisse brach die junge Schauspielerin in Tränen aus: »Ich weiß es – nie werde ich eine wirklich gute Schauspielerin werden!« schluchzte sie. »Das ist Kunst! Diese Frau wird noch auf dem Totenbett die Menschen hinreißen, wenn sie nur will. Ich werde ewig in der Mittelmäßigkeit steckenbleiben!«

Inzwischen hat sie eine große Karriere gemacht. Alle wir Anwesenden fanden diesen ehrlichen Ausbruch, ihre schonungslose Selbstkritik so sympathisch, daß wir keine Zweifel hatten: diese junge Schauspielerin würde ihren Weg machen.

Da war auch eine Gegenwarts-Schönheitskönigin und die erste, die es je gab. Sie mußte inzwischen gute siebzig Jahre alt sein. Urkomisch ihr Auftreten – und doch von einer leichten Tragik umwittert. Auf der einen Seite die bildhübsche junge Person, fürsorglich von ihrem Vater begleitet und beraten. Und ihr gegenüber eine verblühte Frau, offensichtlich in sehr bescheidenen Verhältnissen lebend, die versuchte, bei dieser Gelegenheit noch einmal vor einem größeren Publikum einen Rest von dem Glanz ihrer Jugend auf die Bretter zu zaubern. Doch das hatte eine etwas peinliche Wirkung und erinnerte jeden Anwesenden nur zu sehr daran, daß auch er eines Tages unweigerlich alt sein würde. –

Unser Conferencier fragte sehr geschickt den Gegensatz zwischen meiner romantischen Fliegerei in die wenig bekannte Welt von damals und der verantwortungsvollen harten Tätigkeit einer Testpilotin schnellster Maschinen aus uns heraus. Leider war der Dolmetscher von Frau Auriol, wie ich schon morgens befürchtet hatte, nicht in der Lage, die verschiedenen kleinen reizend weiblichen Gags der großen Fliegerin so zu übersetzen, daß sie auch bei den Zuschauern, die nicht französisch verstanden, ein volles Echo fanden. Selbstverständlich bekam Jaqueline Auriol großen Beifall – wie hätte das bei dieser Leistung, bei dem Aussehen dieser Frau und bei der Zähigkeit des Durchhaltens in ihren dunklen Jahren auch anders sein können? Doch ich hätte sie gern den Menschen da unten im Saal noch näher gebracht.

Hätte man nicht um ihr Leiden gewußt, so würde man den Eindruck haben, Madame Auriol sei in erster Linie eine mondäne Frau der großen Gesellschaft, die kühl und mit vollendeter Übersicht ihr Lächeln und ihre Trümpfe einsetzte. Und die außerdem sehr schnell und sehr gut fliegen konnte.

Doch es war mehr hinter dieser eleganten kühlen Schönheit. Viel mehr. –

Am nächsten Morgen flogen wir mit sehr unterschiedlichen PS-Zahlen in verschiedenen Richtungen fort. Mit einer angedeuteten Kurve winkten wir einander noch einmal zu. Wann würden wir uns wieder begegnen?

Inzwischen ist Jaqueline Auriol seit über neun Jahren Einfliegerin und Testpilotin am Centre d'éssai en vol von Brétigny.
Sie hat über fünfzig verschiedene Typen der schnellsten Flugzeuge der Welt geflogen, darunter die »Mirage«, »Vautour«, »Fouga« und die »Caravelle«.
Sie hat annähernd fünftausend Flugstunden. Sie flog 2300 Stundenkilometer und bei dieser Gelegenheit den Weltrekord als die schnellste Frau (bei Istres mit der »Mirage III 2 R« über 100 km auf geschlossenem Kurs).
Außer dem Absturz damals über der Seine, der sie fast das Leben kostete und bei dem sie nicht einmal selbst am Steuer saß, hat Jaqueline Auriol keinen nennenswerten Unfall gehabt. Offensichtlich weiß das Schicksal, daß es dieser Frau eine Revanche in Form von vielen ungetrübten Fliegerjahren schuldig ist.

Charles A. Lindbergh
*4. Februar 1902
† 26. August 1974

47 Dieses Bild ging um die Welt

Hunderttausende von Menschen jubelten, als am 21. Mai 1927 ein blonder junger Amerikaner nach 33 und einer halben Stunde Flugzeit in Le Bourget, dem Flughafen von Paris, gelandet war. Mit seiner »Ryan«-Maschine, ausgestattet mit einem 220 PS starken Whright-Whirlwind-Motor, war es ihm gelungen, im Alleinflug durch Nacht und Gewitter den Atlantik zu überqueren.
Ich jubelte nicht – dazu war mir eine solche Heldentat viel zu fern. Mit meinen 20 Jahren führte ich ein etwas unstetes Leben. Bei einer Wohltätigkeitsveranstaltung hatte ich ein extra für mich angefertigtes Samtkostüm vorgeführt, das ich dann danach geschenkt bekam. Meinen ersten ernst zu nehmenden Heiratsantrag hatte mein Bewerber mit Geschäftsbüchern und Steuerbescheid bei meinen Eltern vorgetragen – doch mir spukten immer noch meine verworrenen Ideen von Reisen in das Innere von Afrika oder sonstwo im Kopf herum, die mich schon seit Jahren beschäftigten. Doch wie sollte ich ohne Geld nach Afrika kommen?
An Hagenbeck hatte ich geschrieben mit dem Vorschlag, mich auf eine Tierfangreise mitzunehmen, sowie an die UFA, die damals größte deutsche Filmgesellschaft, die Kulturfilme in allen Erdteilen drehte. Ich bekam zwar eine kurze Antwort, doch es wurde nichts daraus.
Doch zurück zu Lindbergh, der zwei Jahre später mein viel bewundertes Vorbild werden sollte. Ich hatte inzwischen selbst fliegen gelernt und beschäftigte mich intensiv mit der Vorgeschichte seines Fluges, die mir bald klarmachte, daß sich ohne

48 Die »Spirit of St. Louis«. Noch ist sie der Welt kein Begriff

49 Lindbergh kurz vor dem Start in New York

Ausdauer, vernünftige Planung und eine erstklassige Ausbildung nichts erreichen ließ. In dieser Hinsicht war Lindbergh ein leuchtendes Beispiel. Was hinterher wie ein tollkühner Streich eines jungen Helden aussah, war das Ergebnis jahrelanger intensiver Vorarbeit, die schließlich zu diesem von der ganzen Welt so bewunderten Alleinflug mit seinem Eindecker »The Spirit of St. Louis« führte.

Sein Vater war zur Zeit seiner Geburt Jurist in Minnesota. Er war schwedischer, seine Mutter von englisch/irisch/französischer Abstammung. In seinen Jugendjahren besuchte er durch den Beruf seines Vaters, der in den Kongreß gewählt wurde, mehrere Schulen und fand schon in früher Jugend Gefallen an ständigen Reisen. Sehr bald zeigte sich seine außergewöhnliche Begabung für technische Dinge, deren wissenschaftlicher Hintergrund ihn in gleicher Weise interessierte.

Charles war das einzige Kind dieser Ehe. Als sie auseinanderbrach, blieb er mit seiner Mutter in Minnesota. Nach der Schulzeit besuchte er die Universität von Wisconsin. Aufgrund seines Interesses an der jungen Fliegerei begann er Aerodynamik zu studieren. Nebenbei lernte er in Lincoln/Nebraska fliegen. Nach acht Flugstunden wurde er zum ersten Soloflug zugelassen.

Es folgten Monate des »barnstormings«, das heißt die Mitnahme von Passagieren, die 5 Dollar für einen 20-Minutenflug bezahlten. Außerdem machte Lindbergh Fallschirmabsprünge und kletterte bei öffentlichen Veranstaltungen bis auf die Flächenspitze eines Flugzeugs, das einem Bekannten gehörte.

Bereits im nächsten Jahr konnte er sich den Traum von einem eigenen Flugzeug erfüllen, den Erwerb einer »Jenny« aus alten Kriegsbeständen. Auf einer Auktion erstand er für 500 Dollar diese ausgemusterte Schulmaschine mit einem Curtis-Motor, mit der er Passagierflüge in eigener Regie unternahm und Erfahrungen bei Überlandstrecken sammelte. Hin und wieder gab es auch einen leichten Bruch, der in den Lokalzeitungen zu lebensgefährlichen Unfällen hochgespielt wurde.

50 Gratulation von Louis Bleriot, der als erster 1909 den Ärmelkanal überflogen hatte

51 Der Empfang in Washington

Lindbergh wollte große Maschinen fliegen. Ihm war klar, daß er dieses Ziel nur über eine Anstellung bei einer Luftlinie oder bei der Luftwaffe erreichen konnte. Als sein Antrag dort angenommen wurde, verkaufte er seine »Jenny«. Er bestand die Aufnahmeprüfungen in Chanute Fields und wurde kurze Zeit später Nachtpilot und Fluglehrer bei dieser Luftlinie.
Am 19. März 1924 wurde er als Fluglehrer in die U. S. Luftwaffe in Brooks Field aufgenommen.
Jahrzehnte später sollte es Lindbergh in der U. S. Airforce noch bis zum Brigade-General bringen, nachdem er wegen seiner Haltung gegen ein Eingreifen der USA in den Krieg seinen Abschied aus dem Kriegsministerium nehmen mußte und 1954 voll rehabilitiert wurde. Doch was lag da alles dazwischen – vom höchsten Ruhm bis zum abgrundtiefen Elend, als sein 20 Monate alter erster Sohn entführt und ermordet wurde!

Nach jahrelangen Vorbereitungen und Studium der navigatorischen Aufgaben, startete er am 20. Mai 1927 vom Rooseveltfield bei New York mit seinem einmotorigen Flugzeug zu seinem Flug nach Paris, für dessen Gelingen seit 1919 ein Preis von 25 000 Dollar von dem New Yorker Hotelier Reymond Orteig ausgesetzt war.
Über diesen die Fliegerwelt der damaligen Zeit mitreißenden Flug existiert soviel Material, darunter Lindberghs Buch »We«, daß ich mir darüber nähere Einzelheiten ersparen kann.
Bei einem seiner Flüge nach dem Ozeanerfolg hatte Lindbergh in Mexico-City die Tochter des dortigen amerikanischen Botschafters kennengelernt und sie geheiratet. Das Paar hatte später sechs Kinder, von denen der älteste Sohn Charles 1932 entführt wurde. Jahre danach machte Anne Morrow Lindbergh eine Reihe von großen Fernflügen mit ihrem Mann, wurde seine Copilotin und Funkerin. Sie schrieb eine Reihe von Büchern u. a. »Muscheln in meiner Hand« und »Ich fliege mit meinem Mann«, die Welterfolge wurden.

2 Der Text auf dieser Postkarte lautete: »Die Afrikafliegerin Elly Beinhorn in einem Kleid aus indener Samt«

Im Jahre 1934 traf ich in Los Angeles mit einem der Sponsoren Lindberghs zusammen, der das Unternehmen New York–Paris weitgehend gefördert hatte.
»Sie müssen ihn treffen. Er lebt ganz in der Nähe von New York. Wir stehen in ständiger Verbindung«, sagte Paul Mantz. »Ich gebe Ihnen einen Brief mit und werde ihn auch anrufen, wenn Sie übersehen können, wann Sie dort sein werden.«
Ich flog gerade – wie immer allein – mit einer Klemm-KL 32, die meine erste Kabinenmaschine war, vom Panamakanal über Zentral-Amerika durch die USA, wo ich auch in Hollywood meinen Weltflug-Kollegen Moye Stephens wieder getroffen hatte. Ich hielt auf Einladung mehrerer deutscher Clubs Vorträge über die 1936 in Berlin stattfindenden Olympischen Spiele. Das Treffen mit Lindbergh würde einer der Höhepunkte meiner Flugreise werden – auch für die Presse, für die ich wie immer zur Finanzierung meiner Unternehmungen arbeitete.
Während ich in Etappen nach New York unterwegs war, begann der Prozeß gegen den deutschstämmigen Bruno Richard Hauptmann, der wegen der Entführung und Ermordung des damals knapp 20 Monate alten, ersten Lindbergh-Sohnes vor Gericht stand. Man hatte bei ihm 15 000 Dollar aus dem Lösegeld von 50 000 Dollar gefunden, das der Vater den Erpressern gezahlt hatte bevor die Leiche des Kindes gefunden wurde.
Je mehr ich mich New York näherte, desto aufgewühlter wurden die Berichte über den Lindbergh-Prozeß. Mit Entsetzen las ich, was die unglücklichen Eltern mitmachen mußten: Täglich im Gerichtssaal Aussagen zu irgendwelchen Details machen, Fotos des ermordeten Kindes in Augenschein nehmen, den kleinen Schlafanzug des Babys in den Händen usw. Es war entsetzlich! Was war das für eine Demütigung für einen Mann dieser Berühmtheit, überhäuft von Auszeichnungen, wie sie kaum je ein Mensch auf der Welt empfangen hatte. Befördert zum Oberst der Airforce, mit dem »Distinguished Flying-Cross« dekoriert und zahllosen anderen Ehrungen, darunter den seit 1919 ausge-

3 Im Gespräch mit Ernst Heinkel

schriebenen Preis für den 1. Direktflug New York–Paris – und nun dieser grauenvolle Sturz in das tiefste Unglück, das ein Elternpaar treffen kann.

Mir war natürlich klar, daß ich unter diesen Umständen Lindbergh nicht um das vorgesehene Treffen bitten konnte. Es wäre der Gipfel der Taktlosigkeit gewesen.

Der Prozeß gegen Hauptmann endete mit dem Schuldspruch. Er wurde zum Tode verurteilt und auf dem elektrischen Stuhl hingerichtet. Bis zu seinem Ende hatte er seine Unschuld beteuert. Wie berichtet wird, gestand der Grieche Constantin Martos später nach seiner Rückkehr aus den USA Freunden gegenüber den Mord und – beging Selbstmord.

1935, nach einem Besuch bei amerikanischen Fliegerfreunden, die ein Hausboot vor Miami liegen hatten, und einer Einladung beim deutschen Botschafter Dr. Luther in Washington, flog ich nach Deutschland zurück. Ich war sehr betrübt, sagte mir aber: Dieses Treffen ist nur aufgeschoben, Weltflieger begegnen sich immer wieder. Das Schicksal wollte es anders.

Mein Leben nahm eine totale Wendung, als Bernd Rosemeyer im Herbst desselben Jahres zu meinem ständigen Begleiter und im Juli 1936 mein Ehemann wurde. Als ich ihn dann 1937 nach New York begleitete, wo er – übrigens auf dem Roosevelt Raceway, von dem Lindbergh seinen Ozeanflug gestartet hatte – auf dem Auto-Union-Rennwagen den »Großen Preis von Amerika« gewann, gab es für mich keine Zeit, auch nur eine Minute ein solches Treffen ins Auge zu fassen. Auch die nächste Möglichkeit ließ ich aus: Im Oktober 1937 war Lindbergh in Deutschland Gast bei einem Abendessen, zu dem auch ich eingeladen war. Da ich kurz vor der Geburt meines Sohnes stand, konnte ich diese Einladung natürlich nicht annehmen.

Am Tag darauf flog Lindbergh mit Professor Messerschmitt nach Augsburg zur Besichtigung der »Bayerischen Flugzeugwerke«. Dort wollte er die Me 108 und möglichst auch die Me 109 fliegen, was aber erst kurz danach – aus formalen Gründen – in

Rechlin gelang. Außerdem besuchte er Ernst Heinkel in Warnemünde, der ihm sein Werk zeigte und bereitwillig alle Fragen beantwortete. Am nächsten Tag überreichte ihm der damalige Luftfahrtminister Hermann Göring formlos einen Orden im Auftrag von Hitler, den Lindbergh achtlos in die Hosentasche schob.

Nach seiner Rückkehr in die USA warnte er vor dem Eintritt in einen Krieg gegen das hochgerüstete Deutschland, der nur den Sowjets nützen würde. Diesen Besuch im Hitler-Deutschland hat man ihm später sehr übelgenommen und ihm Defaitismus vorgeworfen.

Es ist wohl nie so ganz klar geworden, ob Lindbergh damals 1937 aus rein fliegerischem Interesse die Einladung nach Deutschland angenommen hat oder ob er als Spion seines Vaterlandes geschickt worden war. Jedenfalls war er danach jahrelang in seiner Heimat als »nazifreundlich« verschrien. In seinem Buch »Of flight and life« beschreibt Lindbergh fast beschwörend, Amerika solle sich aus einer kriegerischen Auseinandersetzung in Europa heraushalten. Nach seinem tiefen Einblick in den Rüstungsstand der Deutschen plädierte er dafür, die europäischen Nationen ihre Streitigkeiten unter sich ausfechten zu lassen. Amerika dürfe nicht zu einem selbstmörderischen Kriegsbrande beitragen, sondern es müsse seine Kraft für die gigantischen Probleme unserer modernen technischen Möglichkeiten aufsparen.

Vor über 40 Jahren sah Lindbergh voraus, daß es für die gesamte Menschheit auf unserer Erde entscheidend sein werde, wie sie die ungeheuren Möglichkeiten, die ihr durch die Atombombe, die Raketenflugzeuge und andere Erfindungen nützen würde. Wenn sie in die Hände gewissenloser Geschäftemacher gelangen würden, so konnte das ein Ende unserer Existenz bedeuten. Er habe dieses Buch vor allem deshalb geschrieben, um die heutigen wissenschaftlichen Errungenschaften durch eine höhere Moral zu bändigen.

Charles Lindbergh zog sich immer mehr zurück und trat nur noch an die Öffentlichkeit, wenn es sich um die Belange vom

Aussterben bedrohter Ureinwohner in abgelegenen Gebieten oder um die gefährdete Tierwelt handelte. Für den Nobelpreisträger Alexis Carrel konstruierte er medizinische Apparate und war Co-Autor dessen Buches für Organverpflanzungen. In seiner letzten Lebensphase wohnte er meistens in seinem bescheidenen Haus auf der Hawaii-Insel Maui. Als ihm die Ärzte in den USA sagten, daß er nur noch kurze Zeit zu leben haben werde, nahm er das gelassen hin und machte seinen letzten Flug dorthin. Er starb am 26. August 1974 an Lymphgefäßkrebs. Seine Frau und einer seiner Söhne waren bei ihm. Er wurde noch am gleichen Tag beigesetzt.

So ist es mir nicht vergönnt gewesen, einen der größten Helden der Fliegerei des 20. Jahrhunderts persönlich kennenzulernen.

Die Natur hatte ihm alle Voraussetzungen für seine fliegerischen, wissenschaftlichen und menschlichen Erfolge mitgegeben: Er war mutig, präzise, vorausplanend – dazu großgewachsen, blond, hervorragend aussehend und später sehr begütert. Er erreichte den höchsten Ruhm und durchlebte das tiefste Elend. Wer ihn kannte, liebte seine Bescheidenheit, sein Können und seine souveräne Schlagfertigkeit. Nichts von seinen Erfolgen war unverdient und darum ist nur gerecht, wenn das Andenken an Charles Lindbergh der Nachwelt erhalten bleibt.

Melitta Schiller – Gräfin Stauffenberg

*9. Januar 1903
† 8. April 1945

54 Ingenieurflugzeugführerin Dipl.-Ing. Melitta Gräfin Schenk von Stauffenberg

Melitta Schiller, spätere Gräfin Stauffenberg, lernte ich eigentlich erst 45 Jahre nach ihrem Fliegertod kennen. Ich staunte nicht schlecht, als ich Gerhard Brackes Biographie über sie 1990 auf den Tisch bekam.
Natürlich kannten wir uns während unserer Jugendjahre, doch nur recht oberflächlich. Ich hatte sie beispielsweise niemals zu mir, sie mich niemals zu sich eingeladen. Mein Verhältnis zu ihr war ganz anderer Natur als zu den anderen Fliegerinnen wie Hanna Reitsch, Marga von Etzdorf, Katja Heidrich, Antonie Strassmann.
Das lag an unseren verschiedenen Lebensweisen und Interessen. In Melittas fliegerischem Alltag spielten die Wissenschaft und die Forschung eine entscheidende Rolle. Sie hatte ihr Studium der Mathematik, Physik und Aerodynamik mit dem Diplom-Ingenieur abgeschlossen, machte dann Propellerversuche bei der DVL (Deutsche Versuchsanstalt für Luftfahrt) und wechselte 1936 zu den Askania Werken über, deren Bordgeräte im internationalen Flugverkehr weltweit anerkannt und benutzt wurden.
Wer umfassend informiert werden will über diese großartige Fliegerin, diese Ingenieurflugzeugführerin, die mit über 2500 Sturzflügen alle anderen Piloten im Zweiten Weltkrieg – ausgenommen Hans-Ulrich Rudel – bei weitem übertroffen hat, den kann ich nur auf das spannend zu lesende Buch von Gerhard Bracke (Verlag Langen-Müller, München) verweisen.
Sicher war mir bekannt, daß Melitta, 1937 als zweite Frau in Deutschland zum Flugkapitän ernannt, als vierte 1943 mit dem

55 Wir vier Pilotinnen beim »Fest der Luftfahrt« 1929: A. Straßmann, G. Lindt, M. Schiller und ich (von links)

56 Melitta und ich bei der Eröffnung des neuen Flugplatzes in Chigwell

EK II ausgezeichnet, den bekannten Sturzkampfbomber Ju 87 und die zweimotorige Ju 88 – allerdings nicht im Fronteinsatz, sondern bei der Luftwaffenerprobungsstelle Rechlin wie bei der Technischen Akademie der Luftwaffe in Berlin-Gatow – geflogen hatte. Was ich nicht ahnte und, soviel ich weiß, niemand in ihrer Umgebung wußte, daß ihr Vater, wenn auch in frühester Jugend getauft, jüdischer Abstammung war. Melitta war also nach den Gesetzen der damaligen Zeit Halbjüdin und damit in vieler Hinsicht sehr gefährdet. Ihrem Aussehen nach wäre niemand auf einen derartigen Gedanken gekommen. Sie war eine blonde, hübsche junge Frau von schlanker sportlicher Figur.

Es ist kaum vorzustellen, was dieses Mädchen während der Jahre von 1933 bis zu seinem Tode durchgemacht haben muß – und das besonders in der letzten Stellung in ihrem Leben: als technisch-wissenschaftliche Leiterin der »Versuchsstelle für Flugsondergerät« der Luftwaffe. Inzwischen hatte sie mehrere 1000 Sturzflüge unter höchstem körperlichen Einsatz gemacht und war von Göring mit dem Fliegerabzeichen mit Brillanten und dem Eisernen Kreuz 2. Klasse ausgezeichnet worden.

Im September 1938 wurden Melitta Schiller und ich als deutsche Vertreterinnen zu der Eröffnung des Flughafens Chigwell, östlich von London, entsandt. Wir flogen getrennt, sie in einer Klemm KL 35, ich in einer Messerschmitt Me 108, meiner »Taifun«.

Diese Zeit war äußerst spannungsgeladen wegen Hitlers Druck auf die Prager Regierung. Wir waren gewissermaßen als »Friedensengel« hinübergeschickt worden. Für mich bedeutete das eine hinreißende Gelegenheit, wieder einmal ins freie Ausland zu reisen.

In England gab es damals schon eine weibliche Luftreserve, deren Leiterin Mrs. Patterson für unser Wohlergehen verantwortlich war.

In der Askania-Zeitschrift von Januar/Februar 1939 schreibt »Flugkapitän Melitta Schiller« über dieses Flugmeeting: »Endlich bringt mich ein tollkühner Chauffeur durch melancholische Vorstadtteile mit endlosen, völlig gleichartig gebauten Häuserreihen mitten durch den wahrhaft lebensgefährlichen Nachmittagsverkehr nach dem Londoner Westen... Schließlich kommen wir aber doch in dem Hotel an, in dem Mrs. Patterson, die Leiterin der nationalen weiblichen Luftreserve und erste englische Fluglehrerin, den ganzen Nachmittag auf mich gewartet hat. – Sie hat in rührender Fürsorge inzwischen ein reizendes kleines Hotelzimmer für mich ausgesucht... Jetzt zeigt sie mir die Ausgabe der ›Evening News‹, in der meine Ankunft in England überaus dramatisch geschildert ist: Die französische Küstenstation hatte den Zeitpunkt meiner Überfliegung nach London weitergegeben. Die von mir überflogene englische Küstenstation war nicht mehr besetzt, und da ich außerdem in keinem der offiziellen Flughäfen gelandet war, sah man mich bereits im Kanale schwimmen und signalisierte durchfahrenden Schiffen, nach mir zu suchen und mich aufzufischen. Bis endlich aus dem abgeschiedenen Romford die Nachricht von meiner glücklichen Landung durchdrang.

Es soll Menschen geben, denen es ein Vergnügen ist, sich in der Zeitung zu lesen. Noch andere fühlen sich besonders wohl in der Gesellschaft von Reportern. Beide Genüsse hat man an diesem Nachmittag für mich vorbereitet. Es kostet Aufwand, trotzdem zu lächeln.

Mrs. Patterson begleitet mich dann noch geduldig zu einem anderen Hotel, in dem Elly Beinhorn uns erwartet, die mit ihrer Messerschmitt-Taifun ebenfalls zu dem Flugmeeting herübergekommen ist...

Unser Flugmeeting beginnt in dem Augenblick, in dem Chamberlain auf der Rückkehr von Godesberg in Heston landet.«

Das Flugmeeting fiel also genau in die Zeit, als der britische Premierminister bei seinem Treffen mit Hitler versucht hatte, die Sudetenkrise beizulegen. Bekanntlich sollte dies aber erst mit dem Münchner Abkommen gelingen.

Melitta fährt fort: »Elly Beinhorn, die ihre Maschine dort untergestellt hat, erwischt ihn gerade noch. Damals war der Beifall des Publikums noch wesentlich gehaltener als fünf Tage später.
Die Flugveranstaltung ist in sehr einfachem Rahmen gehalten, was aber in England über die Bedeutung der Sache nichts aussagt. Die englischen Fliegerinnen machen einen ausgezeichneten Eindruck und interessieren sich lebhaft für die deutschen Maschinen. Über jede Einzelheit müssen wir Auskunft geben. Das Publikum nimmt unsere Darbietungen genau so freudig auf wie die der Engländerinnen...«
Melitta und ich waren also während dieses Aufenthaltes in London leider in verschiedenen Hotels untergebracht, also wieder keine Gelegenheit, uns menschlich näher zu kommen.
Bei dem zu der Eröffnung von Chigwell vorgesehenen Flugmeeting führten wir unsere Flugzeuge vor. Melitta, deren Klemm nicht für Kunstflug ausgerüstet war, zeigte trotzdem einige Loopings und ich führte meine »Taifun« im Schnell- und Langsamflug vor, was mit viel Beifall belohnt wurde – obwohl wir Vertreter eines damals mit größtem Mißtrauen betrachteten Landes waren.
Das Flugmeeting in Chigwell ist auch in der englischen Flugzeitschrift »The Aeroplane« vom 28. September 1938 ausführlich gewürdigt worden mit dem Beitrag »Women's Day at Chigwell«.
»Frau Schiller, in her little Klemm 35, which is not fitted for aerobatics, showed its fine flying qualities, including several loops.
Elly Beinhorn Rosemeyer followed with the Messerschmitt Taifun. Her demonstration of fast and slow flying, the latter helped by slots and flaps, was most impressive, and as usual showed her perfect technique...
Both Frau Schiller and Elly Rosemeyer had a great reception when they landed.«
Wie muß es im Inneren Melittas ausgesehen haben, unfreiwillig

aber doch gewissermaßen als Repräsentantin Nazi-Deutschlands aufzutreten!

Dieses erinnert mich an meine volljüdische Fliegerkameradin Antonie Strassmann, mit der ich bis zu ihrem Tode befreundet war. Sie hatte ungefähr zur gleichen Zeit wie ich fliegen gelernt. Ihr Vater war der berühmte Berliner Gynäkologe Geheimrat Paul Strassmann, der Chefarzt von zwei Kliniken in Berlins Schumannstraße – neben dem Deutschen Theater – war. Die hochintelligente Tochter Antonie, die als Schauspielerin begonnen hatte, war dann Sportfliegerin geworden und hatte mich bald bei ihrer Familie eingeführt. Für mich, da ich erst 21 Jahre alt war, sollte das kultivierte Haus Strassmann jahrelang Ersatz für mein Elternhaus sein. Später hatte ich in Berlin ein zweites Vize-Elternhaus bei Admiral Lahs und seiner Frau Mädy, geborene von Stetten.

Im Gegensatz zu Melitta Schiller war Antonies Rassenzugehörigkeit allgemein bekannt: 1936 wanderte sie nach Amerika aus, wo sie sich in der Hörgeräte-Industrie eine angesehene und sehr gut bezahlte Stellung eroberte. Viele ihrer Fliegerkameraden haben ihr beim Aufbau ihrer Existenz in den USA geholfen, darunter Ernst Udet, mit dem sie in ihren ersten Fliegerjahren eine leidenschaftliche Beziehung verband. Sie ist bis zu ihrem Krebstod mit 50 Jahren nie mehr in das verhaßte Deutschland zurückgekehrt.

Eine Freundin aus ihrer Schauspielerinnenzeit, Emmi Sonnemann, die spätere zweite Frau Hermann Görings, hat ebenfalls bis zu ihrer Auswanderung treu zu ihr gehalten – mit Wissen ihres Mannes.

Zu meiner großen Überraschung erbte ich nach Antonies Tod die damals beachtliche Summe von DM 5000,–, mit der Begründung, ich habe ihrem Bruder Erwin, später auch Professor der Gynäkologie in USA und damals schon Oberarzt in der Klinik seines Vaters, das Leben gerettet. Ich hatte bei meinen regelmäßigen Besuchen im Haus Strassmann immer wieder darauf gedrängt, daß er mit seiner Frau und den drei Kindern nach USA auswanderte, solange dazu noch Gelegenheit war. Nach dem Tod des Geheimrats, am Tag des Erlasses der Rassengesetze, konnte Antonie ihre Mutter zu sich hinüber holen, wo sie inzwischen ein Haus in Peekskill hatte.

Über Melittas Abstammung war nie etwas bekannt geworden. Ihr Vater war automatisch polnisch geworden, weil er wegen seines privaten Hausbesitzes in Krotoschin nicht für die deutsche Staatsangehörigkeit optiert hatte. Vor Beginn seines Studiums hatte er sich evangelisch taufen lassen und war später mit der protestantischen Margarete Eberstein verheiratet. Die Schillers hatten fünf Kinder, von denen Melitta – Litta genannt – das dritte war. Über ihrer glücklichen Jugend im kultivierten, gepflegten Elternhaus lag kein Schatten.

Von alledem wußte ich nichts, weil ich Melitta nur gelegentlich bei fliegerischen Ereignissen oder auch mal beim »Ball der Luftfahrt« traf – doch wie gesagt, nun wußte ich inzwischen, daß sie außergewöhnlich wertvolle und gefährliche Sturzflüge zur Erprobung für den militärischen Nachtflugeinsatz machte, über die aber aus Geheimhaltungsgründen nichts an die Öffentlichkeit gelangte. Dann hörte ich, sie habe eine Dissertation eingereicht und sogar Aussicht auf eine Professur und außerdem habe sie sich mit dem Alt-Historiker Prof. Dr. Alexander Schenk Graf von Stauffenberg verheiratet, dem Bruder des späteren Hitler-Attentäters Claus. Von den Folgen des am 20. Juli fehlgeschlagenen Attentats blieb auch sie nicht verschont. Möglicherweise war Melitta, wie ihr Biograph darlegt, in die Verschwörung eingeweiht. Mit letzter Sicherheit ist dies nicht zu beweisen wie auch nicht ihre geplante aktive Teilnahme. Auf jeden Fall wurde sie in Haft genommen, jedoch 6 Wochen später wegen kriegswichtiger Aufgaben wieder entlassen. »Gräfin Schenk«, wie sich Litta nur noch nennen durfte, nutzte jede Gelegenheit zu Besuchen bei den inhaftierten Familienangehörigen.

Von Melittas nie ganz geklärtem Abschuß am 8. April 1945 bei

57 Die Wissenschaftlerin bei
ihrer Dissertation

58 Vor einem ihrer
2500 Sturzflüge

Straubing erfuhr ich erst viel später, da jeder in dieser Endphase des Krieges mit seinen vordringlichsten eigenen Problemen – wie bei mir mit Lebensmittelbeschaffung für die zwei kleinen Kinder – mein zweiter Mann war ja im Krieg – und dem Schutz vor den ständigen Bombenangriffen beschäftigt war.

Jahrzehnte später bekam ich von Melittas Schwester Dr. Jutta Rudershausen einen Brief. Sie schrieb mir, daß sie beabsichtige ein Buch über das Leben ihrer Schwester zu schreiben und bat mich, ihr alles aus unserer gemeinsamen fliegerischen Vergangenheit mitzuteilen. Das war leider herzlich wenig im Vergleich zu anderen Fliegerinnen aus dieser Zeit. Als sie mich dann später fragte, ob ich bereit sei für das Buch, das nun kurz vor seiner Drucklegung stand, ein Vorwort zu schreiben, sagte ich spontan zu. Aber es fiel recht karg aus, weil ich damals nur ganz wenig über Melitta wußte. Heute schäme ich mich fast über dieses dürftige Vorwort und habe inzwischen ein neues für die nächste Auflage geschrieben.

Willy Messerschmitt
26. Juni 1898
† *15. September 1978*

59 »Mtt« – nie ohne seinen Rechenschieber

Von den frühesten Tagen meiner Fliegerei an hatte ich ihn bewundert. Er hatte mein erstes Kunstflugzeug konstruiert, die elegante, wendige M 23 b, mit der ich meine ersten Loopings nach vorne machte und mein erstes »großes Geld« verdiente. Damals waren 2000 Reichsmark für 2 × 15 Minuten Kunstflug bei einer Veranstaltung auf einem großen Flughafen ein kleines Vermögen. Allerdings mußte damit auch der Hin- und Rückflug und die Mitnahme eines Monteurs bezahlt werden – nicht zu vergessen: die Wartung der Maschine, Hallenplatz, Versicherungen etc. Wir Flieger waren damals nicht verwöhnt. Selbst ein Udet bekam damals kaum eine höhere Gage.

Im Herbst des Jahres 1935 setzte sich Willy Messerschmitt bei einem internationalen Fliegertreffen in Italien neben mich auf den rechten Sitz in meiner Me 108 – mich zerriß es fast vor Stolz und ich wollte ihm die unglaublichen Leistungsmöglichkeiten, dieses von ihm »so fast nebenbei« konstruierten Reiseflugzeugs möglichst eindrucksvoll vorführen.

Kurz vorher hatte ich mit dieser Maschine einen Eintagesflug »Deutschland–Asien–Deutschland« gemacht, der in der Presse vieler Länder ein beachtliches Echo gefunden hatte. Unter den vielen Ehrengaben bei dem anschließenden Empfang im Augsburger Rathaus war auch ein goldenes Armband, das ich heute noch trage, ein Geschenk von »Mtt« persönlich, wie seine alten Freunde und auch ich ihn nannten. Das Besondere daran ist, daß er, der spätere Konstrukteur weltberühmter Flugzeuge, die Schließe selbst entworfen hatte – nach dem Prinzip des Fischreusenverschlusses.

60 Nach meinem Rekordflug Berlin – Istanbul – Berlin mit der Bf 108

61 Messerschmitt mit Lucht, dem Chefingenieur der Luftwaffe

»Wissen Sie, liebe Elly«, erklärte er mir, »meine Schwester Ello hat sich bei mir immer beklagt, daß die Schließen ihrer Armbänder meistens nichts taugen. Und das wollte ich Ihnen ersparen.« Ello war die Mutter Professor Gero Madelungs, des derzeitigen Präsidenten des Luftsportverbandes Bayern.

Tatsächlich war in den über 50 Jahren, seit denen ich dieses Geschenk des genialen Konstrukteurs trage, nie eine Reparatur nötig. Es ist ein Kettenarmband mit einem Mittelstück aus Lapislazuli mit einem Vogel aus kleinen Brillanten in Form des Messerschmitt-Emblems.

In der Luft führte ich meinem berühmten Passagier die Me 108 im Schnell- sowie im Langsamflug vor. Allerdings hatte ich leider nicht den Eindruck, daß er sich dabei besonders wohlfühlte.

Und dann geschah das Unglaubliche. Über dem damals nicht sehr großen Flugplatz vom Lido bei Venedig, slippte ich bis in Bodennähe, eine Form des seitlichen Abrutschens, die ich unzählige Male geübt hatte und voll beherrschte.

Da legte sich eine Hand über die meine am Steuerknüppel und versuchte einzugreifen. Ganz instinktiv reagierte ich mit einem recht kräftigen Klaps auf Mtts Finger, die sich auch sofort zurückzogen. So etwas war mir noch nie passiert und hätte auch in der Endphase dieser Landung auf dem handtuchgroßen Platz vom Lido durchaus gefährlich werden können.

Da waren wir auch schon unten, genau in der ersten Hälfte des Platzes.

Meine Güte – was hatte ich angerichtet! Dem großen weltberühmten Konstrukteur auf die Finger geschlagen! Würde er mir das je verzeihen? Allerdings hatte er uns beide immerhin in Gefahr gebracht!

»Entschuldigen Sie, liebe Elly«, sagte Messerschmitt nach einigen peinlichen Augenblicken, »aber ich habe einmal nach einem Absturz in einer meiner ersten Maschinen sechs Wochen im Krankenhaus gelegen.«

Später, im Hotel, erfuhr ich die Einzelheiten dieses von Messerschmitt nie vergessenen Vorfalls. »Mtt« war damals 27 Jahre alt, als am 2. Mai 1925 in Bamberg der Oberfrankenflug stattfinden sollte, für den Messerschmitt zwei Motorsegler, die M 17, konstruiert hatte. Heinz Seywald aus Würzburg sollte fliegen.

Hier muß ich einschieben, daß »Mtt«, Sohn eines Weingroßhändlers, schon mit 12 Jahren sein erstes Modellflugzeug mit Gummiantrieb gebaut hatte. Seine naturwissenschaftlich-technische Begabung stand seit frühester Jugend fest. Seine Eltern, die außer ihm vier Kinder hatten, förderten sie nachdrücklich. Auch der Vater hatte in Zürich Mechanik studiert, um Ingenieur zu werden, bevor die Umstände ihn veranlaßten, das elterliche Geschäft zu übernehmen.

Mit dem wesentlich älteren Architekten und späteren Regierungsbaumeister Friedrich Harth konstruierte Messerschmitt zuerst eine Reihe von Segelflugzeugen, später auch mit Hilfsmotor, die von Harth mit wechselndem Erfolg geflogen wurden. Später kam Heinz Seywald hinzu. Messerschmitt selber setzte sich nie in eine seiner Konstruktionen.

Der Zufall wollte es, daß diese Gewohnheit unterbrochen wurde. Der vorgesehene Passagier wurde aus geschäftlichen Gründen im letzten Moment vor einem Wettbewerbsflug abgerufen – so ergab es sich, daß Messerschmitt, quasi als Passagier, sein Flugzeug, eine M 17 besteigen mußte – zum erstenmal in seinem Leben.

Der Flug verlief einwandfrei. Dann stellte Seywald den Hilfsmotor ab und schwebte zur Landung ein mit genügend Abstand über einer Hochspannungsleitung, was er nicht bemerkte, war, daß darüber noch ein dünner Kupferdraht als Blitzschutz gespannt war! Der Sporn der M 17 blieb in diesem Draht hängen und brachte sie zum Absturz. Beide Insassen kamen für 6 Wochen ins Bamberger Krankenhaus.

»Jetzt verstehe ich Sie besser«, gestand ich. »Es tut mir leid – dieser Klaps! Aber es war nicht ganz ungefährlich für uns beide!«

»Übrigens«, fuhr Mtt fort, »war mir dieser Absturz kurz zuvor von einer unbekannten, älteren Frau vorausgesagt worden, die sich direkt – ohne von meinen Begleitern Notiz zu nehmen – an mich gewandt hatte. Seit diesem Absturz bin ich kein begeisterter Passagier in Sportflugzeugen. Können Sie das verstehn?«
Ja. Das konnte ich.
Trotz des Vorfalls war ich stolz, den großen Konstrukteur in einem seiner Flugzeuge bei mir an Bord gehabt zu haben.
Später, 1935, hatte Willy Messerschmitt dann den seinerzeit vielleicht weltbesten Jäger »Me 109« konstruiert sowie dem Raketenjäger »Me 163«, den Alexander Lippisch konzipiert hatte, die »Reifmachung« gegeben. Hanna Reitsch verunglückte mit dieser Me 163 im Oktober 1942 beim Einfliegen schwer. Kurz vor Kriegsende sollte seine Me 262 fliegen – der erste einsatzfähige Düsenjäger der Welt.

Jahre nach dem Ende des Zweiten Weltkrieges wurde in Augsburg ein Gedenkstein für die abgestürzten Piloten der Messerschmitt-Werke eingeweiht. Willy Messerschmitt – seit Dezember 1951 mit Lilly, geborene Freiin von Michel-Raulino-Strohmeyer verheiratet, deren Familie seit Jahrzehnten zu »Mtts« Förderern gehörte, waren anwesend – und wir saßen nebeneinander in der ersten Reihe.
Ich wußte, daß »Mtt« jetzt in Südspanien lebte und wieder Flugzeuge konstruierte. Als wir uns darüber unterhielten schlugen beide Messerschmitts vor, daß ich sie doch in Estepona besuchen sollte.
»Seien Sie vorsichtig – ich komme!« warnte ich. »Allerdings nur, wenn ich mit der ›Taifun‹ hinunterfliegen kann.« Die Firma Messerschmitt-Bölkow-Blohm hatte einen dieser noch existierenden Oldtimer erworben und benutzte ihn als Reisemaschine für ihre Leute. Ich hatte die Me 108 schon gelegentlich fliegen dürfen.

62 Hans-Joachim Marseille auf Besuch bei den Messerschmitt-Werken

In den Nachkriegsjahren war auch »Mtt« nicht von den Folgen des verlorenen Krieges verschont geblieben. Kurz nach Kriegsende wurde er gefangengenommen und nach England geflogen. Bald darauf wurde er zurück nach Murnau gebracht. Doch nach einer Woche in Freiheit wurde er wieder abgeholt und mußte dreizehn Monate in fünf verschiedenen Lagern verbringen. Selbst danach war er noch nicht endgültig frei – es folgten drei Monate Gefängnis und danach ein halbes Jahr Hausarrest. Alle Vorschläge, für unsere früheren Gegner zu arbeiten, lehnte er ab.

Im Juni 1947 war er dann endgültig frei. An Flugzeugbau war natürlich nicht zu denken. Doch sein rastloser Geist wandte sich – notgedrungen – den Erfordernissen des Alltags zu.

Mtt war nach München gezogen und entwarf jetzt Fertighäuser, Nähmaschinen, einen Kleinwagen und vieles andere. Berühmt wurde sein Motorroller mit Kabinendach, im Volksmund »Schneewittchens Sarg« genannt.

Alle Versuche der Amerikaner, Engländer und Franzosen, ihn für ihre Luftfahrtindustrie zu gewinnen, scheiterten an Messerschmitts Forderung, ihm zuerst sein Augsburger Werk zurückzugeben. Indiens Ministerpräsident Pandit Nehru bot ihm an, in seinem Land eine Luftfahrtindustrie zu entwickeln. Dieses Projekt wurde jedoch bald aufgegeben.

Kurz nachdem er Lilly, die in erster Ehe mit Otto Strohmeyer verheiratet gewesen war, geheiratet hatte, konnte er, Anfang 1952, endlich wieder als Flugzeugkonstrukteur tätig werden. Mit einem kleinen Mitarbeiterstab übersiedelte er nach Spanien, wo er ein Schulflugzeug, dann einen Jet-Trainer und danach einen leichten Düsenjäger entwickelte. Da ihm Spanien nur einen Teil seiner Bezüge in Devisen auszahlen konnte, kaufte er sich von dem spanischen Geld auf Anraten dortiger Wirtschaftsexperten ein großes Grundstück südlich von Malaga am Meer. Er konnte nicht ahnen, daß er dort den größeren Teil seines weiteren Lebens verbringen würde.

Tatsächlich bekam ich die D-EFFI für diesen meinen Flug nach Südspanien zur Verfügung gestellt. Voller Erwartung startete ich im April 1966 zum Flug nach Malaga. In meinem Kopf spukten so Gedanken, wie vielleicht einen Fernflug mit dieser geliebten, immer noch recht modernen Sportmaschine machen zu können. Doch diesen kühnen Plan mußte ich nach dem Testflug aufgeben – es gab einfach keine Ersatzteile mehr für die nicht mehr gebauten Motoren der »Taifun«.

Während traumhafter Wochen mit den Messerschmitts am Mittelmeer lernte ich Willy Messerschmitt besser kennen als in den Jahrzehnten zuvor, wo bei jedem Zusammentreffen im Hintergrund auf jeden von uns schon wieder ein Termin wartete.

Wir unternahmen Ausflüge ins Landesinnere und ich erinnere mich besonders an eine Fahrt nach Ronda, wo wir unter anderem die älteste Stierkampfarena Spaniens besichtigten. »Mtt« fuhr haarscharf an der damals ungeschützten Kante der kurvenreichen Straße entlang, was mich ziemlich nervös machte. »Bitte Mtt, ich möchte gern noch etwas länger leben«, protestierte ich etwas unwillig.

Messerschmitt stoppte umgehend, stieg aus, zog seinen ihn immer begleitenden Rechenschieber heraus und maß den Abstand zwischen seinem rechten Vorderrad und dem Hunderte von Metern steil abfallenden Abgrund.

»Was wollen Sie denn«, stellte er triumphierend fest, »ich bin noch genau 12 Zentimeter von der Hangkante entfernt!«

Ich genoß diese Tage in Estepona dankbar. Wie gut tat es, in einem Haus, das Frau Lilly mit makellosem Geschmack eingerichtet hatte und das mit ausreichendem Personal »bestückt« war, sich verwöhnen zu lassen. Wie genoß ich auch unsere abendlichen Gespräche, bei denen er oft unvermittelt aufstand und sich an seinen Konstruktionstisch zurückzog. Es war vielleicht die erfüllteste Zeit seines Lebens. An einem dieser Abende am brennenden Kamin hatte ich Gelegenheit eine Frage anzubringen, die mir seit langem auf der Seele lag: Die

Schrecken des Hitlerkrieges und die von Hiroshima waren nicht vergessen.

»Mtt, was ist, wenn wieder ein Wahnsinniger oder jemand aus Versehen auf den roten Knopf drückt und die Atombombe auslöst?«

Er schaute eine Weile nachdenklich in die Flammen. »Nein, da sehe ich eigentlich keine Gefahr«, sagte er nach einer ganzen Weile. »Das scheint mir – auch international – zu sehr abgesichert. Viel größer erscheint mit die Gefahr, daß durch die weltweiten, immer häufigeren Atomversuche eine unbeabsichtigte Kettenreaktion ausgelöst wird, die dann nicht mehr zu stoppen ist.«

Unfaßbar, was wir in diesem irdischen Paradies mit all unseren Erkenntnissen und Erfindungen aus unserer Welt gemacht hatten – und noch machen würden...

Die Zeit der großen Ehrungen für Willy Messerschmitt hatte begonnen. Er wurde vom Präsidenten Eisenhower empfangen, erhielt, nachdem er schon in den dreißiger Jahren zum Professor ernannt worden war, wieder eine Professur und er stand auch am Zeichentisch.

Nach Zusammenarbeit mit seinem früheren Rivalen Ernst Heinkel fusionierte er mit der Firma Bölkow und bildete danach den »Unternehmensbereich Flugzeuge« der Messerschmitt-Bölkow-Blohm GmbH, inzwischen international als »MBB« bekannt.

Am 14. Dezember 1973 nahm Professor Messerschmitt als offizieller Vertreter Deutschlands in Washington an einem Festakt zur Erinnerung an den Erstflug der Brüder Whright teil. Als Mtt – er war damals 75 Jahre alt – heimkehrte, traf ihn zehn Tage später der wohl schwerste Schlag seines Lebens – er verlor seine Frau Lilly am Weihnachtstag. Er konnte diesen Verlust nie ganz verwinden.

Danach lebte er teils in München, teils in Estepona. Sein genialer Erfindergeist begleitete ihn auch weiterhin. Auf seinem Reiß-

63 Empfang bei Präsident Eisenhower im Pentagon 1953

64 Die Autorin mit Professor Messerschmitt 1977

brett entstand unter anderem der Plan eines Großraumflugzeuges mit großer Schnelligkeit und gleichzeitig ganz geringer Landegeschwindigkeit. Durch Veränderung der Flächen sollte diese fast der eines Hubschraubers gleichen. Das war einer seiner Träume gewesen, ein funktionierendes Stol-Flugzeug.
Diese Pläne sollten nicht mehr zur Ausführung gelangen, da seine Gesundheit, besonders sein Herz ihm schwer zu schaffen machte.
Manches über »Mtts« spätere Lebensjahre erfuhr ich von Frau Goldmann, meiner langjährigen Nachbarin, deren Mutter eine geborene Messerschmitt, eine Kusine des Konstrukteurs war. Ihr wunderschönes Haus wurde 1909 von dem bekannten Maler Pius Messerschmitt gebaut und »Mtt« lebte dort längere Zeit nach seiner Rückkehr aus den verschiedenen Internierungslagern.
Wenn ich aus meinem Fenster schaue, sehe ich ihn im Geiste vor mir, wie er auf dem großen Grundstück mit den herrlichen Bäumen wandelt – natürlich immer begleitet von seinem unentbehrlichen Rechenschieber.
Willy Messerschmitt, dessen Verdienste niemals aus der Geschichte der Fliegerei wegzudenken sein werden, verstarb am 15. 9. 1978 in einer Münchner Klinik und wurde in der Familiengruft in Bamberg beigesetzt.
Immer noch trage ich voller Stolz das Goldarmband, mit der eigens für mich von ihm konstruierten Schließe.

Hanna Reitsch
*29. März 1912
† 24. August 1979

65 Hanna, die als erste Frau der Welt zum »Flugkapitän« ernannt wurde (1937)

In meiner Bibliothek – unter der Rubrik »Fliegerei« – steht eine stattliche Zahl von Büchern, die alle von Hanna Reitsch geschrieben wurden. Eines von ihnen trägt den Titel »Höhen und Tiefen« und bezeichnet wohl am treffendsten alle Lebensphasen dieser begnadeten Fliegerin. Seit dem Beginn ihrer Fliegerei im Jahre 1932 bis kurz vor ihrem Tode, stand ich mit Hanna in Verbindung und habe am Rande vielerlei von ihrem bewegten Leben miterlebt.

Man kann über diese Frau, die heftigen Verleumdungen, Anfeindungen und vielleicht auch berechtigten Anschuldigungen ausgesetzt war, urteilen oder denken, was man will. Eines steht jedenfalls fest: Sie war die begnadetste unter den deutschen Fliegerinnen – wenn nicht der ganzen Welt.

Hanna wuchs in Hirschberg mit einem Bruder und einer Schwester in einem harmonischen Elternhaus auf, in dem Kunst und Frömmigkeit zum Alltag gehörten. Ihr Vater war dort Augenarzt mit eigener Praxis. Ihre Mutter entstammte dem österreichischen Adel. 1931 machte Hanna dort ihr Abitur und begann nach einem Aufenthalt in der Kolonialschule in Rendsburg mit ihrem Medizinstudium mit dem Ziel, später in den Tropen zu arbeiten.

Schon während ihrer Schulzeit hatte sie ihrem Vater das Versprechen abgerungen, nach der Schule an einem Segelfliegerkurs teilnehmen zu dürfen. Seine Bedingung: bis dahin kein Wort mehr über die Fliegerei.

Bezeichnend für die geistige Einstellung der damaligen Tertianerin ist, daß ihr ein Buch von Ignatius Loyola »Geistige Übungen« half, diesen Wunsch ihres Vaters einzuhalten. Sie lehrte sich zu schweigen, wo es ihr angebracht erschien. Ein übriges tat die Mutter, die mit den Kindern so etwas wie autogenes Training machte. Sie mußten sich nach dem Essen ausgestreckt auf den Teppich legen und sollten versuchen, dabei an nichts zu denken. Aber mit dem Tag des bestandenen Abiturs kam sie auf ihren nicht mehr ausgesprochenen Herzenswunsch zurück – fliegen zu lernen.

Schon während der Rendsburger Herbstferien begann sie mit einem Lehrgang in Grunau, wohin sie täglich mit ihrem Rad hinausfuhr. In Rekordzeit unter der verständnisvollen Anleitung Wolf Hirths, des Leiters der Fliegerschule, der bald ihre große Begabung erkannt hatte, beendete Hanna, 155 cm groß und 50 kg schwer, erfolgreich den Segelflugkurs und ging vorerst auf die Rendsburger Kolonialschule zurück.

Bald nach Beginn ihres Medizinstudiums in Berlin begann sie – mit zögernder Zustimmung ihrer Eltern – mit einem Sportfliegerkurs in Staaken bei Spandau. Die Kosten mußte sie von ihrem nicht üppigen Monatswechsel aufbringen, was ihr viele Einschränkungen ihres Studentendaseins auferlegte.

Ihre Motorflugausbildung machte sie unter der Leitung von O. R. Thomsen, der mich ein Jahr vorher in die hohe Schule des Sportfluges eingeführt und dem ich später viel zu verdanken hatte. Zu dieser Zeit lernte ich Hanna kennen. Sie war fröhlich und lebhaft und recht hübsch – ich mochte sie sehr gern.

Bald gab Hanna ihr Medizinstudium auf, um sich ganz der Fliegerei zu widmen mit dem Ziel, Testpilotin zu werden. Nacheinander erwarb sie alle nur möglichen Flugzeugführerscheine und nahm an Expeditionen mit Segelflugzeugen in viele Länder, auch nach Brasilien, teil. Wer darüber mehr wissen will, kann dies in Hannas eigenen Büchern nachlesen.

Wir standen in all den Jahren in ständiger Verbindung und ich freute mich mit ihr über ihre vielen Erfolge. Gerne hätte ich mit

Hanna einmal gemeinsam einen Fernflug nach eigener Vorstellung unternommen. Bisher war sie immer Angestellte oder Mitglied irgendeines Teams gewesen. Aus unseren Unterhaltungen kannte ich ihre grenzenlose Begeisterungsfähigkeit und meinte, ihr und mir auf diese Weise ein einmaliges Erlebnis der bunten weiten Welt vermitteln zu können. Leider war sie offensichtlich nicht an meinem Vorschlag interessiert. Sie ging andere Wege. Unsere Lebenswege entwickelten sich aber auch auf dem persönlichen Sektor auseinander. Bernd Rosemeyer und ich heirateten und 1937 wurde unser Sohn, Bernd jr., geboren. Wir blieben jedoch immer in Verbindung und Hanna schrieb mir oft mit ihren riesigen ausdrucksvollen Schriftzügen.

Hanna hatte in diesem Jahr die Alpen im Segelflug überquert und war als 1. Deutsche zum Flugkapitän ernannt worden. Inzwischen hatte sie auch den Hubschrauberpilotenschein – soviel ich weiß als 1. Frau der Welt – gemacht.

Nach dem Unfalltod meines Mannes besuchte ich sie in der Deutschlandhalle in Berlin, wo sie mit einem »Fockewulf«-Hubschrauber allabendlich vor Tausenden von fast atemlosen Menschen Flüge in einer geschlossenen Halle vorführte. Ich war zu Tränen gerührt. Hier war unser altes Fliegerwort aus den Zeiten, als ich noch an Flugtagen, auch auf winzigen Plätzen in der Provinz, teilnahm, Wirklichkeit geworden: »Bei Regenwetter findet die Fliegerei im Saale statt.«

Ich war nachmittags zu Proben in die leere Halle gekommen, da ich noch nicht das Mitleid der Menschen ertragen konnte. Gleich nach Hannas Landung unter dem Geschnatter der Flamingos, die zu der Kulisse der Tropenrevue gehörten, verließ ich tief bewegt die Deutschlandhalle. Kaum zu Hause angekommen, klingelte das Telefon: Hanna fragte mit kaum verständlicher Stimme: »Hast du den Absturz noch miterlebt?«

»Den Absturz? Ist dir etwas passiert?«

»Ich habe ihn gar nicht geflogen – der 2. Pilot saß am Steuer. Ihm ist glücklicherweise nichts Ernsthaftes zugestoßen – aber die

66 Mit Ernst Udet

67 Mit dem Focke Hubschrauber »FW 61« in der Berliner Deutschlandhalle 1938

Splitter der Rotorblätter sind wie Geschosse in den Boden geflogen! Ich bin so froh, daß du schon fort warst – nach Bernds Unfall wäre dieses Erlebnis für dich eine grausame Belastung gewesen!«

Hannas Erfolgslaufbahn ging unaufhaltsam steil aufwärts. Inzwischen hatten wir eine nationalsozialistische Regierung und sie war Pilotin bei der deutschen Versuchsanstalt für Luftfahrt (DVL) in Darmstadt. Als ich sie dort einmal besuchte, durfte ich auch eines ihrer Segelflugzeuge allein fliegen.
Während dieser Zeit hatte sie ein Erlebnis, das vielleicht bemerkenswert ist im Zusammenhang mit den späteren Anschuldigungen als »Nazifliegerin«: Sie machte mit ihrer Belegschaft einen Betriebsausflug an den Rhein, als sie einer johlenden Gruppe von Jugendlichen begegneten, die einen jüdischen Begräbniswagen angezündet hatte und versuchte ihn in den Rhein zu stürzen.
Hanna, die nicht nur im Flugzeug, sondern auch im Privatleben sehr mutig war, sprang auf die jungen Menschen los und fuhr sie an: »Schämt ihr euch nicht – so hat es der Führer doch nicht gemeint!« Sie sah ihre Mitarbeiter fragend an: »Meint ihr nicht auch?« Die aber hatten sich schweigend zurückgezogen, um eine Zustimmung zu umgehen...

Am 27. März 1941 bekam Hanna das goldene Militärfliegerabzeichen von Göring überreicht. Udet hatte dies vorgeschlagen, nachdem er sich selbst bei der Erprobung vom Anflug auf die Drahtseile der Ballonsperren von den tödlichen Gefahren überzeugt hatte, denen Hanna bei diesen Versuchen ausgesetzt gewesen war. Am Tag darauf erfolgte die Verleihung des Eisernen Kreuzes 2. Klasse, von Hitler selbst in der Reichskanzlei vorgenommen. Es war seit seiner Stiftung im Jahre 1813 erst zweimal an eine Frau verliehen worden. Hanna war die Dritte.

Ihre Heimatstadt Hirschberg verlieh ihr die Ehrenbürgerschaft und schenkte ihr ein Segelflugzeug – fast zu viel des Glücks und der Auszeichnungen! Doch die vorangegangenen Leistungen der Fliegerin waren so einmalig, wie man sie nie vorher von einer Frau erlebt hatte – und das alles mit ihren 155 cm und einem Gewicht von weit weniger als 50 Kilo! Man muß das in ihren eigenen Worten in ihren Büchern lesen. Neben ihren Erfolgen als hinreißende Rednerin war Hanna auch eine Meisterin des Wortes und des Stils, die das Lesen ihrer Bücher zu einem großen Erlebnis machen.

Eine andere Erinnerung an Hanna Reitsch. Sie hatte eine jüngere Schwester Heidi, die einen Panzer-Offizier zum Manne und mit ihm drei Kinder hatte. Das vierte war unterwegs, als Heidis Lebenspartner fiel.

Es war im Kriegsjahr 1942, als Bernd jr. Scharlach bekam. Wegen der sehr schlechten Ernährungsbedingungen hatte ich auf dringendes Bitten beim Kinderarzt erreicht, daß ich meinen Sohn zu Hause behalten durfte – allerdings unter strengsten Isolierungsmaßnahmen. Ich hatte inzwischen meine kleine Tochter Steffi, die ich zu dem Zeitpunkt noch stillte. Ich war nervös und strapaziert durch die große Sorge und die Ansteckungsgefahr und viel zu wenig Schlaf.

Das Telefon. Hanna.

Ich schluchzte mir meine Sorgen von der Seele. Zu meiner großen Überraschung weinte auch Hanna. »Heidis viertes Kind ist gestorben – ihr Mann vorher gefallen. Ich komme eben von der Beerdigung des zu früh geborenen Babys. Zu Hause standen die drei kleinen Kinder Heidis singend und betend neben der kleinen Leiche – du, ich bin so erschüttert und – jetzt gar kein Trost für dich!«

Die Eltern Reitsch und Schwester Heidi kannte ich seit Jahren. Ich hatte die tiefe innere Verbindung zwischen Hanna und ihrer Mutter bald gespürt. Bei einer Vortragsreise in Schlesien war ich eines Tages Gast im Hause Reitsch und erzählte ganz nebenbei, daß ich mir ein bißchen Sorgen mache um meinen damals vierjährigen Sohn, doch keine ernsthaften Sorgen. Am frühen Morgen danach – ich wollte gerade abfahren – klingelte das Telefon in meinem Hotelzimmer. Hannas Mutter: »Ich möchte gern schnell bei Ihnen vorbeikommen, Elly. Ihr Problem mit Ihrem Sohn hat mich noch lange beschäftigt und ich wüßte vielleicht einen Rat.« Ich war fast etwas beschämt, zumal ich beinahe vergessen hatte, um was es sich genau gehandelt hatte. Aber so war Hannas Mutter. Sie wollte helfen wo immer es möglich war.

Der Augenarzt Dr. Reitsch, Hannas Vater, war ein passionierter Cellospieler, dessen musikalische Begeisterung Hanna und ihr Bruder Kurt offenbar geerbt hatten. Sie haben bis in Hannas letztes Lebensjahr oft miteinander bei Schlechtwetterperioden in Österreich musiziert, wo Hanna auf »Rekordwetter« wartete.

Natürlich mußte es bei den vielen Erfolgen und Ehrungen in Hannas Leben auch Kritiker und Neider geben. Doch zu der Zeit störte es sie nicht sonderlich. Eines Abends bei mir berichtete sie – unter der Verpflichtung zu strengster Geheimhaltung – von ihrem Projekt des Selbstopfereinsatzes junger Flieger, die bereit waren, sich mit einem Spezialflugzeug auf wichtige militärische Ziele zu stürzen, wobei es keine Rettungsmöglichkeit für den Piloten gab.

Dieser Plan war Hanna in den langen Monaten ihres Krankenlagers nach ihrem Absturz mit dem Raketenflugzeug Me 163 gekommen, dessen Erprobung der Flugeigenschaften der Zelle ihr übertragen worden war. Nachdem sich das Fahrgestell nicht abwerfen ließ – was die Voraussetzung für eine kontrollierte Landung war – hätte sie unter Aufgabe der Maschine mit dem Fallschirm aussteigen können. Hanna tat es nicht. Sie stürzte ab, überschlug sich und schrieb nach einer kurzen Ohnmachtspause ihren Flugbericht – mit vierfachem Schädelbasisbruch, verschobenem Oberkiefer, einer Gehirnquetschung und

68 Im vorletzten Kriegsjahr mit ihren Kriegsauszeichnungen

69 Mit »Mtt« und Alexander Lippisch während der Versuchsflüge mit der »Me 163 B«

zwei Gesichtsschädelbrüchen. Die Nase war aus dem Gesicht so gut wie herausgerissen.
Das war Hanna Reitsch.

Während ihres monatelangen Krankenlagers in Regensburg entstand in ihrer tiefen Sorge um den immer trostloser werdenden Zustand ihres geliebten Vaterlandes dieser Plan des Selbstopfereinsatzes, den übrigens fast gleichzeitig andere Piloten auch schon überlegt hatten, die mit Hanna nach deren Entlassung aus dem Krankenhaus Verbindung aufnahmen.

Inzwischen war der Plan bis zu einem gewissen Grad in die Tat umgesetzt worden: Die Piloten, die sich für diesen Einsatz gemeldet hatten, lebten isoliert in einem Lager. Aber die für die Einsätze vorgesehenen Maschinen wurden und wurden nicht fertig.

Als Hanna mir dies erzählte, konnte ich ihre Pläne nicht gutheißen. Wenn ich an meinen Sohn dachte, der im Alter von 10 Wochen seinen Vater verloren hatte, und ihn im Geiste in einer solchen fliegenden Bombe sitzen sah – nein, da hörte bei mir das Verständnis auf und ich sagte das Hanna ganz offen.

Sie nickte ernsthaft: »Hitler war zu Anfang auch der Ansicht, dieser geplante Einsatz entspräche nicht der deutschen Mentalität. Er ließ sich aber durch die immer hoffnungslosere Situation der deutschen Truppen schließlich doch überzeugen und gab seine Genehmigung.«

Da die Maschinen nicht mehr rechtzeitig fertig wurden, kam dieses Vorhaben nicht mehr zur Ausführung.

Während Hanna im Krankenhaus lag wurde ihr das Eiserne Kreuz 1. Klasse als der ersten deutschen Frau verliehen.

Wenn man ihr Leben kennt, so ist es eine Kette von Höhepunkten, von Weltrekorden und Sonderleistungen im Rahmen ihrer Tätigkeit als Testpilotin – aber auch von Verletzungen und langwierigen Heilungsprozessen, in denen Hannas Selbstdisziplin und Härte gegen sich selbst eine entscheidende Rolle spielten. Nach ihrem Absturz mit der Me 163 und monatelangem Krankenlager zog sie sich ohne jede Hilfe in ein Häuschen in den schlesischen Bergen zurück und trainierte wochenlang für die Rückkehr zu ihrer geliebten Fliegerei. Man muß das in ihren eigenen Schilderungen gelesen haben, um sich ein Bild von dieser einzigartigen Persönlichkeit zu machen. Geschenkt wurde ihr in dieser Hinsicht wahrhaftig nichts.

Das Kriegsende war für Hanna Reitsch von entsetzlichen Ereignissen überschattet.

Am 26. April 1945 flog sie mit dem auf diesem Flug verwundeten Generaloberst von Greim in das von den Russen umzingelte Berlin. Von Hitler war ihm befohlen worden, in der Reichskanzlei anstelle des aller Ämter enthobenen Göring den Oberbefehl der – praktisch nicht mehr existierenden – deutschen Luftwaffe zu übernehmen. Dort verbrachten sie im Bunker die letzten Tage vor der bedingungslosen Kapitulation ihres Deutschland. Wie durch ein Wunder gelang es Hanna und von Greim, dem neuen Oberbefehlshaber der Luftwaffe, wieder aus Berlin hinauszufliegen.

Inzwischen hatte Hannas Vater das Leben ihrer geliebten Mutter, das von Heidi und deren drei Kindern, das der langjährigen Hausgehilfin sowie sein eigenes ausgelöscht. Tags zuvor war in Salzburg verbreitet worden, daß wegen Überfüllung alle Flüchtlinge in ihre Heimat zurückkehren müßten. Da Dr. Reitsch als Augenarzt in Hirschbergs Umgebung, die vorübergehend von den Russen besetzt gewesen war, deren entsetzliche Marterungen erlebt und behandelt hatte, glaubte er, dieses Schicksal seinen Liebsten ersparen zu müssen.

Einige Tage danach schied auch Ritter von Greim aus dem Leben, nachdem er am Tag zuvor lange mit Hanna über seinen Entschluß gesprochen hatte.

Bei Kriegsende wurde Hanna Reitsch Gefangene der Amerikaner, die unter großen Versprechungen vergebens versucht hat-

ten, sie zur fliegerischen Tätigkeit für die USA zu gewinnen. Sie blieb es unter – teilweise – entehrenden Umständen bis zum November 1946.
Nach der Gefangenschaft lebte sie in einer Villa in Oberursel. Sie erzählte mir, daß sie eines Nachts durch irgendein Geräusch hochfuhr: »Im Erwachen sah ich einen Mann aus dem offenen Fenster meines Erdgeschoßzimmers fortrennen. Ich konnte einfach nicht schreien – ich war wie gelähmt. Du weißt, daß ich eigentlich keine Angst kenne, doch es dauerte einige Minuten, bis ich wieder zu mir fand und die Polizei anrufen konnte, die in kürzester Zeit bei mir war. Auf dem Tischchen direkt neben meinem Kopf fanden sie Spuren des Täters, der nie gefaßt wurde. Die Polizisten gratulierten mir, daß ich nicht geschrien hätte. Wenige Tage zuvor hatte der wahrscheinlich gleiche Verbrecher eine schreiende Frau fast zu Tode gewürgt! Weißt du«, fuhr sie fort, »es gibt Dinge, die muß man selbst erlebt haben, wie zum Beispiel auch die Gefangenschaft, um sie ganz erfühlen zu können.«
Wie recht sie hatte! Ich war nie unfrei gewesen und einen Einbrecher hatte ich auch noch nie in meinem Zimmer gehabt. In dieser Situation hatte Hanna wie jeder Durchschnittsmensch reagiert.

Ihre fliegerische Wiedergeburt begann 1952 mit dem Gewinn der Bronzemedaille bei den Segelflug-Weltmeisterschaften in Spanien. 1955 wurde sie deutscher Segelflugmeister.
1956 und 1957 folgten weitere Rekorde. 1958 war Hanna Reitsch aufgrund ihrer Erfolge zur Teilnahme an den Weltmeisterschaften in Polen mit vier anderen deutschen Piloten gemeldet worden. Als einziger ohne Angabe von Gründen wurde ihr kein Visum ausgestellt, obwohl die Federation Internationale vorher für die Austragung zur Bedingung gemacht hatte, jedem nominierten Piloten aus dem Westen die Einreise zu genehmigen. Hanna war zutiefst verletzt. Nicht nur, daß sie nicht mitmachen

70 Bei den Segelflugweltmeisterschaften 1952 in Spanien, wo sie die Bronze-Medaille gewann

71 Mutz Trense, Gründerin der »Vereinigung deutscher Pilotinnen«, Hanna und ich, die Vize-Präsidentinnen

durfte, die deutsche Mannschaft trat nicht geschlossen zurück. Daraus folgte ein jahrelanges Mißverständnis mit dem Deutschen Aero-Club.

Doch ihre Karriere ging unaufhaltsam weiter. Einige Hubschraubererfolge kamen hinzu und 1959 ein mehrmonatiger Aufenthalt in Indien, wo sie ein von Deutschland gestiftetes Segelflugzeug im Auftrag des Auswärtigen Amtes überbrachte. Pandit Nehru war in Neu Delhi ihr begeisterter Fluggast.

Auf dessen Empfehlung wurde sie vom Präsidenten von Ghana eingeladen, in seinem seit kurzer Zeit selbständigen Land eine Segelfliegerschule aufzubauen. Sie blieb von 1962 bis 1964, um die ihr gestellte Aufgabe zu erfüllen, in Ghana und kehrte erst nach dem Sturz des Präsidenten Nkruma nach Deutschland zurück.

Weitere Segelflug-Höchstleistungen folgten. Im Jahr 1972 wurde Hanna Reitsch in Arizona von der Vereinigung der Testpiloten zum Ehrenmitglied ernannt und zum »Pilot of the Year 1972« von dem »International Order of Characters« gewählt. Diese Ehrungen erfolgten ausgerechnet von seiten der Amerikaner, deren Besiegung im Krieg vor allem das Ziel ihrer Erprobungen gewesen war!

Die Tatsache, daß Hanna inzwischen 60 Jahre alt war und einen fast tödlichen Absturz sowie mehrere Unfälle erlebt hatte, war nicht spurlos an ihr vorübergegangen. Dazu kamen die erschütternden Erlebnisse mit ihrer Familie und die Trauer, daß sie, wie sie selbst schreibt – den Mann, den sie liebte, verloren hatte. Näheres darüber hat sie mit in ihr Grab genommen, was wir zu respektieren haben.

Doch sie flog weiter ihre unglaublichen Höchstleistungen, darunter zwei Weltrekorde noch in ihrem letzten Lebensjahr. 1978 gelang ihr ein Ziel-Rückkehr-Weltrekord von 715 Kilometern von Timmersdorf bei Leoben bis nach St. Anton am Arlberg – und das mit 66 Jahren!

Ihr letztes Lebensjahr brachte ihr wieder einen großartigen

fliegerischen Erfolg – und wieder Anfeindungen, wie sie immer wieder auftauchten.

Im Frühjahr 1979 war sie Gast eines amerikanischen Fliegeroffiziers deutscher Abstammung, Karl Striedeck, und dessen Frau in Pennsylvanien. Striedeck war und ist selbst Weltrekord-Segelflieger. Er besitzt einige Segelflugzeuge und auf seiner Farm einen eigenen Flugplatz. Dort oben schrieb Hanna ihr letztes Buch über Testpiloten, das bisher nicht veröffentlicht wurde. Während dieser Zeit machte sie nur drei Flüge. Einer davon wurde ihr letzter Weltrekord von über 800 Kilometern im »Hangflug«, einer für sie neuen Technik, die durch die lokalen Sturmverhältnisse große Geschwindigkeiten in Höhen von nur 150–500 Metern über dem Boden ermöglichen.

Hanna schreibt in einem ihrer letzten Briefe an ihre Fliegerkameradin Waltraud Bals: Man sollte möglichst nicht nach unten schauen, denn Notlandemöglichkeiten gäbe es bei diesem hier »ridge running« genannten Flug so gut wie keine, dazu wäre auch die Höhe zu gering. Zu der beurkundeten Rekordstrecke von Lock–Haven und zurück benötigte sie nur 7 Stunden und 55 Minuten. Dazu kamen weitere gut 100 Kilometer von Striedecks Privatpiste und zurück, die zum Teil segelnd, zum Teil im Schleppflug erfolgten.

Dieser Weltrekord wurde von Hanna im letzten Drittel des Monats April erflogen. Kurz zuvor, am 29. März war sie 67 Jahre alt geworden! Durch die Vielseitigkeit ihrer Erfolge auf allen fliegerischen Gebieten – im Segelflugzeug, im Hubschrauber und in allen Motormaschinen bis zum Raktenflugzeug – steht Hanna Reitsch wohl einzigartig da.

Nach Deutschland zurückgekehrt erledigte sie nur das Notwendigste und traf sich dann in der Steiermark mit ihrem Bruder Kurt, der seinen Urlaub dazu benutzte, Hanna bei ihren manchmal unvermeidlichen Außenlandungen zurückzuholen. An Schlechtwettertagen musizierten die Reitsch-Geschwister wie schon seit Kindertagen: Hanna am Klavier, Kurt mit der Geige.

Nach ihrem amerikanischen Weltrekord flog sie mit gleicher Begeisterung weiter, obwohl sie den hier in der Steiermark wohl kaum überbieten konnte. Ihr ging es um das Erlebnis des Fliegens.

Hannas Gesundheitszustand verschlechterte sich nach ihrer Rückkehr nach Frankfurt zusehends, wobei auch neuer Kummer über Angriffe in der norddeutschen Presse wegen eines nie zugesagten Vortrages beim »Stahlhelm« im größeren Rahmen eine Rolle spielten.

Ihrem besorgten Bruder hatte sie am 12. August zugesagt, am 24. August zu ihm und seiner Frau nach Hamburg zu kommen. An diesem 24. 8. morgens fand ihre langjährige Sekretärin Frl. Walter sie tot vor ihrem Bett liegend. Ihr Bruder kam sofort nach Frankfurt und erfüllte Hannas Wunsch, sie in aller Stille nach Salzburg zu überführen und in der Grabstätte ihrer Eltern – in der Nähe des Ruheplatzes von Ritter von Greim – beizusetzen. Die Öffentlichkeit sollte erst Tage darauf vom Heimgang der ohne Zweifel bedeutendsten deutschen Fliegerin erfahren.

Nachwort

Als ich begann, über diese Begegnungen mit den großen Fliegern aus aller Welt zu schreiben, verwirrte mich bald die Fülle des Materials, in das ich mich hineinlesen und – hineinleben mußte.
Auf meinem Schreibtisch häuften sich die Bücher. Ich mußte sorgfältig nachprüfen, was sich – neben meiner persönlichen Begegnung mit ihnen – im Leben meiner Helden an bemerkenswerten Dingen ereignet hatte.
Wenn ich endlich sicher zu sein glaubte, alles erreichbare Material einwandfrei zusammengestellt zu haben, bekam ich neue Unterlagen mit anderen Geburtsdaten, Zahlen oder Todesursachen zugestellt und mußte manche Abschnitte wieder von neuem überarbeiten.
Ich kann nur hoffen, daß mir nun kein Fehler mehr unterlaufen ist.

Es gab viele Briefe hin und her mit den Angehörigen meiner toten Fliegerkameraden, um deren Einverständnis für die Veröffentlichung von diesem oder jenem Erlebnis zu erhalten.
Ich ließ einzelne Kapitel von Menschen durchlesen, die den einen oder anderen Helden noch persönlich gekannt hatten, um zu prüfen, ob ich den Betreffenden einigermaßen richtig erfaßt hatte.
Manchmal wurden die nicht mehr Lebenden bei diesem Anlaß scharf kritisiert: »... der war doch ein recht mäßiger Pilot – ein Wunder, daß der damals überhaupt so weit gekommen ist!« oder »... ohne Alkohol konnte der ja keine anständige Landung mehr machen« und ähnliche Feststellungen gab es, die oft der Wahrheit recht nahe kamen.

Ich habe darauf verzichtet, diese Schwächen scharf nachzuzeichnen. Große Persönlichkeiten sind selten fehlerfreie Menschen – im Gegenteil! Es wimmelt bei ihnen nur so von Eigenschaften und Gewohnheiten, die den disziplinierten Bürger beim Zusammenleben mit ihnen im Alltag zur Verzweiflung gebracht hätten.

Erst ein gewisser zeitlicher Abstand zu ihren Taten läßt uns klar übersehen, was diese außergewöhnlichen Menschen als Vorbild und für die Entwicklung wert waren.

Es würde mich freuen, wenn meine Fliegerkameraden, von denen ich Ihnen in diesem Buch berichtete, diese Prüfung mit »gut« bestanden haben.

Register

Adda, 106, 108
Ader 39
Alcock, John 15
Allen, G. U. 149
Anderson 144
Auriol, Jacqueline 223 ff., 235 f.
Auriol, Paul 226

Bals, Waltraud 285
Beese, Melli 70
Beinhorn, Henri 36
Bird, Nancy 147 f., 152 f.
Bracke, Gerhard 250
Brown, Arthur 15
Buesing, Dr. 146

Carillo, Consuelo Gomez 211, 213, 222
Carrel, Alexis 248
Chamberlain 15
Charbonnier, Gouverneur 102
Cobbam, Sir Allan 132
Cochran, Jacqueline 227
Coly 15, 109
Coolidge, Calvin Präs. 29
Cornier, Postmeister 29

Deley 162
Dumont, Santos 39
Dupuis 131, 133 ff.
Duric 220 f.

Earhart, Amelia 177 ff., 206
Edzard, conny 19
Eisenhower, Dwight D. 268
Epenstein, Ritter von 170, 172
Etzdorf, Marga von 69 ff., 78 ff., 94 ff., 250
Etzdorf, Ruth-Ursula 70

Fanch, Dr. 49, 54

Fitzmaurice, James 15, 22, 25 f., 28 f.
Fitzmaurice (Frau) 24 f.
Fitzmaurice, Patsy 24
François-Poncet, Henri 176
Frassati, Gianni 110

Galland, Adolf 8
Galland, Heidi 7
de Gaulle, Charles 115, 217 f.
Gavoille, Hptm. 216 ff.
Göring, Dr. Heinrich Ernst 170
Göring, Hermann 48, 169 ff., 247, 252, 255, 276, 281
Goldmann, Frau 270
Gordon, Lou 183 f.
Greim, Ritter von 45, 172, 281, 286
Guichard, Claude 110
Guillaumet, Henri 155 ff., 166 ff., 203, 211

Halliburton, Richard 117 ff., 122 ff., 127 ff., 133 ff., 137 f.
Harth, Friedrich 263
Hauptmann, Bruno Richard 244, 246
Heidrich, Katja 97, 250
Heinkel, Ernst 247, 268
Hentschel, Paula 207
Hervitt 149
Hindenburg, Paul von 29
Hirth, Wolfram 273
Hitchcock 144
Hitler, Adolf 247, 252 f., 276, 280 f.
Holle, Klaus 42
Hornburg 30
Hucke, Hans 174
Hünefeld, Frhr. Günther von 15, 17 ff.

Jatho, Karl 35 ff.
Jatho, Olga 40 f.
Johnson, Amy 89, 92

Jouhod, General 231
Junkers, Prof. Hugo 17

Kingsford-Smith, Sir Charles 139 ff., 147 ff.
Köhl, Hermann 13 ff., 17 ff., 148
Köhl, Peterle 22, 24
Korth, Hptm. 221

Lahs, Mädy 255
Lahs, Admiral 255
Le Poitevin, Georges 110
Letellier, Philippe 110
Levine 15
Lhote, Henri 99 ff.
Lhote, Irène 109 ff., 113 ff.
Lilienthal, Otto 38
Lindbergh, Anne Morrow 242
Lindbergh, Charles 15, 109, 178, 184, 237 ff., 244, 246 ff.
Lindbergh, Charles jr. 242
Lippisch, Alexander 34, 264
Litzius, Frieda 36
Loerzer, Bruno 173
Loose 19
Luther, Dr. 246

Madelung, Ello 262
Madelung, Gero 262
Mantz, Paul 244
Martos, Constantin 246
Mast, General 216 f.
Melrose, Jimmy 152
Mermoz 203
Messerschmitt, Lilly 264, 266 ff.
Messerschmitt, Pius 270
Messerschmitt, Prof. Willy 246, 259 f., 262 ff.
Michel-Raulius-Strohmeyer, Lilly siehe Messerschmitt, Lilly 264
Mölders, Werner 68
Moutadon, Irène siehe Lhote, Irène

Nehru, Pandit 266, 284
Noonan, Fred 188 ff.
Nungesser, 15, 109
Nuvolari, Tazio 65

Orteig, Reymond 242
Orville 40

Patterson, Mrs. Leiterin weibl. Luftreserve 252 f.
Pethybridge, J. T. 151
Powell, Mary 154
Prévost 212
Putnam, George Palmer 179, 181, 184, 189, 200

Rasche, Thea 70
Rasmussen, Knud 54
Rauch, Karl 214 f.
Reitsch, Hanna 250, 264, 271 ff., 274 ff., 284 f.
Reitsch, Heidi 277, 281
Reitsch, Kurt 278, 285
Reitsch, Dr. 278, 281
Ribbentrop, Joachim von 205
Richthofen, Manfred von 48, 97, 174
Rist, Sepp 54
Roosevelt, Franklin D. 196
Rosemeyer, Bernd 64, 197, 214, 246, 276
Rosemeyer, Bernd jr. 64 f., 68, 100, 274, 277
Rosemeyer, Steffi 277
Roy, Jules 220
Rudol, Hans-Ulrich 250
Rudershausen, Jutta 258

Saint-Exupéry, Antoine de 157 f., 162, 166, 201 ff.
Schiller, Margarete 256
Schiller, Melitta siehe Stauffenberg, Gräfin
Seywald, Heinz 263
Siegler, Hptm. 220
Sonnemann, Emmi 255
Stauffenberg, Alexander Schenk, Graf 256
Stauffenberg, Claus Graf 256
Stauffenberg, Melitta Gräfin 249 ff., 254, 256
Stephens, Moye 120 ff., 127 ff., 133 ff., 137 f., 244
Strassmann, Antonie 250, 255 f.

Strassmann, Erwin 255
Strassmann, Paul 255
Striedeck, Karl 285
Strohmeyer, Otto 266
Stuck, Hans 49
Stutz, Wilmer 183 f.

Tagore, Rabindranath 146
Taylor, P. G. (Bill) 149 ff.
Templier, Leuchtturmwärter 28
Templier (Frau) 28
Thomsen, O. R. 273
Truman, Harry S. Präs. 231

Udet, Ernst 43 ff., 170, 255, 260, 276
Udet, Lo 61 ff.
Ulm, Charly 141, 144, 149

Violet, Jacques 110

Wangel, Hedwig 234
Walter, Frl. 286
Whright, Orville 40, 268
Whright, Wilbur 39, 268

Yacouba, Père

Ein ergreifendes menschliches Dokument, ein Stück unvergänglicher Sportgeschichte

200 Seiten mit
184 s/w-Abbildungen.
Mit einem Nachwort
von Dr. Karl Feuereissen,
Rennleiter
der AUTO-UNION

HERBIG

Längst Legende, aber unvergessen – die große Zeit der deutschen Grand-Prix-Triumphe: Daimler-Benz und Auto-Union mit ihren Stars. Ein Name, der Millionen Herzen im Sturm eroberte, überstrahlte alle: Bernd Rosemeyer.